สหายไทยเอ๋ย มองญี่ปุ่นเถิด!

盟邦タイよ、日本を見よ！
「大東亜戦争」期、日本の宣伝戦と対外商業広告

加納 寛 [著]
Hiroshi Kano

あるむ

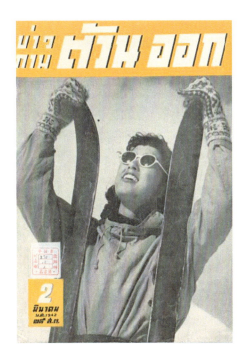

『カウパアプ・タワンオーク』1, 2, 3, 26 号 表紙

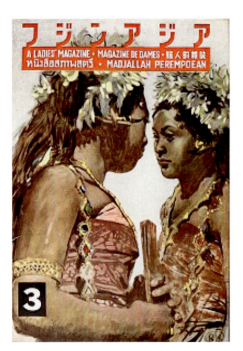

『フジンアジア』1, 2, 3, 4 号 表紙

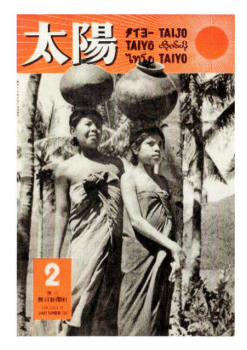
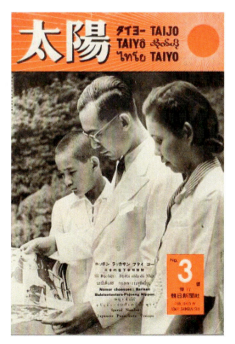

『太陽』1-1, 1-2, 1-3, 3-8号 表紙

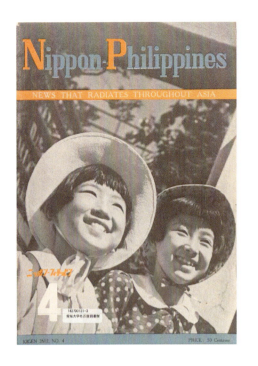 

『ニッポン−フィリッピン』『サクラ』『ヒカリ』『マハーミット』各表紙

盟邦タイよ、日本を見よ！

「大東亜戦争」期、日本の宣伝戦と対外商業広告

目次

序章　「大東亜戦争」期における日本からみたタイ･･････････1

1　「大東亜戦争」期における日本の対外プロパガンダ　1
2　「大東亜戦争」期における日本からみたタイの位置付け　3
3　タイに対するプロパガンダに関する先行研究　5
4　本書のねらいと構成　15

第1部　日本の対タイ宣伝

第1章　日タイ関係･･････････21

1　近代における日タイ関係　21
2　タイにおける日本人　29
3　タイにおける日本の政府等機関　34
4　日本軍のタイ進駐後の活動拠点　36
5　小結　39

第2章　日タイ両国の文化政策と日泰文化協定･･････････41

1　文化協定とは何か　41
2　日タイ両国の文化政策　45
3　日泰文化協定の交渉過程　55
4　小結　63
参考：日本国「タイ」国間文化協定　65

第 3 章　日本の対タイ宣伝機関 ················ 69

1　日本による対タイ宣伝　69

2　日泰文化研究所　75

3　日泰文化会館　78

4　そのほかの対タイ宣伝機関　81

5　小結　83

第 4 章　タイ側からみた日本の対タイ宣伝活動 ············ 85

1　映画宣伝　87

2　写真宣伝　89

3　印刷物宣伝　100

4　小結　104

コラム 1　鉄道省国際観光局発行のタイ語日本紹介冊子と絵葉書　106

第 2 部　日本の対タイ宣伝雑誌

第 5 章　『日泰文化』 ································ 111

1　『日泰文化』の体裁と構成　112

2　『日泰文化』に寄せられた祝辞　116

3　『日泰文化』の執筆者たちと内容　120

4　小結　123

第6章　『カウパアプ・タワンオーク』の内容分析 125

1　『カウパアプ・タワンオーク』の書誌情報　125

2　『カウパアプ・タワンオーク』の記事内容　128

3　日本がタイに見せたかった日本像・見せなかった日本像　137

4　小結　143

付表1　『カウパアプ・タワンオーク』総目次　145

第7章　『カウパアプ・タワンオーク』広告分析 155

1　『カウパアプ・タワンオーク』誌上の商業広告と
　　日本企業のタイ進出　157

2　広告企業所在地　160

3　広告企業業種　161

4　広告における使用言語　164

5　小結　165

付表2　『カウパアプ・タワンオーク』に掲載された広告企業一覧　168

第8章　『フジンアジア』分析 177

1　『フジンアジア』の書誌情報　177

2　『フジンアジア』の表紙　179

3　『フジンアジア』の記事内容　180

4　『フジンアジア』の商業広告内容　188

5　小結　189

コラム2　タイ語冊子『マハーミット』　191

結章　宣伝からみた日タイ関係 ･･･ 195

あとがき ･･･ 203
参考文献 ･･･ 207

凡例

・「タイ」は、1939年まで国名を「シャム（暹羅、สยาม）」と号していた。本書では、理解を容易にするため、1939年の国名変更以前に言及する場合においても「タイ」と呼称する。ただし、引用する書名や史料に現れている「シャム」については、そのまま用いることとする。

・「大東亜戦争」は、1941年12月10日に大本営政府連絡会議が、「支那事変」をも含めて決定した呼称である。この「大東亜戦争（สงครามมหาเอเชียบูรพา）」という呼称は、本書が対象としているタイにおいては、当時はもちろん、（その他の呼称と並んで）現在まで使用され続けているものである。ただし、それは、タイ政府やタイ人が「大東亜戦争」に「アジア解放の戦争」という肯定的評価を与えていることを意味しているわけではないことには留意が必要である。本書においても、「大東亜戦争」が日タイ両国における当時の呼称であり、またアジアを戦場とした戦争であることを重視して、「大東亜戦争」という呼称を「　」付きで用いることとする*。

*この呼称についての整理については、後藤（2010: 182–186）、松浦（2010: 1–12）を参考にした。

序章

「大東亜戦争」期における日本からみたタイ

1　「大東亜戦争」期における日本の対外プロパガンダ

　「大東亜戦争」において、日本が大東亜共栄圏各地に対して、各種メディアを用いて盛んにプロパガンダを展開していたことは、よく知られている。貴志俊彦によれば、日本のプロパガンダは、1930年代後半に、日中戦争遂行のため、軍・官・産・民の緊密な連携のもとで進められ、総動員体制に基づく国家プロパガンダの絶頂期を迎えたが、1940年代前半には国民生活の困窮と疲弊が著しくなり、政府による国内世論の統制による閉塞感が蔓延し、ビジュアル報道も衰退期を迎えたとされる（貴志 2022）。しかし、国内プロパガンダが衰退していったという1940年代前半においても、その一方では総力戦の一端としての「思想戦」や「宣伝戦」の名のもとに対外プロパガンダは一層注力されていった[1]。とくに国際的孤立を深めつつあった日本においては、国際世論を有利に導くための対外プロパガンダを強化する必要に迫られていった（松村 1996: 293–312、熱田 1999）。大塚（2022）は、大東亜共栄圏各地に向け、様々なメディアを展開したメディアミックスが「文化工作」として仕掛けられていたことを描き出している。こうしたメディアとしては、写真・映画・雑誌・ラジオ放送など多様な媒体が動員された[2]。と

1　アメリカでは、当時から類語として「心理戦（psychological war）」という用語が使用されており（Menefee 1943など）、1942年3月には統合参謀本部に「心理戦共同委員会（Joint Psychological Warfare Committee）」が置かれている（佐藤 2019: 42）。イギリスでは、「政治戦（political warfare）」と呼ばれる（清水 2021: 10）。

2　1940年代前半の対外プロパガンダについて、メディア史においては、たとえば難波（1998）、

くに、このなかでも、対外宣伝雑誌についての研究は、土門拳や木村伊兵衛といった当時一流の写真家や宣伝専門家が動員されていたことから、写真史や広告史、メディア史の分野において盛んになっている[3]。中でも1934年に名取洋之助によって創刊されて国際文化振興会の援助下で制作された『NIPPON』や、1942年に参謀本部の意向を受けて東方社によって創刊された『FRONT』、1943年に日本軍政下のジャワにおいて官製新聞社から創刊された『ジャワ・バル』は、それぞれ復刻版も刊行され、朝日新聞社の『太陽』や毎日新聞社の『SAKURA』などの新聞社発行の「南方」向けグラフ誌とあわせて、白山眞理や井上祐子らに代表されるように多くの研究がなされている[4]。

　これらのような対外プロパガンダの訴求先としては、敵国や敵軍に対するものもあったが、多くは大東亜共栄圏に含まれる地域の住民に指向されていた。日本の対外プロパガンダは、やがて武力南進政策が国策となって実践されていくにつれ、1940年以降は「大東亜文化の建設」の形をとりながら（藤井2007）、東南アジア諸地域にも指向されていった[5]。アジアにおいて完全な独立国として存在していたタイも、そうしたプロパガンダの訴求先の一つであった。

　　川崎（2000）、森岡（2012）などの研究がある。訴求先としてタイを含むものについては、後述する。なお、対外プロパガンダの範囲としては、『戦前の情報機構要覧』（1964）によれば、「日本文化の対外宣揚」を担当する情報局第3部第3課が主管するものとして、「内外学者交換派遣招請」、「内外学生交換派遣、招致」、「各種芸術の相互紹介、展覧会開催等」（美術、文学、演劇、音楽、写真等）、「映画事業の助成指導」、「各種出版助成」、「各種文化史料の寄贈及交換」、「国際文化事業団体の助成、監督指導」が挙げられている。また、「対外啓発宣伝」を主管する第3部第2課は、「外字雑誌」の指導統制、「対外啓発宣伝映画及写真、レコード其の他の製作及指導」、「放送指導」などを扱うこととされている。

3　たとえば、『NIPPON』については、その中心となっていた名取洋之助の活動を紹介する展覧会が1970年代末以降開かれていき、2002年から2005年にかけては復刻版が刊行された。また『FRONT』は1989年から1990年にかけて復刻版が刊行され、制作に参加していた多川精一による一連の著作が発表されたり、月刊誌『すばる』で『FRONT』の特集が組まれたりするなど（1990年10月号）、大いに注目を集めた。

4　日本によって刊行された対外プロパガンダ誌を中心的に論じた先行研究としては、白山・堀編（2006）、井上（2009）、鈴木編（2011）などが挙げられる。

5　東南アジアに対する日本の文化宣伝の具体像は、Goodman（1991）、倉沢編（1997）、Narangoa & Cribb（2003）所収の諸論文において論じられている。

2 「大東亜戦争」期における日本からみたタイの位置付け

　戦時期の日本にとって、東南アジア大陸部の中心に位置する独立国タイを政治的・軍事的に日本の傘下に収めることは、南進政策の重要な柱であった。日本が「大東亜共栄圏」の建設のため、「自存自衛」の基礎を確立するために対南方作戦を展開するのであれば、タイはマレー半島にもビルマにも繋がる戦略上の要衝であった。第1章で概観するような国際情勢によって日本とタイとの関係は強められていたとはいえ、タイにはイギリスの経済的・政治的影響が強く、開戦前にタイが日本側につくかどうかは予断を許さない状況にあり[6]、もしタイが連合国側についてしまえば日本は緒戦から苦戦することが予測された（防衛庁防衛研修所戦史室 1966: 50）。なんとかタイを日本の同盟国とした後も、日タイ関係には不安定さがともない、官民の一部では連合国と通じる活動も展開されていたため、日本側がタイを「保全」して「傘下」に置き、南方作戦の拠点として維持するためには、タイに対して日本の影響力を高める宣伝を含む活動が積極的に展開される必要があった。タイへの宣伝活動については、1942年9月19日の大本営政府連絡会議において決定された「対泰施策に関する件」においても「タイ国官民に対し米英思想の排撃、親日精神の育成に努め以て大東亜新秩序の一員たるを自覚せしむる如く諸般の啓発並に文化工作を行ふものとす」とされており（太田 1971: 167）、盛んにラジオ、新聞、映画、写真、雑誌の各分野における活動が展開された（星田 1941: 44-46）。そのほか、留学生招聘や日本語教育、観光宣伝なども、日本からタイへの宣伝の一環として展開されていた。

---

[6] 1941年4月16日の大本営陸軍部戦争指導班日誌には、タイに駐在する武官が帰国し、「泰ニ於ケル日本勢力尚微々前途遼遠ナリ」、「泰人ハ独英決戦見透ナシ」、「英ノ敗戦ヲ未ダ信ジアラズ」と報告している（軍事史学会編 1998: 上90）。開戦直前の1941年12月1日にいたっても、東条首相は、御前会議において「泰国ガ日本ニツクカ、英国ニツクカ」の見通しを尋ねられ、「泰ガ何レニツクカノ見透シハ中間デアリマス、泰自身モ迷ッテ居リマス」と回答している（参謀本部編 1967: 上541）。

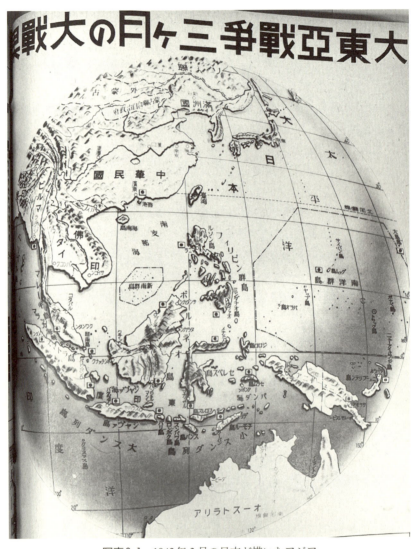

写真0-1　1942年3月の日本が描いたアジア
（情報局『写真週報』1942年3月25日号 p. 8）

3　タイに対するプロパガンダに関する先行研究

　上述のような日本のタイに対する宣伝については、これまで様々な研究が行われ、その姿が描き出されてきている。ここでは、「大東亜戦争」期における日本の対タイ宣伝に関する研究の現状を確認し、本書の研究課題を見出していきたい。

(1) 日本国内における包括的文化外交の動向
　日本国内における対外宣伝についての研究は、タイに関する専論ではなく、対タイ宣伝を含む対外宣伝活動の一環として扱われてきている。

　日本国内において中心的役割を果たした1934年設立の対外文化宣伝機関である国際文化振興会については、まずは、柴崎厚士（1999）が、その全体的動きを把握するために参考になる。また、山本佐恵編（2010）は、その具体的な事業展開を索引的に見るのに役立つ。

　日本への留学生招致も宣伝活動の一環として行われていくが、国際学友会の動きについては、河路由佳（2003）が詳しく、1933年から翌年にかけてタイからの留学生が増加したことが日本外務省に組織的対応の必要性を喚起して1935年の国際学友会設立に繋がったことを検証している。タイ人留学生のみが、国際学友会の設立当初から敗戦まで一貫して受け入れがあり、人数の上でも最多であったという（河路 2003: 301）。この点、留学生の受け入れによる対外宣伝としては、タイに対する事業を中心として展開されていたといえる。

　戦前日本の対タイ文化事業としての留学生招致については、佐藤照雄（2009、2017）がその展開を整理している。タイ人学生や文化人の日本訪問については、ニパーポーン・ラッチャタパッタナークンやナッタポン・チャイチンが具体的に描写している（นิภาพร 2002、2013、ณัฐพล 2020）。

　また、国策として日本語教育を展開するために1940年に設立された日本語教育振興会については、長谷川恒雄（2010）がその活動の変化を追っている。日本語教育に従事する人材の養成については、松永典子（2008）が取り上げている。

(2) 日タイ文化関係研究

「大東亜戦争」期の日本とタイとの関係についての研究は、これまで様々な形で数多く行われている。とくにタイ史において、「大東亜戦争」を日本の同盟国として枢軸国の一員として経験したことは、国家にとっての重大な危機であったため、この時代についての記述を含むタイ史の論文・書籍には必ず日タイ関係や、日本との同盟を締結したピブーンソンクラーム（ป. พิบูลสงคราม 以下、「ピブーン」という）の政権について言及されることになる。

この時期に焦点を当てた日タイ関係の専論としては、書籍になっている主なものだけを挙げても、たとえばテームスック・ヌムノン（Thamsook 1977、แถมสุข 2001）や E. Bruce Reynolds (1994) などがある。

日本のタイに対する宣伝に関しては、その全体像としてはピブーン政権期に特徴的であった文化政策との関連で語られることが多い。戦時期における日本とタイとの文化関係について論じた研究としては、たとえば吉川利治 (1982)、E. Bruce Reynolds (1991)、Craig J. Reynolds (ed.) (1991)、ニパーポーン・ラッチャタパッタナークン（นิภาพร 2002、2004）、ナッタポン・チャイチン（ฉัฐพล 2020）などの研究が挙げられる。ニパーポーンは、日タイ間の文化関係を論じる上で、日本の文化的活動が、ピブーン政権を刺激し、タイを東南アジア大陸部における文明の中心と位置付けるために、また日本の文化的攻勢に抵抗するために、文化的なナショナリズム政策の要因となったと分析している（นิภาพร 2002）。ナッタポンも、とくにタイから日本への留学や人的交流を中心として、人民党政権期の「民族文化」建設における日本の影響についてまとめている（ฉัฐพล 2020）。

一方で、ピブーン政権期の文化政策に言及する際には、必ずしも日本との関係が描かれるわけではない。とくにシンボリズムや「タイらしさ (thainess、ความเป็นไทย)」といった視座からピブーン政権期の文化政策に言及する流れを強調する研究も多い[7]。チャーンウィット・カセートシリ（ชาญวิทย์ 1997）の場合も、ピブーン政権の文化政策を反華僑の文脈で捉え、その流れで日本と「特別」な関係が構築できたとする。

7　たとえば Barmé (1993)、มานิตย์ นวลละออ (1997)、จิรพร วิทยศักดิ์พันธุ์ (1997)、สายชล สัตยานุรักษ์ (2002) など。

村嶋英治（2002）は、ピブーン政権期を含む人民党政権による文化政策について、「タイ人というアイデンティティを創」って「公定の近代的民族文化をタイ族非タイ族を問わずに押し付けた」が[8]、日本軍の南進によって文化政策も変化していく様を描いている。
　1942年10月の日泰文化協定締結前後における日タイ間の文化摩擦については市川健二郎（1994）が広い文脈から描き出している。ただし、タイ国立公文書館の史料群については使用していないため、タイ側の動きが十分には明らかにされていない。タイにあって日本の文化工作に従事した機関である日泰文化研究所や日泰文化会館に関係した人物として、柳沢健や星田晋五、三木栄や平等通照といった人々のエッセイや回想録は、史料批判を十分に行う必要はあるが、内部からの視点を推察するうえで参考となる[9]。ニパーポーン・ラッチャタパッタナークンは、日タイ間の「文化」をめぐる関係性を両者の思想的展開を通して捉え（นิภาพร 2004）、さらに1930年代における学生や官僚の文化使節の日本訪問や、戦時における日本側の新聞や映画の展開を明らかにしている（นิภาพร 2002）。

(3) 各分野における宣伝
　ア　日本語教育・日本紹介機関
　戦時期またはそれ以前の時期を含む日本語教育に関しては、日本語教育史の分野からの研究が進んでいる。
　日本語教育において重要な役割を果たした日泰文化研究所や、その後継として1943年3月に設立されたバンコク日本文化会館については、上述の通り市川健二郎（1994）が概略を示している。
　田中寛（2003、2017b）は、戦時期に製作された日本語・タイ語会話書などを収集し、そこに見られる日本の大東亜共栄圏における言語文化工作の特徴を整理している[10]。また、田中寛編（2016）は、戦時下の日タイ間の言語

8　同様に、玉田芳史（1996）は、ピブーン政権期の文化政策を「国民」形成のプロセスとして捉えている。
9　柳沢（1943）、星田（1941）、平等・平等（1979）、三木（1963）など。なお、村嶋（2023a、2023b）は、平等通照について詳しく紹介している。
10　タイにおける日本関係書籍の出版については、シーダー・ソーンシーが書誌をまとめており、変遷の概要を把握するのに便利である（สีดา สอนศรี 1980）。

文化接触と摩擦に関する資料集であり、当時の状況を知るのに便利である。
　北村武士（2015）は、日泰文化研究所日本語学校の設立と運営に当たった星田晋五の業績を明らかにしている。また、沖田秀詞（2014、2015a、2015b）や伊藤孝行（2014）は、『日本タイ協会会報』の記事に見られるタイにおける日本語教育の変遷についてまとめている。これらに、長谷川恒雄（2000）や『日タイ言語文化研究』所収の多くの論考や資料などによる戦前・戦中のバンコクにおける日本語教育に関する情報を加えれば、戦前・戦中のバンコクにおける日本語教育の展開についてはかなり詳細に把握できる。日本語教育機関と日本の駐在武官等との関係については、山口雅代（2018）が推察を行っている。
　戦時期タイの地方都市における日本語教育については、山口雅代が一連の研究を展開しており、ワライポーンらとの共同研究（วลัยพร、ธีรัช、Yamaguchi 2015）や山口雅代（2016）では、タイ人学習者へのインタビュー調査なども踏まえながら、チェンマイにおける日本語学校の設立と日本軍との関係についての研究をまとめている。

イ　雑誌宣伝

　日本が、グラフ誌等の印刷物を宣伝活動の一環として広く活用していたことはよく知られている。グラフ誌の製作にあたっては、当時一流の写真家や広告専門家が動員されたことにより、写真史やメディア史といった分野での研究が進んでいる。対外プロパガンダ誌のなかでも、1934年に名取洋之助によって創刊された『NIPPON』や、1942年に参謀本部の意向を受けて創刊されたとされる『FRONT』、1943年に日本軍政下のジャワにおいて官製新聞社から創刊された『ジャワ・バル』は、それぞれ復刻版も刊行され、朝日新聞社の『太陽』や毎日新聞社の『SAKURA』などの「南方」向け多言語併記グラフ誌とあわせて、白山眞理・堀宜雄編（2006）や井上祐子（2009）に代表されるように多くの研究がなされている。しかし、これまで日本側からのプロパガンダ誌研究は、日本の対外グラフ誌全般の研究の一環として展開されてきており、タイ語を解する研究者による内容の分析は行われてきていない現状がある。タイ側からは、日本のタイ向けプロパガンダ誌の研究は行われていない。

ウ　写真宣伝

　写真協会は、1942年にバンコク支局を開設し、43年3月に波多野健一を派遣して態勢を強化しているが（『報道写真』3-4: 74）、様々な写真宣伝にも貢献していたものと考えられる。写真宣伝については、白山眞理・堀宜雄編（2006: 110–111）などに紹介されているが、タイにおける写真宣伝に関する専論はない。

エ　美術・工芸宣伝

　桑原規子（2010）によれば、1941年に国際文化振興会が主催した「仏印巡回現代日本画展覧会」に関しては、「ベトナムの一般大衆に向けて「文化工作」として果たした役割は他のメディアに比べて小さかった」一方で、日本国内の日本画壇におけるナショナリズムの高揚に「反作用」を及ぼしたと評価している（桑原 2010: 290–291）。

　日泰文化会館長となる柳沢健（1943: 103–104）は、タイにおける日本の絵画・彫刻等の美術展覧会は、写真展に比べてタイ人の興味を喚起できないとしている。その一方で、日本の美術工芸品の展示宣伝の構想を語っている（柳沢 1943: 103–104, 129–130）。

オ　音楽・舞踊宣伝

　日泰文化会館長となる柳沢健（1943: 102）は、「タイ国民一般」が音楽や舞踊を特に愛好することから、それらを通して日本の宣伝を展開することの有効性を指摘するが、実際には戦時中の実施は難しかったようである[11]。

カ　映画宣伝

　吉川によれば、日本軍がタイにおいて「占有」した施設のなかには、日本軍の物資調達に必要と考えられる施設群にならんで映画館10か所が挙げられており（吉川 2010: 106）、日本側が映画による宣伝を重視していたであろ

11　1930年代には、日本の音楽学者によるタイ音楽の調査・紹介が行われたり、ピブーンのブレインとして芸術局長や外務大臣を歴任するウィチットの関与のもとでタイ舞踊団の日本公演が開催されたりしている。これらについては、山下暁子（2018）や酒井健太郎（2018）を参照されたい。

うことを窺わせる。

　戦時期のタイにおける日本映画の上映や製作についての専論としては、ニパーポーン・ラッチャタパッタナークン（นิภาพร 2016）と田中寛（2017a）が挙げられ、映画宣伝の展開については概ね把握することができ、とくに後者はタイ人留学生の日本映画観も紹介されている。

キ　ラジオ宣伝

　1940年6月に日本放送協会のタイ語ラジオ放送が開始されるなど、ラジオ放送を用いた活動も展開された（村嶋・吉田編 2013: 179）。ラジオ放送は、当時のタイ政府も対国内宣伝に活用していた[12]、重要な宣伝媒体であった。日本の対外ラジオ宣伝については、北山節郎（1987-88、2005）に詳しい。

　日本がタイに向けて行ったラジオ放送については、酒井健太郎（2019）が『日本タイ協会会報』や新聞、日本外務省史料等の日本語史料を用いて、情報を中間報告的に整理している。今後、大東亜共栄圏向けに出版されていた『ラジオ・トウキョウ』誌[13]やタイ語史料などを用いて、より精緻な調査がなされることが望まれる。

ク　新聞・報道宣伝

　1942年の日泰文化研究所発行の地図上では、国策通信社である同盟通信社が首都バンコクのサートーン通り北側に存在している。

　橋本左馬次は、1941年半ばにタイにわたり、同盟の写真部と、国際報道の『カウパープ』の関係の仕事をしていたという（橋本 1943: 33）。

　また、日本が、元は重慶系であった『中原報』を買収して対華僑世論指導を行ったことは、村嶋（1996a）に詳しい。

　タイ語紙としても、日本人が関与していたものに日刊紙の『カオパープ』[14]

12　タイ国内向宣伝番組としては、有名な「マン氏とコン氏の会話」といったラジオ番組などが知られている。タイ国立公文書館には、番組台本が保管されている。

13　筆者の手許にある『ラジオ・トウキョウ』69号〜71号によれば、タイ向けの放送はタイ時間の19時30分より21時40分まで行われていたようである。内容としては、報道、解説、音楽、講演、家族通信といった項目が挙げられている。

14　上述の橋本左馬次が仕事をしていた国際報道の『カウパープ』とは異なる。日本語での表記は、『カウパープ』、『カオパープ』、『カウパアプ』といった揺れがあるが、全て同じく"ข่าวภาพ"（画報）なので、混同しないように注意が必要である。

があり、約 1 万 8 千部という当時のタイにおける最大の発行部数を誇っていたという（佐藤 1941: 23）。『カオパープ』紙の経緯については、外務省員としてタイ勤務が長かった天野六郎の回想にも描かれ、代表の植松秀雄や台湾善隣協会による資金提供等について、村嶋による解説もある（村嶋編集・解説 2019: 194–195, 281–282, 287）。

　ケ　鉄道省国際観光局と観光宣伝

　観光も、対外宣伝の一手段であった。1940年の「観光・文化宣伝の対象としての南洋を語る」と題した座談会では、鉄道省国際観光局の局長や事業課長が「観光宣伝は一つの文化宣伝の形態をとるもの」であり、「観光局の事務所を作るといふことは、対外宣伝をするため」であって、「大東亜共栄圏の政治的進出に伴つて事務所が発展強化されて行かなければならない」と述べている（国際観光局 1940: 4, 29–30）。

　柴岡信一郎（2007）は、対外写真宣伝との関係で国際観光局を詳細に取り上げている。しかし、その海外の現地における活動はまだほとんど研究されておらず、国際観光局のバンコク事務所が具体的にどのような活動を展開していたのかについて、さらなる研究の余地が大きく残されているといえよう[15]。

　コ　宗教宣伝

　市川健二郎が紹介しているように、日本とタイは「同じ仏教徒だ」という日本側の考え方こそ「日本文化中心の尺度」であり、タイでは通用しなかったというエピソードがあるが（市川 1994: 91–92）、日本は日タイが「同じ仏教徒」であることを宣伝に利用しようとしていた。

　宗教面での戦時期日タイ関係を、1943年の仏舎利寄贈問題を取り上げて専論として描き出したのは、岸本昌也（1995）であり、1942年10月までのタイから日本に向けての宗教外交が、1943年1月下旬以降は日本の戦況悪化にともなってタイ側のメリットが失われた一方で、日本からはタイの親日政策維持に必要となっていく様子を浮かび上がらせている。

15　国際観光局については、近代日本による南洋群島と観光との関係を研究している千住一が、近年、関心を向けている（千住 2018、2023）。今後の研究の進展を待ちたい。

ナワポーン・ハンパイブーン（2012）は、「同じ仏教徒」であることを利用しようとした日泰文化研究所や日タイ文化会館、大東亜仏教親善協会、国際仏教協会などの日本側の努力は、「タイの仏教や文化が侵害されるのではという警戒心をタイ人に引き起こし」、また、日本の僧侶はタイ人には「破戒僧侶」にしか見えず、さらに日本人による「僧侶に対する不敬やタイの仏教に対するネガティブなコメントは極めてセンシティブな問題で、タイの仏教徒の不満を引き起す要因となった」と結論している。

　大澤広嗣（2015）は、とくに日泰文化会館の仏教館建設計画について、日本の仏教界の関与のあり方を明らかにし、タイにおける日本仏教の宣伝を論じている。

　林行夫（2016）も、日本は、日タイが「同じ仏教」であることを強調する戦略を立てたが、タイの仏教徒社会は「無戒の日本仏教を自らの仏教徒は異なるものとみ」たと紹介している（林 2016: 23）。

　なお、日本の神社については、1935年の日本海軍練習艦隊の来航にあわせてアユッタヤーの日本町跡に山田長政神社が設けられていたほか[16]、泰国駐屯軍司令官官邸の裏には「大義神社」が建立されて、月例祭や結婚式など在留日本人の参拝の場となっていたが（朝日新聞社編 1987: 95, 121）、在留・通過日本人の崇敬の対象になっていただけであり、タイ人との繋がりはほとんどなかったと考えられる。

サ　貿易宣伝

　日本の輸出入において、タイのシェアはもともと高くなかったが、1940年以降急速に貿易シェアを拡大し、1941年にはタイは東南アジア最大の対日輸出地となり、日本製品の輸入地としても蘭領東インドに次いで第2位となっていた（バトソン 1990: 270）。

　このような環境のなかで、貿易関係を振興することも、日本商品の販路開拓・発展のために、宣伝の一環として重要であった。日本企業のタイにおける見本市への参加なども（大阪市見本市協会 1941など）、その文脈で捉えることができるであろう。なお、バンコクには公益営団の連絡部が開設さ

---

[16] このような「海外神社」については多くの研究があるが、糸口として稲宮康人・中島三千男（2019: 164, 173）を参照されたい。

れ、船腹不足による貿易量の減少はあったが、1945年まで日タイ間の貿易は維持された（柴田 1995: 187, 224, 225）。日本が海外各地に置いた「貿易斡旋所」は、国際情勢の緊迫化にともなってその数を減少させ、1942年末にはバンコクとローマの2か所が残存するのみであったという（東亜交通旅行社 1944: 21）。ここからも、タイが戦時期の日本にとって重要な貿易相手国であったことが窺われる。

シ　日本軍による宣伝

吉川利治（2008）は、タイ側の日本軍に対する協力機関としての合同委員会や同盟国連絡事務局の組織と機能について、タイ国立公文書館史料をもとに解明している。合同委員会には「広報小委員会」が[17]、また同盟国連絡事務局には「宣伝課」が置かれていたことが紹介されている（吉川 2008: 9, 14–15）。

タイにおける日本軍の全般的な配置と動向については、柿崎一郎（2018）が一覧表を示しつつ鉄道輸送の観点から明らかにし、また柿崎一郎（2020）がバンコクにおける駐屯地の変遷を、タイ国立公文書館所蔵の軍最高司令部文書を用いて整理している[18]。その他、防衛庁防衛研修所戦史室（1966、1969）の『戦史叢書』シリーズにおける記述や、駐タイ日本軍司令官であった中村明人（1958）の回想録、村嶋英治編集・解説（2017）によるタイ駐屯日本軍の憲兵中佐の手記などもあり、タイを経由した軍人等による戦記や回想記における断片的な記録を含めば、当時の日タイ関係を日本軍から見た記述は多い。

（4）先行研究の現状と課題

以上、戦時期の日本がタイに対して展開した宣伝に関する主な研究について概観してきた。

日本による対外宣伝は、全体としては文化関係や文化政策の研究において

17　"คณะอนุกรรมการประสานงานโฆษณาการไทย-ญี่ปุ่น" を正式名称とするようなので、「タイ日宣伝連合小委員会」とでも訳すのが適当かもしれない。
18　さらに柿崎は、タイ国立公文書館所蔵の軍最高司令部文書に含まれているタイ日合同憲兵隊関係の史料群から、日本軍とタイの人々との間に生じた事件をもとに、「草の根」の日タイ関係を論じている（柿崎 2022）。

扱われてきている。また、宣伝手段や宣伝内容によって、日本語教育史やメディア史、写真史、美術史、映画史など、様々な研究分野から、それぞれの領域に関する研究がなされてきた。それらは、非常に膨大な先行研究群となっており、大いに研究が進展しているといえる。

しかし、各メディアの専門性の関係から、時として各メディア分野間の研究上の連携がなされないままに個別に研究が進められる場合も多く、あたかも一つの山にトンネルを掘るのに無数の側面から各自がバラバラに掘り進んでいるように見える部分もある。また、対外宣伝についての研究において政治的・文化的な側面の分析が重要であることは論を俟たないが、一方で宣伝媒体に掲載された商業広告等を通した経済的側面の分析については、ほとんど検討されておらず、より立体的な日タイ関係の理解においては、商業広告への着眼も必要である。

より大きな問題としては、「大東亜共栄圏」各地を日本側からの宣伝工作の客体の一部として位置付けている研究群において、現地語を用いてなされた対外宣伝の内容それ自体については、いまだほとんど分析がなされておらず[19]、さらに重要なことには現地の政府や人々の反応についても十分な検討はされてきていない。自らも対外宣伝グラフ誌『FRONT』の制作に関わった多川精一は、「宣伝物の効果はどうであったかということになると、これはもう、何もわかっていない」といい（多川 2000: 324）、写真史研究者の柴岡信一郎も、自己の研究において「対外宣伝の受け手である「現地の声」」を取り上げることはできなかったことを指して「対外宣伝研究の範囲が送り手である日本側の活動に限定されてしまう所以」であるとしている（柴岡 2007: 115–116）。この点、宣伝活動の対象となった現地の史料を渉猟することは、対外宣伝研究にとっては不可欠の方法であるといえるが、もともとそうした史料は現地においても残りにくいことに加え、研究者の現地語能力面の限界もあって、対外宣伝の現地における効果が検証されることは少なかった[20]。

---

19 研究の例としては、『FRONT』のモンゴル語版を分析した井上（2005）などがある。
20 映画史においては、とくに中国や満洲における国策映画会社の活動や現地での反応について研究が進んでいるという（土屋 2011a: 304）。なお、映画以外のメディアを用いた中国における日本の宣伝活動については、クシュナー（2016）の研究などが挙げられる。なお、東南アジア諸地域における日本の宣伝活動に対する現地の反応については、たとえばフィリピンについ

日本の「同盟国」であり直接軍政が敷かれたわけではないタイに関しても、文化協定締結をはじめとする日本の対タイ文化攻勢とそれへのタイ政府の反応については、上で見たように数多くの研究があるものの、日本の宣伝活動が具体的にどのように展開され、そこではどのような内容が宣伝されたのかについては十分な分析がなされておらず、その結果、欧米言語を用いて欧米に対して日本が宣伝しようとした日本像に関する研究の進展に比して[21]、タイを含む「大東亜共栄圏」内の国や地域に対して日本がどのような日本像を打ち出したのかについては、史料が豊富に存在するにもかかわらず、それほど具体的にわかっているわけではない。

　また、そのような日本側の宣伝に対して、タイ政府やタイの人々がどのように反応したかについても、従来の研究では一次史料に基づく十分な分析がなされていないといえる。とくに20世紀までの業績については、タイ国立公文書館がまだ十分に整備されていなかったこともあって、タイ政府側の史料を検討できていないものも多く、少なくとも日本の宣伝活動に対するタイ側の動きについては十分に明らかになっていない。

　これらの点から考えるに、日本とタイの両側面から、両言語の史料を用いて日本からタイへのプロパガンダについて観察することは、「大東亜戦争」期における日タイ関係を捉えるためには意味のあることである。

4　本書のねらいと構成

(1) 本書の目的と課題

　本書は、「大東亜戦争」期の日本が、同盟国であるタイに向けて展開したプロパガンダの展開過程と内容を、日本側の史料にあわせてタイ政府側の史料やタイ語で書かれた宣伝媒体を分析することによって明らかにし、そこに読み取れる当時の日本の対タイ宣伝のねらいを読み取りながら描き出すこと

　　て寺見が詳細な分析を加え（寺見 1997）、インドネシアについては倉沢が日本軍政の展開した宣伝活動に対するジャワの人々の反応を描き出していることなどから（倉沢 1992）、「送り手」側の日本語に加えて「受け手」側の現地語等にも通じた東南アジア研究者による研究が比較的に進んでいるといえる。

21　上述した写真史・メディア史等の研究成果に加えて、たとえば戦時下の万博における日本の表象について研究した山本（2012）などが挙げられよう。

によって、「大東亜戦争」の性格の一端を照射し直すことを目的とする。

その際、とくに、日本がタイに向けて発行したプロパガンダ誌の分析を重点的に扱う。それは、ほかの宣伝媒体に比較して、プロパガンダ誌は冊子として残存することから、その内容が現在に伝わるため、宣伝の内容を観察するのに最適のものであるからである。本書においては、タイのみを訴求対象としたプロパガンダ誌である『カウパアプ・タワンオーク』にとくに注目し、さらにこれまでほとんど研究が行われてこなかった対タイ文化宣伝誌である『日泰文化』や多言語併記グラフ誌である『フジンアジア』についても分析を行うことで、これまでの研究とは異なった視座から「大東亜戦争」を見つめ直すことにしたい。

(2) 本書の構成

まず、第1部においては、日本からタイへの宣伝活動について、日本側とタイ側の双方の史料に依拠しつつ全体像を俯瞰していく。

第1章では、近代における日本とタイとの関係について、その変遷を概観する。続く第2章では、「大東亜戦争」期日本の対タイ宣伝の基盤となった1942年日泰文化協定の締結過程とその特徴について、両国の外交文書を突き合わせて双方の狙いと軋轢に着目しながら観察する。また、第3章では、日本の対タイ宣伝機関の展開を、日泰文化研究所から1943年3月設立の日泰文化会館への移行過程を中心として跡付け、第4章では、タイ政府の宣伝局が残した報告書に表れた日本による各宣伝媒体によるプロパガンダ活動に着目しながら観察していく。

第2部においては、日本の対タイ宣伝のうち、これまでほとんどタイ語による分析がなされていない対タイ宣伝雑誌を扱い、その記事や写真、商業広告といった内容から、日本の狙いについて考察していく。第5章では、日泰文化会館が刊行した『日泰文化』誌の分析を通して、日本の対タイ文化宣伝の矛盾や日タイ間のせめぎ合いを浮き上がらせる。第6章では、タイのみを訴求対象としたタイ語グラフ誌である『カウパアプ・タワンオーク』の内容分析を通して、日本がタイに対してどのような姿をアピールしようとしていたかを実証していく。第7章では、同じく『カウパアプ・タワンオーク』を対象として、これまでほとんど着目されてこなかった日本のプロパガンダ誌

における商業広告の分析を行い、プロパガンダ誌における政治的な宣伝と商業的な広告との関係を論じる。第8章では、大東亜共栄圏の女性を訴求対象として刊行され、タイにおいても流通していた『フジンアジア』の内容分析と広告分析を行い、日本による宣伝の意味を『カウパアプ・タワンオーク』とは異なる視座から描き出す。

　結章では、全体をまとめ、「大東亜戦争」における日タイ関係を宣伝の側面から見つめ直し、「大東亜戦争」の意味を考察したい。

第 1 部

日本の対タイ宣伝

第1章

日タイ関係

　「大東亜戦争」期の日本にとって、タイは「南進」の最重要基地の一つであり、「同盟国」であったため、多くの日本人や日本関係機関がバンコクにおいて様々な活動を展開していた。また、近代全体を俯瞰すると、アジアにおける植民地化の進展のなか独立を保った数少ない国家であった日本とタイとの関係は、様々な局面で生じていた。たとえば1900年におけるシャムから日本への仏舎利寄贈を通じた交流などは[1]、そうした関係性の一つの事例といえるだろう。しかし、実は「大東亜戦争」開戦までにおいて、日本とタイとの関係は、それほど緊密であったわけではない。本章では、「大東亜戦争」期における日本からタイへの宣伝について観察する前提として、先行研究に負いながら、近代における日タイ関係を概観しておきたい。

1　近代における日タイ関係

　19世紀後半において、アジアに欧米からの植民地化の波が押し寄せるなか、日本もタイも通商の要求や植民地化への脅威、不平等条約に対して対処する必要があった。日本における明治時代は、タイにおいてはラーマ5世（チュラーロンコーン大王）の治世期に重なる。その時期、日本もタイも近代化を進めていくなかで列強の脅威を受けながらも独立を保ったが、タイは、ヨーロッパ列強の進出によってフランスやイギリスに対する領土の割譲

---

[1]　寺沢（1981）に詳しい。

を余儀なくされていった。

　日本とタイとの公式の国交は、1887年に締結された「修好通商に関する日本国暹羅国間の宣言」によって樹立された。また、1898年には、「日暹修好通商航海条約」が締結された。

　こうした関係性のもと、日本からはタイに、司法面で政尾藤吉が、女子教育の面では安井てつが、養蚕業の面では外山亀太郎などが招聘され、タイの近代化に尽力した。また、19世紀末にイギリスによって発掘されてタイにもたらされた仏舎利が、1900年に分骨されて日本にもたらされ、それを安置するために名

写真1-1　「大東亜戦争」期のタイ首相
ピブーンソンクラーム
（情報局『写真週報』1942年6月24日号表紙）

古屋に覚王山日暹寺（現在の覚王山日泰寺）が建立された。日本は「欧米以上の帝国主義的主張」により、1924年の「日暹通商航海条約」改正まで治外法権を維持することになった（石井・吉川 1987: 144）。

　一方、経済面においては、バンコクは国際航路の幹線から外れていたために三井物産以外の日系商社のタイ進出は遅れていた（柴田・鈴木 1995: 80）。この状況が変化していくのは、第1次世界大戦中の好景気によって日タイ貿易が拡大して以降である。さらに、世界大恐慌によって安価な日本製品が高価なヨーロッパ製品をしのぎ、さらに円為替レートの低落によって日本の比較優位が高まると、日本はタイ市場に対する最大の輸出国となり、1920年代には大阪商船や三井船舶による定期航路も開設され（石井・吉川 1987: 239）、1930年代までに多くの日本企業がタイに進出した（小林 1997: 263）。ただし、日本の東南アジア全体に対する総貿易額のなかではタイのシェアは

わずかであった（バトソン 1990: 268–270）[2]。

また、1928年の済南事件以降、中国人の抗日活動が活発化すると、在タイ華僑もそれに呼応して日貨排斥運動などを展開し、日本商社のタイにおける商業活動に影響をもたらした（石井・吉川 1987: 239–244）。

1932年、タイでは「立憲革命」が起き、「人民党」政権のもとで近代的な立憲君主制国家に脱皮した。そのなかで生じた「満洲国問題」について、国際連盟においてタイは棄権票を投じることによって中立政策を表明したが、日本からは「親日的態度」として解釈されることになった（石井・吉川 1987: 251）。1938年、ピブーンが政権を掌握して内閣を組織し、数々の国家主義的政策がとられ、その一環として1939年に国名をシャムからタイに改めた。1940年にフランスがドイツに降伏すると、ピブーン政権は「汎タイ運動」を標榜してフランスに対する「失地回復」を行い、翌年にかけてタイとフランスの間に武力衝突が生じた。この領土紛争について調停を行ったのが日本政府であり、日本はタイ側の親日的態度を期待したものの[3]、タイ側は従来の厳正中立政策に戻って日本側にはなびかなかった（村嶋 1996b: 238–239）[4]。

1941年1月30日の大本営政府連絡会議において決定された「対仏印、泰施策要綱」には、次のような目的が示されている。

> 大東亜共栄圏建設ノ途上ニ於テ帝国ノ当面スル仏印、泰ニ対スル施策ノ目的ハ帝国ノ自存自衛ノ為仏印、泰ニ対シ軍事、政治、経済ニ亘リ緊密不離ノ結合ヲ設定スルニ在リ（防衛庁防衛研究所戦史部 1985: 36）

---

2 この点、20世紀前半に上海にあって、学生たちをアジア各地の調査に派遣していた東亜同文書院の、東南アジアにおける「大旅行」行程を研究した加納（2017b）においても、タイの重要性の相対的な低さは窺われる。

3 タイ仏印間の国境紛争をめぐる日本を含む国際情勢については、立川（2000: 121–128）を参照されたい。条約上においては、日本はタイとの「関係緊密化に成功した」といえる（立川 2000: 128, 289）。なお、タイ仏印国境紛争から南部仏印進駐に至る日本側の舞台裏の状況については、森山（2016）に詳しい。

4 大本営陸軍部戦争指導班の日誌によれば、タイと仏印との調停が成立した3月11日には、日本は「泰、仏印ニ対スル帝国ノ指導的地位大イニ強化セラル慶賀ノ至リニ堪ヘサル所」と評価したものの（軍事史学会編 1998: 上83）、4月16日にタイに駐在している武官が帰国して報告したところによれば、「泰ニ於ケル日本勢力尚微々前途遼遠ナリ」とされ、日本側が呆気にとられている様子が見える（軍事史学会編 1998: 上90）。

1941年6月5日の「現情勢下に於て帝国海軍の執るべき態度」によれば、海軍がタイに期待していた「重要戦用物資」は、生ゴムや錫、ニッケルであったが、この段階では、日本の進出以前に英米がタイや仏印に「軍事的基礎」を確立する可能性もあり、英米の軍事的進出の兆候は見えないものの「泰ノ現状ハ現政権ノミハ親日ナリト雖モ同国全般ノ趨勢ハ尚英ノ掌握下ニ在ル部門多シ」とあって（参謀本部編 1967: 上64-73）、情勢を楽観視していない。

　1941年7月以降12月までに外務省南洋局にて作成されたと考えられる「対泰政策並対泰外交方針要領（案）」には、次のように書かれている。

> 我国ノ泰国ニ求ムル処ハ、泰国ヲシテ我東亜新秩序建設ニ積極的協力ヲナサシムルニ在リ、換言スレバ我国ノ南進政策遂行ニ当リテ必要ナル軍事的協力（軍事基地ノ提供皇軍駐兵並ニ軍隊通過ノ認容等）並ニ経済的協力（米、錫、「ゴム」「タングステン」「チーク」材等必需品ノ対日供給）ヲナサシムルニ在リ
> 然ルニ泰国ノ現状ヲ観ルニ
> 　1、英国ノ政治、経済社会的地盤並ニ勢力ノ鞏固ナルコト
> 　2、泰国ノ対日猜疑心（我国ノ対外政策一般就中対泰政策不明確ナルコト並ニ日独伊対英米「ソ」ノ世界戦争ノ帰趨ニ対スル見透ツカザルコト等ニ依ル）
> 等ノ理由ニ依リ平和的外交手段ニ依ル、前記目的達成ニハ前途尚頗ル大ナル難関アルモノト云フベシ[5]

　日本としては、タイに軍事基地や通過点としての機能を求めるとともに、米や錫、ゴムなどの物資の供給元としても期待していたことがわかる一方で、タイにおけるイギリスの強固な地盤を懸念していたことがわかる。

　このような状況を背景に、1941年8月16日には日本とタイはその関係をそれぞれ大使派遣に昇格させた。しかし、日本側がタイ側の対日感情を依然

---

[5] 「３．対タイ政策並対タイ外交方針要領集（案）（南洋局審議室）」JACAR（アジア歴史資料センター）Ref.B02032963900、大東亜戦争関係一件／開戦関係重要事項集（A-7-0-0-9_51）（外務省外交史料館）

として警戒していたことは、様々な史料から読み取れる。たとえば、大本営陸軍部によって1941年10月に発行された『対南方思想戦ノ参考（泰国之部）』によれば、タイの「一般民衆」の対日感情は「泰独特ノ支那人的「ズルサ」ヲ持チ従来ノ対英関係ニ依リ寧ロ対日意識ハ之ニ劣リ」、「政府ノ政策以外ハ反日的ノ色彩濃厚ト見ザルベカラズ」として「最近英米ノ泰宣伝激烈ニシテ政界竝民衆ノ間ニハ楽観ヲ許サザル反日侮日ノ底流アルヲ見逃シ得ザルモノアリ」と見ており、タイの対日感情を好転させるべく「思想戦」展開の重要性を説いている（大本営陸軍部 1941: 6-11, 44-45）。

同年11月5日には、御前会議において、東条首相が「南仏印進駐時カラ既ニ泰ヲ抱キ込ム考ヘテ、軍事的緊密関係ヲ作ルヘク「ピブン」ニ工作ヲシテ」おり、「作戦上ノ必要カラスレバ泰国ニ上陸スルノ要カアル」が、「之ヲ過早ニ知ラシムルコトハ不可」であるため、「ソコテ直前ニ云フテキカナケレバ力ヲ加ヘテ行クヨリ仕方ナシ」としている（参謀本部編 1967: 上413）。

開戦直前になっても、タイの去就の見通しは必ずしも立ってはいなかった。12月1日の御前会議においてタイが「日本ニツクカ、英国ニツクカ」見通しを訊かれた東条首相は、「日本トシマシテハ平和裡ニ抱込ム希望ヲ持」つものの、「泰ガ何レニツクカノ見透シハ中間デアリマス、泰自身モ迷ッテ居リマス」と回答している（参謀本部編 1967: 上541）。

1941年12月8日未明には、マレー半島を経由してシンガポールを攻撃しようとする日本軍はタイを通過する必要があったが、ピブーン首相は日本に対する態度を明確にせず、上陸した日本軍とタイとの間にも衝突が生じた。ピブーン政権は、結局、12月8日午前10時半に日本軍のタイ領通過を許容する協定に応じることになったが（村嶋 1996b: 239）、協定ではタイの独立主権の尊重も確約された（西野 1984: 125-127）[6]。

なお、1941年12月15日に示された、情報局の「日英米戦争ニ対スル情報宣伝方策大綱」別冊によれば、タイに対する宣伝は、「対外宣伝の部」に置かれた「対南方諸国宣伝」の一部として[7]、次のように示されている。

---

6 この際、日本の坪上大使からは、「日タイ共同防衛協定」や「日タイ同盟条約」の締結についても選択肢として示されたが、これはタイの有力閣僚たちの反対によって、この日には受け入れられなかった（西野 1984: 126）。
7 「対外宣伝の部」における項目は、次のとおりである。「第4　対満支宣伝」、「第5　対枢軸国宣伝」、「第6　対敵国宣伝」、「第7　対南方諸国宣伝」、「対中立国宣伝」（『戦前の情報機構要

対満、支宣伝ニ準ジ実施シ大東亜ニ於ケル日泰両国ノ歴史、文化、宗教等ノ親善関係ヲ強調スルノ外特ニ今次開戦ニ際シ大東亜新秩序建設ノ為敢然立ッテ我ニ協同同調ニ決シタル大乗的態度ヲ賞揚シ更ニ其ノ結束ヲ強化ス（『戦前の情報機構要覧』1964: 298）

　その後、日本の快進撃によって、ピブーン政権は「日タイ同盟条約」の締結に方針を転じ、12月11日には「同盟条約仮調印書」に署名し（村嶋 1996b: 239）、ついに1941年12月21日、両国間に同盟条約が締結された。これにより、タイは日本と対等の独立国として、日本の同盟国となった。さらに1942年1月25日には、タイは英米両国に対して宣戦布告し、共同して「大東亜戦争」を戦うことになった（西野 1984: 128–130）。タイとしては、日本との協力のもとに、さらなる失地回復を実現し、領土拡大を目指し、英領ビルマのシャン州への外征を行なうなどといった目的も背景にあったのであった。

　日本から見たタイの位置付けについては、1941年12月12日に関係大臣会議と政府統帥部連絡会議において決定された「南方経済対策要綱」において、日本軍の占領地域である「甲地域」に対して、仏印とタイは「乙地域」とされ、「速カニ実効ヲ挙グル如ク措置シ甲地域ニ於ケル情勢ノ展開ニ依リ増加スベキ威圧ヲ利用シ重要資源特ニ食糧資源ノ確保其ノ他我方要求ノ貫徹ヲ策スルモノ」とされている（防衛庁防衛研究所戦史部 1985: 129）。

　タイからは、1942年4月に、ピブーンに政権を譲るまで首相を務めた重鎮のポット・パホンヨーティン大将が、日タイ同盟慶祝使節団の正使として東京に派遣され、またそれに対する答礼使として、同年7月には広田弘毅がバンコクへ派遣されている（太田 1971: 164）。

　しかし、1942年半ばには、ピブーンは対日期待の夢から醒め、タイ人の日本語学習を妨害するなど、日本のタイ支配をいかに防止するかに腐心するようになったという（村嶋 1996b: 242）。1942年9月に、日本が大東亜省を設置して、これまで外務省が所管したタイを含む大東亜共栄圏内の各国との関係を担当させることにしたことも、独立国であるタイの不満を高めること

覧』1964: 292–293）。南方諸国が、「枢軸国」とも「敵国」とも「中立国」とも異なる一分野を構成していることがわかる。

になった。

　1943年5月31日の御前会議において決定された「大東亜政略指導大綱」では、「対泰方策」について、「相互協力ヲ強化」するとされ、失地回復や経済協力強化を速やかに実行することが示されている（参謀本部編 1967: 下411）。

　また、1943年6月12日の帝国議会における首相演説では、タイについて次のように述べられている。

> 「タイ」国ニ付キマシテハ、同国ガ、多年、米英ノ、複雑微妙ナル関係ヲ、一擲シ、敢然トシテ、帝国ト行ヲ共ニシテ「ピブン」首相統率ノ下ニ、幾多ノ困難障碍ヲ克服シツツ、一路帝国ト共ニ、大東亜戦争完遂ニ、邁進シテ居ルノデアリマス。之ニ対シテ私ハ深ク敬意ヲ表スル次第デアリマス。帝国ハ同国トノ提携ヲ今後、愈々、密ニシ、同国ノ軍事、経済、文化等各方面ニ亘リ、更ニ、一段ノ協力ヲ致サンコトヲ、深ク期シテ居ル次第デアリマス。（防衛庁防衛研究所戦史部 1985: 50）

　1943年7月にはタイとの関係強化を企図して東条首相が訪タイしたにも関わらず、日本の戦況が不利になっていった同年半ばにはピブーンの日本離れはさらに加速し、11月の大東亜会議にもピブーンは自らの出席を断って代理を送るのみにとどまった。1943年末には連合国軍によるタイへの空襲も激化していった。1944年には、ピブーン政権は表面上の最小限の対日協力の一方で、連合国との内応をも試みるようになり、日本もピブーンへの不信を募らせていった[8]。1944年7月にはピブーンは国会において不信任され、退陣することになった。

　日本の泰国駐屯軍は、1943年に新設された当初は隷属部隊も持たず、同盟国にあって「渉外司令部」的色彩が濃かったが（防衛研修所戦史室 1969:

8　タイにおける抗日運動は、政府上層部をも巻き込んで展開されており、とくにアメリカやイギリスなどで組織・展開された「自由タイ運動」は、戦後のタイ社会において自由フランス運動と同様の救国運動として評価されている。タイにおける抗日運動に対しては、日本側も警戒を強めており、大本営陸軍部による『最近ニ於ケル泰国事情』においても、その冒頭に「世界情勢ノ推移ニ伴ヒ敵側ノ宣伝謀略ハ泰国政界ヲ不安定ナラシメ戦局ノ将来ニ対シ疑懼ノ念ヲ懐カセシメ」ていることに言及されている（大本営陸軍部 1944、河西 2016: 252）。

写真1-2　ピブーン首相（上の写真：正面に座っている人々の左から3人目、下の写真：中央左）と中村明人泰国駐屯軍司令官（上の写真：同左から4人目、下の写真：中央右）（ข่าวโฆสนาการ 6-12）
1943年12月8日「大東亜戦争」2周年記念日を報じるタイの『宣伝報』記事より。

546, 550)、1944年1月には隷下に旅団が編成された（中村 1958: 102-103）。

　1944年8月19日の御前会議において決定された「今後採ルヘキ戦争指導ノ大綱」には、「大東亜ノ諸国家諸民族ニ対シテハ其ノ民心ヲ把握シ帝国ニ

対スル戦争協力ヲ確保増進スル如ク協力ニ指導ス」とされており（防衛庁防衛研究所戦史部 1985: 76）、「民心」の把握に重点が置かれていることがわかる。

　泰国駐屯軍は、1944年12月20日には第39軍に改編されて、駐屯軍から野戦軍に改められた（防衛研修所戦史室 1969: 568）。1945年に入ると、5月にラングーンが陥落し、ビルマ方面に対する「後方基盤」としての性格が強かったタイの位置付けも大きく変化し、戦備強化が企図され、1945年7月15日には第39軍は第18方面軍に改編された（防衛研修所戦史室 1969: 662–663）。鉄道輸送を中心にこの時期のタイにおける日本軍の動向を分析している柿崎は、1945年には連合軍の空襲によって鉄道網が寸断されるものの、日本軍の駐屯地はタイ全国で増加し、兵力も肥大化し、動きも活発化していったという（柿崎 2018: 325–337）。

　1945年7月17日の最高戦争指導会議における「対泰措置ニ関スル件」では、「現下ノ情勢ニ於テハ泰国ニ対スル武力処理ハ之ヲ行ハサルモノトス」とされるが、「之カ為凡有手段ヲ講シテ最悪事態ノ惹起防止ニ努ム」とあり（防衛庁防衛研究所戦史部 1985: 76）、1945年3月に実施された仏印処理に見られるような事態の緊張が読み取れる。

2　タイにおける日本人

　タイにおける日本人や日本関係機関の活動について総合的に論じた先行研究としては、「無告の民」の動向を含めて明治以降戦後に至るまでの日本の「南方関与」を描写した矢野の先駆的業績がある（矢野 1975）。このなかで矢野は、東南アジアにおける日本人社会を、一流企業の社員で2〜3年で日本に帰国してしまう「グダン族」と、現地に永住する「無告の民」の集団である「下町族」との分離を含めて、大局的に描き出している。タイについては、西野や石井・吉川が「下町族」の動向も含めた日タイ関係の通史をまとめている（西野1984、石井・吉川1987）。さらに赤木は、戦後タイの永住日本人について、ライフ・ヒストリーやアンケート調査を踏まえた研究成果を公表している（赤木 1992）。また、小林は第2次世界大戦終結までのタイに

おける日本人団体の活動を跡付けている（小林 1997）[9]。

本節では、タイにおける戦前からの日本人社会について概観しておきたい。

バンコクの在留日本人については、1890年代から個人商店が開業していたことが知られている（石井・吉川 1987: 228）。1890年代後半以降には数軒の日本人商店のほか、医師や写真師[10]、「からゆきさん」を含む様々な日本人がバンコクに在留した（石井・吉川 1987: 228-234）。『日本帝国統計年鑑』によれば、大正期以降のタイ在留日本人数の推移は表1-1のとおりである。このうちの多くがバンコクに在住していた。

表1-1によれば、1910年代後半期と1934年以降に、とくに男性人口が増大していることがわかる。バンコクの在留日本人社会が変質していくのも、これらの時期に重なっているようで

表1-1　タイ在住日本人数推移

（単位：人）

年	月	日	男	女	総数
1912	12	31	122	56	178
1913	12	31	130	64	194
1915	6	30	129	60	189
1916	6	30	155	69	224
1917	6	30	178	79	257
1918	6	30	195	85	280
1919	6	30	200	82	282
1920	10	1	183	69	252
1922	6	30	199	73	272
1923	6	30	171	65	236
1924	6	30	178	62	240
1925	10	1	167	72	239
1926	10	1	163	82	245
1927	10	1	154	93	247
1928	10	1	179	105	284
1929	10	1	166	93	259
1930*	10	1	232	104	336
1931	10	1	191	118	309
1932	10	1	191	99	290
1934	10	1	268	121	389
1935	10	1	301	140	441
1936	10	1	304	143	447
1937	10	1	363	153	516
1938	10	1	351	171	522

出典：内閣統計局『日本帝国統計年鑑』32～58より筆者作成。
*1930年10月1日現在のデータについては、「国勢調査速報値」も存在するが、これは採用しなかった。

る。三井物産は1906年にバンコク出張員を設置し、1927年に出張所、1935年に支店に昇格しているが[11]、バンコクは国際航路の幹線から外れていたために三井物産以外の日系商社のタイ進出は遅れていた（柴田・鈴木 1995: 80）。しかし、第1次世界大戦中の好景気によって日タイ貿易が拡大すると、いわゆる「グダン族」とされる大企業勤務の商社員や銀行員の赴任が増加し

9　バンコク都市社会史に関する日本人研究者の研究としては、たとえば友杉の一連の業績（友杉 1994、1999、2001など）や、田坂（1998）、坪内（2011）などの詳細な研究がある。
10　タイの日本人写真師については、松本（1992）に詳しい。
11　三井物産のタイにおける事業展開については、南原（2005）に詳しい。

ていき、日本人会会長も「下町族」に変わって「グダン族」が務めるようになっていった（小林 1997: 262-263）。また、世界大恐慌によって安価な日本製品が高価なヨーロッパ製品をしのぎ、さらに円為替レートの低落によって日本の比較優位が高まると、日本はタイ市場に対する最大の輸出国となり、1920年代の大阪商船等によるバンコクへの航路開設を背景に、1933年に伊藤忠商事が、35年に三菱商事がタイに出張所を設置した（柴田・鈴木 1995: 80-81）。1936年には横浜正金銀行もバンコクに進出している（小林 1997: 263）。その後、1937年に日本綿花が、38年に大同貿易が、バンコクに進出し、1939年以降、安宅商会、岩井商店、東洋綿花等、大手商社から中小商社に至るまでバンコクに進出した（柴田・鈴木 1995: 81）。こうした国際的貿易商社が進出することによって個人商店の経営は圧迫され、バンコク日本人社会の間に「グダン族」と「下町族」との相克というべき現象が現れたという（矢野 1975: 124-131、バトソン 1990: 270、西野 1984: 85-86）。

『南洋年鑑』によれば、在バンコク日本総領事館による1935年10月現在のタイ在留日本人数は522人（「内地人」430人、「台湾人」89人、「朝鮮人」2人）[12]で、その80％強（「内地人」353人、「台湾人」82人、「朝鮮人」0人）がバンコクに在住していたという（台湾総督官房外事課編 1937: 530-531）。

彼らの職業については、表1-2にまとめたとおりである。バンコク都心部にはあまり在住していなかったであろう農林水産業者や鉱工業者を除く

表1-2　職業別在留日本人数

(1935年10月現在、単位：人)

		男	女	計
本業者	農林水産業	56	0	56
	鉱業／工業	20	0	20
	物品販売業	14	0	14
	会社員等	52	1	53
	旅館等	7	3	10
	芸妓等	0	4	4
	理髪等	6	0	6
	其他商業	4	0	4
	交通業	2	0	2
	官公吏／軍人	11	0	11
	宗教／教育関係者	10	0	10
	医務関係者	29	2	31
	記者	1	0	1
	芸術家（含写真師）	11	0	11
	其他自由業	1	0	1
	其他有業者	3	0	3
	家事使用人	6	2	8
	学生等	2	0	2
	小計	235	12	247
従属者		63	102	165
計		298	114	412

出典：台湾総督官房外事課（1937: 531-532）より筆者作成。

12　人数が合計と合致しないが、資料の数値のままを掲載した。

と、いわゆる「グダン族」が含まれる会社員等が50名以上と多数を占めており[13]、その一方で「下町族」を形成していたと考えられる中小企業主や個人商店主、医療関係者、写真師を含む芸術家も一定数が在住していたことがわかる。

　1935年4月に『満洲日報』に掲載された今村忠助によるタイ旅行記によれば、日本の商社等としては、三井物産が一頭地を抜いているほか、伊藤洋行、溝上洋行、山口洋行、南洋商会[14]、日高洋行、日華公司、豊勝洋行、大谷洋行、江畑洋行、日出薬房などがあったというが、「他国で見受ける様な日本人の小売商間に相当な店が」見られないと書いているのは（今村1935）、バンコクにおける「下町族」の停滞を物語っていると思われる。

　1940～41年頃になると、東南アジアにおける列強の各植民地で商売ができなくなった日本人中小企業者・個人商店主等の一部がタイに避難して、在タイ日本人人口は開戦時には600人に膨張した（小林1997: 272-274）。また、日本軍進駐とともに日本人数も増加し、終戦時のタイにおける在留日本人数は「若干の朝鮮人及台湾人」を含み約2700名で、その大部分がバンコクに在留していたという（加藤編2002: 135）。1940年代前半のこのような日本人増加は、タイ国立公文書館所蔵史料にも見られる。宣伝局長発内閣官房宛1943年3月6日付文書によれば、近年、日本人がタイ人の家を借りることが多くなり、元のタイ人借家人より高い借家料を設定できたために[15]、家主がタイ人借家人を追い出して日本人を住まわせる事案が多発したという（タイ国立公文書館 (2) สร0201.98.1/14）。また、電話設置申請が増加しているが、その多くは日本人がタイ人から高値で借りているものであるとも報告している（タイ国立公文書館 (2) สร0201.98.1/14）。この報告から見ると、戦時期バンコクで急増した日本人は、日本の経済的背景を有する「グダン族」であったように思われる。

　こうした在留日本人の活動拠点を、日泰文化研究所が1942年1月に発行

13　会社員等（「会社員・銀行員・商店員・事務員」）を他の職業から独立した一分類として掲げるのが外務省独自の取扱方式であったことは、清水（1985: 77-78, 91）に詳しい。
14　「南洋商行」のことと思われる。
15　もとは100バーツだった借家料を、日本人は200バーツで借りるという。もっとも、日本人は当初の約定通りの借家料を支払わないことが多いともいう（タイ国立公文書館 (2) สร0201.98.1/8）。

した「最新盤谷案内地図」に依拠してプロットしてみると、図1-1のようになる。

　日本人の商店や企業は、バーンモー付近からサムペン地域（図1-1のA）、バーンラック地域[16]（図1-1のB）に集中している。

　しかし、バーンラック地域の東半は、三井と三菱の社宅、そして当時は「グダン族」が実権を握っていた日本人会・日本国民学校が散在しており、「下町族」の要素は見られない。一方、バーンラック地域の西半は、「グダン族」に入るであろう商社とともに、日系の食堂や医院、洋裁店等が見え、「下町族」と「グダン族」が併存していたであろうことがわかる。ただし、食堂や医院、洋裁店等の顧客が「グダン族」であったであろうことを考えると、彼らは「グダン族」へのサービス部門と位置付けることも可能かもしれず、その意味ではバーンラック地域は「グダン族」的色彩の濃い地域と言えよう。

　それに対し、サムペン地域には、今村の列挙した商社ではあるが三井や三菱には規模において及ばない商社と、今村の列挙に名の挙がっていない商店や医院が見られ（今村 1935）、より「下町族」の色彩が濃い地域といえるであろう。さらにその西のバーンモー地域には、日本人納骨堂が見られるが、これは永住の「下町族」に近縁性のある施設と考えられる。赤木のインタビュー記録によれば、1935年に医師免許を求めて渡タイした人物が、バーンモーにあった日の出病院に寄宿したといい（赤木 1992: 161）[17]、「下町族」がバーンモー地域においても活動していたことがわかる。なお、日本人商工会議所はバーンモーに位置するが、この施設は「グダン族」の影響力が大きかった（小林 1997: 271）。日本人の居住地域については、赤木のインタビュー記録にも「明治時代に来られた方はヤワラ街を北上し突き当たったバーンモーあたりに多く住んでいましたが、大正末期から昭和にかけてはシープラヤー、スリウォン、シーロム、サートンのニューロード寄りに多く住むように」なったと述べており（赤木 1992: 133）、1910年代以前に渡タイした「下町族」はバーンモーやサムペン周辺に、その後に渡タイした「グダン族」を含む人々はバーンラック地域の西半に居住するようになったことが

16　バーンラック地域の20世紀初頭頃までの開発史については、田坂（1998）を参照されたい。
17　1942年発行の地図上では当該病院は探し出せなかった。

示されている。さらに東には、前述のように三井・三菱系の「グダン族」や大使館関係者が居住した訳である。このように、日本人社会には、空間的にも「グダン族」と「下町族」の居住・活動地域の差異が存在したと考えられる。

3　タイにおける日本の政府等機関

バンコクには、タイの首都として、日タイ政府間の外交関係を司る機関も置かれている。タイと日本の間には、1887年に日暹修好宣言が結ばれ、1897年にはバンコクに日本公使館が設置された。1941年8月、日タイ両国は双方の公使館を大使館に昇格させている。公館に勤務する日本人官吏は、表1–2からすると1935年時点で駐在武官を含んで10名程度であったと考えられる。

1942年当時の地図を見ると、バンコクにおける日本大使館関係の施設は、日本大使官邸（ペッチャブリー通り南側）、日本大使館事務所（ラーチャプラロップ通り東側）、日本陸軍武官室（ラーチャダムリ通り東側）、日本海軍武官室（ラーチャプラロップ通り東側）、領事舎宅（ラーチャダムリ通り東側）、日本大使館舎宅（3か所：シーアユッタヤー通り北側2か所、ペッチャブリー通り南側1か所）、および判読不明の施設1か所（サートーン通り北側）があり、バンコク市街東部に偏っていることがわかる（図1–1のC）。これは、「下町族」の日本人や日本商社の活動地域とは一線を画した場所であった。その一方、この地域には三井や三菱の社宅も見られ、また「グダン族」的色彩の濃いバーンラック地域東半とも近く、矢野が指摘している官と「グダン族」との結び付きが（矢野 1975: 126）、空間的にも観察される。

在外公館以外の日本政府関係機関としては、日本の鉄道省国際観光局関連の機関が、バンコクの一等地であるラーチャダムヌーン通り7号館に存在していた（タイ国立公文書館 (2) สร0201.98.1/8）。1942年10月10日付のタイ側公文書によれば、これは日本の「鉄道省観光促進部局宣伝部（กองการโฆสนา แผนกส่งเสริมการท่องเที่ยว กะชวงการรถไฟยี่ปุ่น）」の国家機関（องค์การทางราชการของยี่ปุ่น）とされているが（タイ国立公文書館 (2) สร0201.98.1/8）、これは1942年3月の記事を引用した『タイ協会会報』28号に見える「東亜旅行社」の「案内所」のことと考えられる（『タイ協会会報』28、

第 1 章　日タイ関係

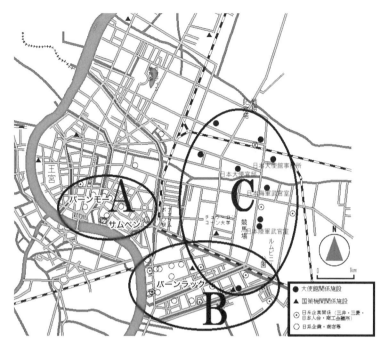

図1-1　日系企業・商店等および日本政府関係機関の位置関係
（日泰文化研究所（1942）をもとに筆者が作成した地図上に加筆して作成。）

1942: 92)。東亜旅行社は、観光宣伝を担当する国策機関であった。ただし、この「東亜旅行社案内所」については日泰文化研究所発行のバンコク地図上には見出すことができないため、地図が刊行された1942年1月時点では存在していなかった可能性がある。

　国際金融専門の特殊銀行であった横浜正金銀行は、地図上には探し出せなかったが、社宅が「グダン族」色の濃いバーンラック東半のナレート通り東側（日本人会裏側）に見出せる。

　1938年9月に開設されてバンコクにおいて日本の対タイ宣伝活動を中心的に担った日泰文化研究所は、王宮西側のター・チャーンに所在している[18]。日泰文化研究所に勤務する平等通照は、1940年10月の渡タイ当初は

18　日泰文化研究所の性格や事業については、本書第3章を参照されたい。1943年3月には、日泰文化研究所を引き継ぐ形で、日泰文化協定に基づくバンコク日本文化会館が設立された。

35

シーロム通りの日本人旅館であった盤谷ホテルに滞在したが（平等 1979: 15–16）、やがてタイ人の「上流社会の住む静かな住宅地区」であったバンコク市街北側のナコーンチャイシー通りに家賃月額50バーツで家を借りている（平等 1979: 24）。また、1911年に渡タイして長らく芸術局および芸術学校に奉職し、1940年の退職後は日泰文化研究所に勤務していた三木栄は（三木 1963）、チュラーロンコーン大学の南側に居住している。

その他の国策機関としては、1942年の日泰文化研究所発行の地図上では、国策通信社である同盟通信社がサートーン通り北側に、また満鉄事務所が日本人の多くいたバーンラック周辺からは大きく離れたサームセーン駅北側の線路沿いに、それぞれ存在している。

このように、日本の公館関係施設は市街東側に集中しているが、その他の国策機関関係施設については、それぞれの特性に応じてバンコク市街の様々な場所に広範に点在していたことがわかった。

4　日本軍のタイ進駐後の活動拠点

日本軍のタイ進駐後における動向は、防衛庁防衛研修所戦史室による『戦史叢書』シリーズのほか、近年においては柿崎がタイ国立公文書館に所蔵されている国軍最高司令部史料を用いて、詳細に描き出している（柿崎 2018）。また、柿崎は、タイに進駐した日本軍とタイの人々との間に生じた軋轢を憲兵が扱った事件を軸にしてまとめており、タイの「草の根」における日タイ関係を活写しており、こちらからもタイにおける日本軍の活動拠点が読み取れる（柿崎 2022）。

1941年12月8日、日本軍の一部がバンコクに進駐し、翌日、主力部隊が到着すると、日本軍は速やかに連合国側諸機関を閉鎖し、多くの施設を接収した（防衛庁防衛研修所戦史室 1966: 162–165）。なお、日本軍による不動産の接収と使用については、柿崎（2024）が詳細に分析している。こうした施設には、中華総商会や競馬場[19]、国立競技場[20]、チュラーロンコーン大学の敷

19　ルムピニー公園の北西に位置する「ロイヤル・スポーツクラブ競馬場」のことである。
20　現在の国立競技場と同じくラーマ1世通り南側に位置していた。

地の一部、ワッタナ・ウィッタヤー女学校[21]、クロントゥーイの港湾施設等が含まれていた（Thamsook 1977: 43）。開戦当初は、近衛師団がバンコクに入り、師団司令部をチュラーロンコーン大学に置き（防衛庁防衛研修所戦史室 1966: 158）、近衛歩兵第 5 連隊がルムピニー公園に、同第 4 連隊が競馬場に集結した（防衛庁防衛研修所戦史室 1966: 165）。ドーンムアン空港や鉄道駅、ラーマ 6 世鉄橋等には日本軍の警備兵が配置された（防衛庁防衛研修所戦史室 1966: 165）。しかし、近衛師団は12月から翌年 1 月にかけてマレーに進出し（防衛庁防衛研修所戦史室 1966: 165）、その後にバンコクに入った諸部隊も次々とビルマ方面やマレー方面に進出したため、1942年 8 月には日本軍の事実上の警備兵力はバンコクから姿を消した（防衛庁防衛研修所戦史室 1969: 534）。

　当初1942年 6 月頃においては、独立国タイに対して駐屯兵力は「最小限ニ留ムル」ものとし、「日泰同盟ノ本義ニ鑑ミ、逐次日本軍兵力ヲ撤収スル」方針であったが（防衛庁防衛研修所戦史室 1969: 538）、ビルマ方面の連合軍に対する防衛強化と泰緬鉄道建設に関する日タイ間の摩擦増大に対応するため、1942年12月にはバンコクに歩兵 1 個大隊が急派され（防衛庁防衛研修所戦史室 1969: 545）、1943年 1 月には中村明人中将が泰国駐屯軍司令官に親補されてバンコクに同軍司令部が新設された。司令部庁舎には、サートーン通り南側の泰国中華総商会の建物が接収されて使用された（中村 1958: 44、吉川 2010: 143）。その通りを東のルムピニー公園の方向に進んだ南側に、もとは香港上海銀行支店長邸であった建物を司令官官邸とし（防衛庁防衛研修所戦史室 1969: 695、Reynolds 1994: 145）、その裏には「大義神社」が建立されて、月例祭や結婚式など在留日本人の参拝の場となった[22]（辻 1952: 29、朝日新聞社編 1987: 121）。

　泰国駐屯軍司令部設置後、タイの「安定確保」とビルマ及びマレーに対する補給のため、兵站部隊を含む多くの部隊がバンコクに配置されていった（防衛庁防衛研修所戦史室 1969: 554, 565–567）。タイ当局は、ルムピニー

21　1874年設立のアメリカ系のミッショナリー・スクールで、バンコクの東郊ワッタナーに位置していた。
22　神社名については、泰国駐屯軍の通称号「義」によるものである。大義神社については、朝日新聞社編（1987: 121）や比留間（1982: 23）に写真が掲載されている。

公園に歩兵1個大隊を十分に収容できるバラックを建築し、ここにこれらの部隊が駐屯することになった（中村1958: 36-37）[23]。また、ルムピニー公園北西の競馬場には貨物廠が置かれ（防衛庁防衛研修所戦史室1969: 695)、バンコク東郊のプラカノーン地区にも、兵站大集積地や兵舎が存在した（吉川1997: 442）。1944年6月30日現在では、バンコクおよびトンブリー地区に2795名の日本兵が駐屯していたという（吉川2010: 154）。

戦争末期の1945年6月から7月にかけて実施されたバンコク防衛強化工事では、これらの場所を連結する陣地が構築されるとともに、戦勝記念塔付近には鉄道連隊がトーチカ陣地を構築した（防衛庁防衛研修所戦史室 1969: 693-696、辻1952: 30-32, 39-40、中村1958: 134-135）。その他、ドームアン空港には砲兵1個中隊が増加され、堅固な築城がなされた（防衛庁防衛研修所戦史室1969: 695）。

これらの情報をバンコク市街地の地図上にプロットしてみると、司令部および主力については市街南部から東部にかけて集中していることがわかる（図1-2参照）。これらの地域には、大学や大規模公園、競技場、競馬場などの大きな地積を擁する近代的施設が集中しており、部隊を駐屯させやすく、また港湾設備やフアラムポーン駅へのアクセスが容易だったという事情もあるだろうが、日本公館関係施設が集中する市街東部地域や「グダン族」の活動拠点であったバーンラック地域に近接していたという点も重要であったと思われる。一方、「同盟国」であるタイの陸軍は市街北部地域に駐屯地を集中させており[24]、当時の陸軍司令部[25]はサームセーン通り西側（バーンクンプロム）に、海軍司令部は王宮の対岸にあったことを考えると、日本軍主力はタイ軍とバンコク市街を挟んで対峙するような位置関係にあったことがわかる（図1-2参照）。空間的に見ると、日本軍とタイ軍とは、相互に警戒するような関係にあったとみることもできよう。

---

23 朝日新聞社編（1987: 99）に写真が掲載されている。もっとも、中村軍司令官の着任までは、日本軍側はルムピニー公園駐屯を嫌い、公園にほど近いチュラーロンコーン大学の教室を使用してタイ側知識人の顰蹙を買っていたという（中村1958: 36-37）。終戦時にルムピニー公園に独立大隊が駐屯していたことは、赤木のインタビュー記録でも確かめられる（赤木1992: 135）。
24 現在も同様である。
25 日泰文化研究所発行の地図では「参謀本部」と記されている。

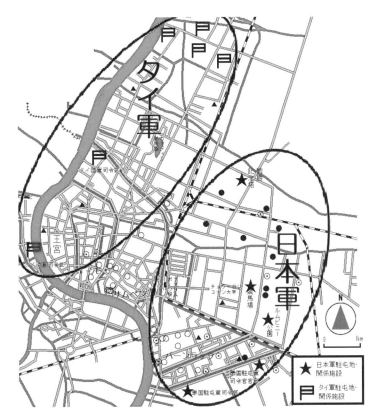

図1-2　日本軍駐屯地・関係施設とタイ軍駐屯地・関係施設との位置関係
(日泰文化研究所 (1942) をもとに筆者が作成した地図上に、防衛庁防衛研究所戦史室 (1969: 695) および日泰文化研究所 (1942) のデータを加筆して作成。)

5　小結

　以上、「大東亜戦争」期における日本の対タイ宣伝について検討するための前提として、「大東亜戦争」にいたる時期の日タイ関係を概観し、タイにおける日本人や日本の政府等機関、日本軍の活動拠点の動向や空間的配置について、先行研究に負いながら確認を行った。
　そもそも第1次世界大戦までは、日タイ間の経済関係もそれほど密ではなかったが、第1次世界大戦中の好景気によって日タイ間の貿易が拡大し、ま

た世界恐慌によって安価な日本製品がヨーロッパ製品に対して比較優位を獲得することによって、1930年代には多くの日本企業がタイに進出していったことがわかった。「大東亜戦争」期の日本にとって、タイは米や錫、ゴムといった物資の供給元として重要であるとともに、マレー半島やビルマ・インドに対する軍事的通過経路としても軍事基地としても重要であったが、「同盟国」となってもタイを完全に信頼することはできず、日本軍の展開地域からもそうした関係が窺われた。

　次章以降、こうした日タイ関係の下で展開された日本の対タイ宣伝について、観察していくことにする。

第 2 章

日タイ両国の文化政策と日泰文化協定

　本章では、日本の対タイ宣伝の前提として、条約面での基盤となった1942年「日泰文化協定」の締結にいたる交渉過程について、日本側とタイ側との双方の外務省史料を参照しながら、観察していきたい。

1　文化協定とは何か

　国家間の文化協定は、対外文化政策の一環として展開されてきた。まずは、国際社会における文化協定の歴史的展開について、ドロー（Dollot）やミッチェル（Mitchell）による説明によりつつ概観しておきたい。
　19世紀の国民国家が呼びかけた文化交流の起源は、宗教伝道の改宗や宣伝要素を含んだ「国家の伝統的利益に密接に結びついた文化外交」（ミッチェル 1990: 31）であったとされる。フランスは、西洋における文化的優越性を基盤に、普仏戦争（1870〜71）の敗北後は復興手段として、世襲財産としての文化的優越を利用した。1883年にアリアンス・フランセーズ、1910年に外務省内に海外仏学校・基金課を設置することなどにより、フランス語とともにフランス文化を植民地や外国に広めていった（ミッチェル 1990: 32）。これにより、植民地経営の安定、帝国の一体化、世界的影響力の増加を図っていった。ドイツでも、ゲルマン主義と産業の拡張を基盤にして、普仏戦争後のドイツ統一以降、海外在留ドイツ人の教育に関心を寄せていった（ミッチェル 1990: 34）。イギリスも遅ればせながら1934年にブリティッシュ・カウンシルを設立し海外への文化普及を図っている（ミッチェル

1990: 36-38、ドロー 1965: 100)。第1次世界大戦以後、文化外交は、放送・新聞などのマス・コミの発達をふまえて「イデオロギーの流布」の手段としての文化「宣伝」の色彩が濃くなり（ミッチェル 1990: 40)、一層露骨に国家的な政治的目的を追及する力として機能するようになっていった（ミッチェル 1990: 40-48)。とくに1930年代は「宣伝戦」の様相を示した（ミッチェル 1990: 39)。この間、各国に文化交流のための機関が、また国際連盟の「知識協力委員会」などの文化交流に関する国際機関が設けられていった（ドロー 1965: 14-15)。1946年にはUNESCOも発足し、世界的な文化交流の基盤が充実していった。第2次世界大戦が終結し、イデオロギー対立が前面に出た冷戦が1950年代になってようやく相対的緩和を迎えると、宣伝の露骨な表現も後退し、文化交流は大国ブロック間でより重要な地位を占めるようになり（ミッチェル 1990: 71)、文化は宣伝の道具から新しい諸国協力の手段へと変化したという（ドロー 1965: 15)。

　このような流れのなか、第1次世界大戦後、各国間において文化協定が締結されるようになる。1919年にフランス・イタリア間で教授学生交換協定が締結されたのを皮切りに、欧米諸国で学事的文化協定が締結されていった（外務省文化事業部 1938: 21)。1935年ごろになると、学事的なものに限定されないより広範な文化に関する包括的な条約が締結されるようになる。こうした文化協定は、イタリア、ドイツ、ハンガリー、オーストリア、フィンランド等が中心となって締結されていった（外務省文化事業部 1938: 23)。

　こうした文化協定に関する研究については、国際関係論からのアプローチである「文化交流政策」すなわち対外文化政策研究の流れが顕著である[1]。これは、「文化」が「国家のアイデンティティの表現」であるとされ、近代国民国家を基盤とした国際関係の中で、「文化」的国際関係も必然的に生じてくるためである（ミッチェル 1990: 5)。「文化交流」のうち政府機関の実施するものに限定して「文化外交（Cultural Diplomacy)」と表現されることもある（ミッチェル 1990: 6)。国際関係論の立場から研究されるような行政面での「文化交流」は、「対外文化事業を通して、自国文化に対する理解、諸外国との相互理解を深めることにより、友好親善を増進」するものである

---

[1] 国際関係論の立場から、たとえば平野編（1999）に代表されるような平野健一郎らの一連の研究がある。

(外務省文化事業部編 1972: 3)。「文化外交」は、相手国に対して「好ましいイメージを与え、それを印象づけ、外交活動全体を容易にすること」を目的とし、背後には政治的・経済的な目的が潜んでいる場合がある（ミッチェル 1990: 8）。この「文化外交」は、「二国間であろうと多国間であろうと、文化交流活動の承認、促進、企画のために政府間で締結された協定に適用される」ものである（ミッチェル 1990: 6）。政府間の「文化交流」を観察する際に、こうした「文化協定」に着目すれば、関係国間の「文化交流活動」の基盤を考察する一助になる。

このような政府による「文化交流」は、「国内」における文化政策との比較のもとで「対外文化政策（Foreign Cultural Policy）」と表現されることもある（ミッチェル 1990: 14）[2]。

一方、国内における文化政策についても、近代国民国家成立の前提として「国民」の文化的一体性が重要視される以上、近現代の国民国家体制の中で国民の文化的統合を図る国内における文化政策（Cultural Policy）[3]を軽視することはできず、1960年頃より多くの国家において文化関係の行政機関が設置されていった（UNESCO 1969: 10）。こうした国内における文化政策についての研究も、近代国民国家に不可欠な国民の文化的統合の観点から進められつつある[4]。

しかし、本来表裏一体の関係にあるはずの「対外文化政策」と「国内文化政策」との関係については、有機的にその相互作用の実態が分析されることはほとんどない。その理由としては、おそらく①対外文化政策研究が国際関

2　ミッチェル（1990: 14, 115-120）やドロー（1965: 39-40）は、両者の関係について理論的な立場から、あるいは実務的な立場から考察している。

3　国内における「文化政策」とは、UNESCO の定義によれば「一定の時間において当該社会に入手しうる全ての物質的および人的資源の最適な利用を通じて、ある文化的要求を満たすことをめざす、ある社会における意識的かつ慎重な利用、行為、もしくは行為の欠如の総体」のことをいう（UNESCO 1969: 10）。

4　代表的なものを挙げれば、ホブズボウムらの「伝統の創造」についての研究は、このように近代国民国家の中での文化の問題について意識しているし（ホブズボウム・レンジャー 1992）、アンダーソンの『想像の共同体』において指摘される「国民」の虚構性についての問題にも、文化が深く関わっている（アンダーソン 1987）。文化ナショナリズムについては、ハンチントンの研究がある（Hutchinson 1987）。日本では、たとえば西川らによる近代日本の国民国家形成と文化との関連についての問題関心からの研究や（西川ほか編 1995）、文化ナショナリズムについての社会学的分析として吉野の研究などがある（吉野 1997）。文化人類学の立場からも、文化に対する政府の関与についてたとえば鏡味（2000）の研究などがある。

係論からのアプローチによって主に担われているために国内政策としての対内文化政策はその視点から脱落する傾向にあること、逆に国内文化政策研究は国民の文化的統合に焦点を合わせるためにその国外へのイメージの投影・発信については焦点の外に脱落する傾向があること、②国内文化政策を管轄する政府機関と対外文化政策を管轄する政府機関とが通常別個であること、そしてその分担は研究活動においても反映されることがあること、また③対外文化政策は相手国との関係性の中で捉えられるべきものであり一国史的な観点からのみでは研究が難しく、当時者両国の対内文化政策と両国間の対外文化政策の絡み合いという少なくとも3つの次元に分散する対象を統合して分析していくのは困難であることなどが挙げられよう。

　以下、近代アジアにおいて列強の植民地化が進んでいった時期に独立を保ち、少なくとも表面的には対等な政府間の「文化交流」が可能であったと考えられる日本とタイとの文化交流のあり方の一端を、1942年文化協定の分析を通して[5]、両国それぞれの国内文化政策との関連性も視野に入れながら観察したい。

　すなわち、本章では、①日本側の文化協定締結の意図、および日本国内の文化政策との関連のあり方、②タイ側の文化協定締結の意図、およびタイ国内の文化政策との関連のあり方、③日・タイ両国間の文化協定締結に対する意図の差異、またそこから生じる温度差が問題となる。

　1942年日泰文化協定については、市川（1994）が戦時日本の「大東亜共栄圏」に対する文化政策の一環としての視点から、日泰文化協定よりもむしろバンコクに建設された日本文化会館に焦点を合わせ、主に在バンコク日本文化会館初代館長となった柳沢健の回想録などに依拠して、日本文化会館の顛末とそれをめぐる「異文化摩擦」について論じている。またテームスック（แถมสุข 1976, Thamsook 1977, Thamsook 1978）、Charnvit（1974）、吉川（1982）、Reynolds（1991）、岸本（1995）なども、「大東亜戦争」期の日タイ関係を論じる上で1942年日泰文化協定に触れている。

　本章では、こうした業績を踏まえながら、日本国外務省外交史料館文書や、タイ国立公文書館文書を主資料として、分析を進めていく。

5　日タイ両国間の文化協定は、1942年と国交中断後の1955年との2度にわたって締結されている。

以下、1942年日泰文化協定をめぐって、まず当時の日本における国内文化政策の状況を、次にタイにおける国内文化政策の状況を観察した上で、日タイ間の文化協定締結にいたる経緯を追い、1942年協定の文化政策的な特徴を把握するとともに、1942年日泰文化協定をめぐる日タイ間の文化交流と日タイそれぞれの文化政策のあり方を捉え、日本の対タイ宣伝を考えるための基盤を構築しておきたい。

2　日タイ両国の文化政策

(1) 日本の文化政策

　戦前における日本の文化政策は、1935年に法学全集の一部として刊行された中村弥三次による『文化行政法』の内容などから見ることができる。この書籍は、行政法の立場から文化政策を213ページにわたって詳細に研究したものである（中村 1935: 1–4）。内容は、美術、文芸、音楽、演劇、映画、宗教、教学、宣伝、文化営造物、文化警察の諸項にわたっており、1930年代の日本における文化政策の範囲が読み取れるが、対外文化政策についても宣伝行政の項目の中で若干取り上げられている（中村 1935: 206–207）。

　しかし1937年以降になると、日本の文化政策は戦時色の強まりとともに芸術を含む文化一般は政府から強い規制を受けていったという（根本ほか 1996: 26）。

　当時、日本では、ナショナリズムが高揚し、天皇機関説が否定されるなど、学問・思想・言論に対する統制が強化されていた。政府の文化統制方針が強化されるとともに（小田切 1963: 358–360）、1938年には国家総動員法が制定され、1938年から40年にかけては生活のゆとりの部分である「贅沢」に対して生活統制が集中していった（寺出 1994: 177–181）。1938年6月商工省による綿製品の統制、1939年6月国民精神総動員中央連盟による遊興営業の時間短縮、ネオン全廃、贈答廃止、学生の長髪禁止、パーマネント廃止などを内容とした「生活刷新案」の決定、1940年7月「奢侈品等製造販売制限規則」の制定がおこなわれた（寺出 1994: 178–179）。1940年以降は、次第に多くの生活必需物資が配給統制されることになり、生活統制の対象は、奢侈品からより生活の基礎的な部分へと向かっていった（寺出 1994:

181–183)。服飾についても、1939年に「国民被服刷新委員会」が結成され、1940年には「戦時常用服」である男性用の国民服の制定がなされている（柏木 1998: 66）。また、女性に対しても1941年に「婦人標準服研究会」が設置され、1942年厚生省によって標準服のデザインが決定されている（柏木 1998: 67）。

このような生活統制、文化統制を、政府や国民組織結成運動の文化政策担当者たちはどのように理論付け、文化政策の中に位置付けていただろうか。

1940年に結成された大政翼賛会においては、近衛新体制のもと「政治に文化性を与える」という理念にもとづいて、文化部が設立されたが[6]、その文化部長となった岸田国士は[7]、大政翼賛叢書の1冊として発行されたパンフレット『文化の新体制』の中で、「文化」とは「贅沢な慈善行為や、毒にも薬にもならぬ仕事」ではなく、「国民全体の日常生活」の「心構へと方法」こそが「文化」であるという（岸田 1940: 2）。そして、「文化が健全に進むにつれて国民の生活が向上し、それによつてまた物心両面ともに国力が増大」し「経済翼賛の実をあげると共に、上下一体、文化翼賛の美果を結ぶところに国防国家の力強い体制が完成されて行く」と書いている（岸田 1940: 3-5）。文化は国民から遊離した行為であってはならず国民の日常生活そのものであり、文化政策は、経済統制の中で生活の向上を図り強力な国家体制を完成する装置であると読める。

岸田とともに新体制運動を推進し、国策研究機関である昭和研究会において活動した哲学者三木清は、1940年12月に「文化政策論」を『中央公論』に発表した[8]。この中で、三木は、国民の士気作興に関する政治の心理的問題に文化政策の持つ役割が大きいことを指摘している（三木 1940: 5）。また、当時の物質的貧困に耐えながらも心を裕かにするのが文化政策であると説く（三木 1940: 6）。その意味で、文化は公共性と協同性をもち広く国民のもの

---

[6] 赤澤は、この「政治に文化性を与える」というキャッチフレーズを、文化人を政策立案のポストに登用する「あいまいな言葉」であったと評価している（赤澤 2020: 272）。
[7] 文学者岸田国士の文化部長就任については、渡辺（1982: 164-194）に詳しい。文化部長としての岸田の抱負は、昭和研究会において東亜新秩序論の理論化に取り組んだ三木清らと共通するものであったという（渡辺 1982: 164-194）。岸田の「文化」言説に関する専論としては、松本（2023: 第2章）などがある。
[8] 三木による日本の対外文化政策への関りについては、Campoamor (2009) に詳しい。

となることが必要で（三木 1940: 10）、秩序への意志をもった文化統制＝文化計画を総合的統一的に展開することを切望している（三木 1940: 13）。文化政策の目的を、国民の士気を高め、物質的貧困に負けない心理的余裕を確保しようとすることに求める見解は、岸田のものと重なりあっている。

　しかし、岸田も三木も新しい「日本文化」の具体像を描き出してはおらず、これが国内文化政策であるといいうるとすれば、それは国民の文化的統合を目的とした具体的な「日本文化」の国民国家体制内での再定義であるというよりは、政府による国民の生活統制の心理的援護手段であり、国民の奢侈の否定、戦時生活・窮乏生活への適応化促進を目的とするものであったと見ることができよう。このように、当時の日本の国内文化政策は、国力と政府に余裕があった時代には国民の生活と遊離した芸術や文化財への保護が念頭に置かれ、また国力に余裕がなくなると国民の生活に密着した生活統制の心理的援護手段の宣伝媒体としての地位しか与えられなかったといえるだろう。三木が「文化政策と称するに足るものが殆ど全く存在しなかった」と嘆くように（三木 1940: 4）、日本政府の国内文化政策に対する熱意は低く、文化政策は貧困であったといえよう。

　では、当時の日本政府の対外文化政策についてはどうであろうか。

　日本は、第1次世界大戦における宣伝戦への立ち遅れに対する反省から、1921年外務省情報部を設置し、「宣伝的文化事業の経営及補助」をその職掌の一部とした（外務省百年史編纂委員会 1969）。1923年には「対支文化事業特別会計法」を制定し、外務省の外局として「対支文化事務局」を置いて中国に対する文化事業を実施した（河村 1967: 80, 82）[9]。この「対支文化事務局」は、1924年に縮小されて「亜細亜局文化事業部」となり[10]、1927年には「外務省文化事業部」となった。1930年代中頃からは、日本政府は対中国のみに限定されない国際文化事業を実施する機関を整備している。1934年には「国際文化振興会」が組織され[11]、1935年には文化事業部に対中国に限定され

9　日本の対中国文化政策については、Teow (1999) などに詳しい。文化事業部の官制の変化については河村一夫 (1967) や外務省百年史編纂委員会 (1969) を参照。
10　中国側が「対支」という冠詞を好まないためにこの機会にこれが省かれたが（河村 1967: 86）、この時点では、業務が中国以外に対する文化事業にまで広がったわけではない。
11　国際文化振興会については芝崎 (1999) に詳しい。国際文化振興会の対タイ事業については、本書第3章第1節を参照されたい。

ない国際文化事業を管掌する第3課が新設された[12]。

このようななか、外務省文化事業部は、1938年11月13日に小冊子『外交の新しき指標：文化協定の話』を出版し、文化協定の意義について語っている[13]。それによれば、「新文化の創造を以て東亜を安定し、世界の進運に寄与」することを説き（外務省文化事業部 1938: 3）、文化の紹介は「国威の発揚のため」の「効果ある確実な方法」であり（外務省文化事業部 1938: 9）、「文化の威力を無視して今日の外交を語ることは出来」ないとして（外務省文化事業部 1938: 10）、対外文化政策の重要性を謳っている。文化協定は「国民の間の文化関係を増進するための国家が結んだ約束」であり（外務省文化事業部 1938: 15）、文化宣伝や文化侵略のみではなく相互の文化の協力交換による文化の進運に資するものであることが説かれている（外務省文化事業部 1938: 30–33)[14]。その2日後の11月15日には、日本は始めての文化協定をハンガリーと締結し[15]、続けて同月25日にドイツと[16]、1939年3月にイタリアと、1940年3月にブラジルと、1942年10月28日にタイと、1943年2月にブルガリアと、それぞれ文化協定を締結した[17]。1942年11月には、外務省文化事業部は「戦時下不急の事業」として廃止されているが（河村 1967: 95）、

---

12 その業務は、予算から見れば、たとえば国際文化振興会、国際学友会、国際映画協会、日仏会館、日独文化協会への補助などが挙げられる（河村 1967: 92）。

13 文化事業部第3課箕輪三郎事務官の研究を纏めたものである（外務省文化事業部 1938: まへがき）。

14 大政翼賛会文化部長であった岸田は、パンフレット『文化の新体制』の中で、「香り高い日本文化の伝統をもう一度現代の生活の中に生かし、一方海外文化の長所を吟味採択し、その上に立つて、ほんたうにわが民族の天賦を誇り得る、東亜新文化の樹立を先づ完成することが急務」であると述べており（岸田 1940: 6）、国内・対外両面にわたる文化政策の必要性を認識していたことを感じることができる。同様に三木清も、文化政策あるいは「文化の発展」においては外国文化との接触によりその長所を得て日本文化を再構成する必要性を論じている（三木 1940: 15）。ともに、文化を他国に進出させることにより文化的ヘゲモニーを握ろうとする輸出型であるよりは、他国の文化の長所を取り入れて日本文化を再構成しようとする輸入型の認識であることは興味深い。

15 日洪文化協定については百瀬（1984）に詳しい。

16 政治史の中ではそれほど紙幅を割かれていないが、文化協定締結の記念に出版された2冊の小冊子、国際文化振興会（1939a, 1939b）にそれぞれの協定全文、政府の声明、協定成立記念会の講演などが収録されている。

17 このような文化協定締結の流れに並行して、日本政府は各国との文化交流施設も設立している。1938年11月にはニューヨークに日本文化会館を設立した。館長には内務省出身の前田多門（のちの文部大臣）があたった（前田 1947: 202）。

国民精神総動員本部調査部長などを歴任した野村重臣によれば「大東亜戦争は根本的には思想戦であり、思想戦に於ける勝敗が大東亜戦の勝敗を決するもの」であり（野村 1942: 156）、とくに「南方」に対する「文化工作」は「大東亜共栄圏建設の大理想成就に奉仕する」ものとして重視された（情報局記者会編 1942: 271）[18]。

国内文化政策の消極性に比較して、より積極的な対外文化政策を展開しようとしている様子が観察できる。これらは基本的に、「文化工作」であり、赤澤がいうように「日本からの一方的・独善的な注入・宣伝論に傾斜しがち」であって（赤澤 2020: 282）、国内文化政策の不毛を思えば、構造的に内実の空虚な宣伝に堕す傾向が高いものであったといえるだろう。

（2）タイの文化政策

タイでは1938年から44年にかけて、ピブーン首相の指導の下、強力な国内文化政策が進められていった。ピブーンは、総理大臣、国防大臣、内務大臣、そして軍最高司令官を兼任して政治権力を一身に集中させ、国家の「指導者（ผู้นำ）」として、「国民形成（สร้างชาติ）」[19]を合言葉に国家主義・全体主義によるタイの近代化をはかった。

ピブーン政権は、1893年以来懸案になっていたフランスとの領土抗争について、第2次世界大戦の勃発によってフランスの国力が衰えるとともに交渉を再開した。1940年11月には国境紛争が生じたが、1941年5月に日本の調停によりタイ仏両国は平和条約を締結した。その結果、タイは、仏領インドシナから失地を回復することに成功した。当時、宣伝局においてラジオ放送を担当していたサン・パッタノータイ（สังข์ พัธโนทัย）の回想によれば、対仏紛争時には多くの政府支持の手紙が宣伝局に寄せられたという（สังข์

---

[18] 情報局記者によって編集されたこの『大東亜戦争事典』によれば、「南方文化工作」の日標は、「(1) 南方の諸地域諸民族から誤れる米英の思想文化を排斥し (2) 南方諸民族固有の文化の保全育成を図り (3) 日本文化を基礎として南方諸民族の精神的思想的指導をなすことによって大東亜の文化的向上と共栄を図ること」であるとされる（情報局記者会編 1942: 272）。

[19] タイ語の「チャート（ชาติ）」は、英語の「ネーション」に相当する語であり、日本語への適訳が困難である。本書では、状況に応じて、「国民」、「国家」、「民族」として訳出している。本書で「国民形成」と訳している「サン・チャート（สร้างชาติ）」は、「国家建設」と訳すことも可能であるが、絶対王政から脱却した立憲革命後の「人民党」政権の流れに連なるピブーン政権における一連の文化政策のなかで「国民」が形成されていったと考えることもできる。

1956: 245-246)。ピブーンのブレインとして活躍するウィチットワータカーン（วิจิตร วิจิตรวาทการ　以下、「ウィチット」という）は、タイ近隣諸国に住む「タイ系民族」等をタイ国に統合すべきだとするタイ民族統一主義「汎タイ運動（Pan-Thai Movement）」の思想的バックボーンとなり「失地回復運動」にも貢献した（カモン 1988: 34)[20]。この民族主義の基盤となる民族的近親性は、「文化」から判断されるものであり、ここでも文化は政治的に重要な役割を果たしたことになる。

　ピブーン政権のいう「国民形成」とは、1941年6月14日に出されたピブーンの声明によれば、「世界の文明国の列に加わるための新改善建設」であり（กรมโฆษณาการ 1942: 38)、具体的には、「国家の人民が、まずよい市民と」なること、すなわち「よい文化」、「よい道徳」、「よい健康」を保持し、「よく整った服飾をし、よい住居を持ち、そしてよい生活を持つということ」が重要であるとされる（กรมโฆษณาการ 1942: 38)[21]。以上の説明によれば、「国民形成」とは結局、列強国の仲間入りをする目的のために「文化」・「文明」を身に付け国力を増強しようとする運動のことに他ならない。したがって、「国民形成」の主眼は「文明」の「建設」であり、文化政策が「国民形成」の中心的主題として打ち出されていく。「文化」を政治と結び付け、文化政策を中心的政策課題とする姿勢は、日本の岸田、三木らの見方に共通する。ただし、ピブーン政権は、日本の場合と異なり、明確な「文化」の具体像を生活に密着して呈示していくことになる。

　こうした「文化」建設政策の一環として、1938年6月24日から1942年1月28日にかけて12回にわたって「ラッタニヨム（รัฐนิยม）[22]」と呼ばれる一連の総理府告示が公布されていった。その内容は、国家の名称から国歌の制定、国産品の愛用、言語、そして個人の服飾や日課についてまで、国家レベルのものから国民個々人の日常生活の規制にまで及ぶ、きわめて幅広い範

20　ウィチットの文化政策への貢献については、Barme (1993) やサーイチョン（สายชล 2002）に詳しい。
21　ピブーン政権のいう「文化」は、「仏暦2485年（1942年）国民文化法」第4条によれば、「美しい繁栄発展、整然、国民の進歩団結、および民衆の良い道徳を表明する状態を意味する」と定義されている（ราชกิจจานุเบกษา 1942 (เล่มที่ 59): 1745)。
22　英語では "national convention" と称すると公式に規定されている。日本語では、当時の記事においては「国民信条」という訳語が使用されている。

囲にわたっている[23]。その内容は、時間の経過にともなって、第1号に代表されるような国家的な規定から、第10号や第11号のような服飾や日課にまで及ぶ個人生活の規定へと次第に変化しているようである。しかし、その内容は、いずれも国民国家の基礎としての「文化」を創出あるいは「建設」するための具体的方法であるという共通項を持っていた。ラッタニヨムは、国家的な規模による国号の改称をはじめ、個人束縛的な生活の規制にいたるまで、「タイ国民」の一体性の堅持、国益に対する国民の協力、国家への忠誠心、そして「文化」・「文明」を生成し、「国民形成」の目的に向けて動員するための政府の「文化」政策であったといえよう。

この他にもラッタニヨムを補完するために、官報や政府のパンフレットには「文化」の高揚のための指導に関する法令・告示・談話が実に多く見られるようになった。

こうした法令群の核をなしているのが、「国民文化（วัฒนธรรม(วัธนธัม)แห่งชาติ）」という語を題名に用いたいくつかの法である。こうした法のうち最初のものは、1940年10月15日に公布された「仏暦2483年国民文化育成法」である。この第4条では、「タイ人民衆は、国民文化にしたがって行動する義務があり、よい慣習にしたがった文化を保護し、また時代に従ってよりよく改善育成するよう協力することによって、タイ民族の繁栄進歩を支援しなければならない」とある（ราชกิจจานุเบกษา 1940 (เล่มที่ 57): 518）。「文化」の具体像については、第5条に次の規定があり、ピブーン政権の想定した「文化」のイメージが浮かび上がる。

1．公共の場所もしくは公衆の面前に現れる場合での服飾、品行と礼儀において、整然と秩序だっていること。
2．職務実施方法に関して、能力と礼儀があること。

---

[23] 1．国、人民、および国籍の名称使用について（1939.6.24.）、2．国家に起こるであろう危機の防止について（1939.7.3.）、3．タイ人民の呼称について（1939.8.2.）、4．国旗、国歌、国王讃歌の尊重について（1939.9.8.）、5．タイ人民に努めてタイ国内において産したか生産された使用品　食料品を使用させる件について（1939.11.1.）、6．国歌の旋律および歌詩について（1939.12.10.）、7．タイ人民に協力して国民形成するよう呼び掛ける件について（1940.3.21.）、8．国王讃歌の改訂について（1940.4.26.）、9．タイ語と文字および善き市民の義務について（1940.6.24.）、10．タイ人民の服飾について（1941.1.15.）、11．タイ人の日常業務について（1941.9.9.）、12．子どもと老人への援助について（1942.1.28.）

3．タイを愛好すること　(ราชกิจจานุเบกษา 1940 (เล่มที่ 57): 519)

　また、この法は、「国民文化」の重要性について、「文化は、民族の繁栄においてたいへん重要な部分である。民族が繁栄するか否かは、民族の個人が文化のある人になるか否かにかかっている」と付記している (ราชกิจจานุเบกษา 1940 (เล่มที่ 57): 520)。

　こうした位置付けのもと、1942年には「国民文化」に関する数多くの法令が出現していく。

　1942年4月29日には、「仏暦2485年国民文化育成法（第2号）」が公布されている[24]。この法は、「仏暦2483年国民文化育成法」の第5条、すなわち「文化」の細目についての項目を改正したものである。「自己の行為および家庭に対する行為において整然と秩序だっていること」とする第2項の新設により、主に公共の場所に限られていた「文化」の規制は、個人の領域にまで踏み込むことになった (ราชกิจจานุเบกษา 1942 (เล่มที่ 59): 906)。

　1942年9月29日には、「仏暦2485年国民文化法」が成立する。第6条に示された「国民文化」の諸項目については、国民文化育成法に挙げられた3項目が次の7項目に増大している。

　1．公共の場所もしくは公衆の面前に現れる場合での服飾、品行と礼儀において、整然と秩序だっていること。
　2．自己の行為および家庭に対する行為において、整然と秩序だっていること。
　3．タイ民族と仏教の栄誉をもたらす行為において、整然と秩序だっていること。
　4．職務実施方法に関して、能力と礼儀があること。
　5．民衆の精神と道徳の繁栄結実。
　6．文学と芸術の繁栄発展。
　7．タイを愛好すること　(ราชกิจจานุเบกษา 1942 (เล่มที่ 59): 1746–1747)

24　「仏暦2485年国民文化育成法（第3号）」も8月25日に公布されているが、これはその管轄の変更についてのみ改正している (ราชกิจจานุเบกษา 1942 (เล่มที่ 59): 1598–1600)。

この第6条にしたがって、結婚式などの儀礼や服飾、夫婦関係といった民衆の私生活の細部にいたるまで、「国民文化」の細部を規定する詳細な法令が多数出されていくことになる。たとえば服飾を例にとると、服飾政策は人民とくにタイ女性に「文化」「文明」にふさわしい服飾を奨励するための政策であるとみなされ、文化政策中で大きな比重を占めた。服飾に関する政策は1941年1月15日の「ラッタニヨム第10号」が起点となり、当初は具体的な規定の形はとらず、服飾政策の意味や大要が説明されることが多かった。1月の段階では制服、洋装、タイ式の服飾の3点が「整った服飾」として示されているのみだったが、3月には、具体的にパー・チョーンカベーン[25]の着用が「文明」にふさわしくないと解釈され、パー・トゥン[26]および洋服の着用が奨励された。6月には、「文明」にふさわしいものとして、帽子着用の指示が出されることになった（加納 1999、2017c）。服飾政策は内務省を通じて全国に徹底を期され、政策に従わなかった国民が逮捕されたりしたこともあり、タイ国民に強烈な印象を与えることになった[27]。

　また、国民文化法に基づいて、こうした「国民文化」についての職掌を管轄する「国民文化院」が設置された。「国民文化院」は、(1) 現存する国民文化の研究、改良、保存および向上、(2) 将来に存続させるべき国民文化の研究、改良および指定、(3) 国民文化を時代の進展に即応させること、(4) 国民文化による国民徳性の涵養に関する方法の研究および監督、(5) 国民文化に関する事項について政府に意見を上申し、その諮問に応じまた実施することを職務とした（ราชกิจจานุเบกษา 1942 (เล่มที่ 59): 1747）。また、国民文化院は (1) 徳性文化部、(2) 慣習文化部、(3) 美術文化部、(4) 文芸文化部の4部に分けられたが（ราชกิจจานุเบกษา 1942 (เล่มที่ 59): 1748）、(2) の慣習文化を「国民文化」の範疇に入れているところが、日本の「芸術」に志向した（すなわち一般国民の日常生活から遊離した）文化政策とは大きく異なる点であり、国民の日常生活に即した文化的統合を促進するための足がかりを形成した。

25　下半身を覆う着衣の一形態。腰に巻いた布の端を棒状に巻いて股の間に通し、その先端を背腰のところに差し込んで着用する。
26　下半身を覆う着衣の一形態。両端を縫い合わせた腰布をスカートのように着用する。
27　ピブーン政権期における服飾政策の展開については、加納（1999、2017c）を参照されたい。

スプーンやフォークの使用から、帽子の着用強制におよぶ国民の日常生活文化に直結した「国民文化」の細部を規定する詳細な法令群の多発は、こうした法的整備および行政機関の設置により、1944年7月のピブーン政権崩壊まで続いていった。

　「国民形成」や国家主義、全体主義の鼓吹には、「仏暦2484年（1941年）出版法」により官憲の強権的統制管理下に置かれた新聞、出版や、ラジオ等の宣伝手段が利用され、政府の意志をタイ国民の意見として浸透させていった（พรภิรมณ์ 1977: 62–75）。

　また、この時期には民族の栄誉を象徴する記念建造物の建設が相次いだ。たとえば、国立競技場は1939年10月に、民主記念塔は1940年6月24日に、フランスとの領土紛争の勝利を記念する戦勝記念塔は1941年6月24日に、それぞれ建設されている。

　「文化」を政策の重要な柱の一つに位置付けたピブーン政権が、敗戦色の濃くなった1944年7月に崩壊した後、ピブーン政権期の行き過ぎた「文化」政策は、後継政権によって取り消しの対象とされた。総理府告示「ラッタニヨム」第1号により「シャム」より「タイ」に変換された国号も、1946年1月1日に対英終戦協定締結と同時に「シャム」に戻された[28]。また、たとえば、文学者などにとくに評判の悪かった1942年のタイ文字改革は、ピブーン政権崩壊直後の1944年11月に取り消された（ราชกิจจานุเบกษา 1944 (เล่มที่ 61): 1042）。

　ピブーン政権が重点をおいて展開した国内文化政策に比べて、当時のタイの対外文化政策は非常に地味であり、それほど積極的な政策が実施されたわけではなかった。たとえば、タイ外務省発行の1965年までの条約集によれば、タイ政府が締結した文化協定は、日本と結んだ1942年、1955年のものしか挙げられていない（กรมสนธิสัญญาและกฎหมาย 1970, 1975, 1976, 1984, 1985）。これは、少なくとも1965年までは、タイが日本以外と文化協定を締結していないか、あるいは締結していても政治的にあまり重要視されていないことを意味している[29]。文化協定の締結を対外文化政策への関心の一つの

28　1949年5月11日、国号は再びタイに変更されている。
29　タイ外務省発行の条約集は、現在効力のあるなしに関わらずタイ国が締結した2国間条約について「すべてを」収集することをその使命にしている（กรมสนธิสัญญาและกฎหมาย 1970: (1)）。

指標とするならば、タイは対外的な文化政策にはそれほど関心を持たなかったと判断される。

3　日泰文化協定の交渉過程

1941年12月8日に日本が米英に対して宣戦を布告すると、日本軍はタイ国に「平和」進駐し、マレー半島攻略やビルマ戦線への足がかりとした。12月21日には日タイ攻守同盟条約が締結され、即日発効している。こうした動きの中、タイ政府は、少なくとも表面上は日本に歩調をあわせ、1942年1月25日に英米に宣戦を布告した。

こうした政治的関係の中で、日泰文化協定に関して具体的に論じている史料は、日本国外務省外交史料館所蔵の1942年4月のものが最初である[30]。「四月二十四日」の手書付記がある第1次修正案がこれである[31]。修正案であるからには、それ以前の原案の存在が想像されるが[32]、これ以前の原案については散逸しているため、日タイ文化協定についていつから外務省内で審議されていたかは不明である。ただし、この1942年4月のものと考えられる文書が、審議の初期に作成されたであろう「第1次」の修正案であるため、審議され始めた時期は1942年4月からそれほど遡らないと考えられる。一方、通常は日泰文化協定の成立によって設置されたと見られているバンコク日本文化会館の構想については、バンコク日本文化会館の初代館長となる柳沢の手記においても、1938年11月に設置されたニューヨーク日本文化会館とともに生じたものであるとされ[33]、構想は文化協定以前に別個に存在していた

---

[30] タイ国立公文書館には、これより先の1942年1月に「タイ日間文化振興」の件についての文書が存在するが、これは日本の国際学友会からタイ教育省にあてて打診のあった日タイ間文化振興のための教員、学生交換についての文書である（タイ国立公文書館 (3) ศธ0201.55/10）。

[31] 外務省外交史料館 B1.0.0.J/SI2、条約局・南洋局「文化的協力に関する日本国「タイ」国間協定（第1次修正案）」

[32] 「四月二十四日」の手書付記の横には、「原案ハ柳沢公使ニ二十三日手交」の手書付記がある。この「原案」は、おそらく第1次修正案以前のものだろう。なお、柳沢公使とは、バンコク日本文化会館館長に就任予定であった柳沢健のことである。

[33] ニューヨーク日本文化会館 (Japan Institute) は、ロックフェラー・センターに1938年に開設された日本文化紹介施設であり、館長には内務省出身の前田多門（のちの文部大臣）が着任した（前田 1947: 202–207）。就任については国際振興会から前田に対して打診があり、前田が就任を承諾したのが1938年夏のことであった（前田 1947: 202）。

ことが記述されている（柳沢 1943: 111）[34]。また、その建設決定が1942年3月に新聞記事で報じられているところから見て[35]、日タイ間に文化協定を締結しようとする動き以前に、文化会館建設案は別個に存在していたと考えるのが自然であろう。

　柳沢は、バンコク日本文化会館設立準備のため、1942年4月25日に日本を立ち、サイゴンを経由して5月6日にバンコクに着いている。バンコクに着いた柳沢は石井代理大使らとともに、ウィチット外相を中心に会見し、設立準備の相談を行っている。柳沢は、ウィチット外相らから、そしてピブーン首相からも好意的な対応を受けたという感触を記録している（柳沢 1943: 12-13, 106）。その好意の証拠として柳沢が挙げているのが、建物の提供についての件である。日本文化会館と新たに設立されるタイの国際文化機関とを並存させる施設「日泰会館」なる建物をタイ政府が用意するというのである（柳沢 1943: 107-108）。

　一方、タイ外務省の文書によれば、タイがアジア南部の文化的中心となるから、柳沢の文化施設構想を、日本の主催するタイ日関係業務機関とタイの主催するアジア南部文化関連業務機関に2分することでウィチット外相と柳沢の合意ができたという（タイ国立公文書館 (3) สร0201.55/21）。これによれば、日本側は「日泰会館」をタイ側が用意することを期待し、一方タイ側は日本側の構想に便乗してタイを中心とするアジア南部文化関連業務機関を設立することを期待していたようであり、両者ともが施設準備の基礎部分を互に相手側に期待してしまっている構図が見えてくる。柳沢は東京に電文を送ってこの合意案について指示を求めたが、本省はこの合意案には賛成せず、日本文化会館についての事項のみについて合意をとりつけるように指示したため、日本に帰国して本省の説得にあたったと、タイ外務省は理解している（タイ国立公文書館 (3) สร0201.55/21）。

　日本外務省では、柳沢がタイに出発した後、日タイ文化協定案が修正を

---

[34] 柳田はバンコクを含む日本文化会館の構想が「七、八年前すでに外務当局および国際文化振興会当局の頭にあつた」と書いているが（柳沢 1943: 111）、この「七、八年前」の起点を設立準備時もしくは手記執筆時の1942～3年頃と考えると1935年頃には構想が生じていたことになる。

[35] 外務省外交史料館 B1.0.0.J/SI2、1942年3月28日付東京日々新聞「日本文化の殿堂」、1942年4月10日付朝日新聞「文化交流の春開く」

経ながら纏められていった。5月27日に日タイ文化協定案の第2次打合会が南洋局第2課長東光武三の呼びかけで開催され、第1次修正案をもとに審議を行っている[36]。この第1次修正案は、条約局と南洋局によって作成されたもので、19条から構成されていた。目的は「世界新秩序建設ニ相応シキ大東亜文化ヲ興隆スルニ努メ以テ世界文化ノ向上ニ寄与」することに置かれた。これは、日泰文化協定に先行する日独、日伊の各文化協定が、わずか4条で構成されており、その目的も単に両国の文化関係の増進による友好および相互的信頼関係の強化にのみ置かれているのとは大きく異なっている（国際文化振興会 1939a、1939b）。内容は、日独、日伊の各文化協定が、「学術、美術、音楽、文学、演劇、映画、写真、無線放送、青少年運動、運動競技等」が一括して列挙されているにすぎないのに対して（国際文化振興会 1939a、1939b）、文化協力、学術・文化会議の開催、学術・文化施設の設置協力、大学等における他方文化・言語の教育、教授・学者・芸術家等の交換、学生・生徒の交換、中央文化機関の設立、図書・芸術作品等の交換・充実、展覧会の開催、放送の交換、旅行団・見学団等の交換、両国混合委員会の設置といった具体的な言及がなされている。とくに東京およびバンコクにおける文化（紹介）機関の設立と混合委員会の設置は、日伊、日独協定に見られないものである。それぞれの首府に置かれる両国混合委員会は、外務大臣の指名による委員長以下、関係官庁職員や学術団体等の代表者、他方の国の大使館員などによって構成され、文化協定に関連する各種事業の実施方法を協議し、その具体案を自国政府に建議し、各種斡旋を実施することが任務とされた。少なくとも年4回の開催が規定されている[37]。

　第2次修正案は、5月27日の第2次打合会での論議をもとに、すなわち5月27日以降に作成されたと考えられる。第2次修正案では、協定締結の目的が、第1次修正案の「世界文化ノ向上ニ寄与」することから「新秩序文化ノ創造ニ貢献」することに変更されている[38]。

36　外務省外交史料館 B1.0.0.J/SI2、日タイ文化協定第二回打合会案内
37　外務省外交史料館 B1.0.0.J/SI2、条約局・南洋局「文化的協力に関する日本国「タイ」国間協定（第1次修正案）」
38　外務省外交史料館 B1.0.0.J/SI2、条約局・南洋局「文化的協力に関する日本国「タイ」国間協定（第2次修正案）」

表2-1 日泰文化協定諸案比較表

名称	日付	条文数	前文 締結主体	前文 目的	前文 全権委員	第11条 文化紹介機関	第12条 文化連絡協議会	第12,13条 協議会構成細目	第12,13条 官憲	第14条 批准	第14条 批准地	第14条 効力
第1次修正案	4/24?	19	政府	世界文化の向上に寄与	–	8 東京、バンコクに中央文化機関	17東京バンコクに両国混合委員会	○	–	署名の日より実施	–	–
第2次修正案	–	19	政府	新秩序文化の創造に貢献	–	8 東京、バンコクに中央文化機関	17東京バンコクに両国混合委員会	○	17, 18 権限ある官憲	署名の日より実施	–	–
第3次修正案	–	15	政府	新秩序文化の創造に貢献	–	12東京、バンコクに中央文化機関	13東京バンコク文化連絡協議会	–	13, 14 権限ある官憲	署名の日より実施	–	–
第4次修正案	6/20	15	政府	新秩序文化の創造に貢献	–	12東京、バンコクに中央文化会館	13東京バンコク文化連絡協議会	–	13, 14 権限ある官憲	署名の日より実施	–	–
締結方針要綱	–	15	–	世界の新秩序に相応しき文化の創造に貢献	–	12夫々の首府に中央文化会館	13東京バンコク文化連絡協議会	–	13, 14 権限ある官憲	批准	東京	10年
「文化協定案」	8/5	15	天皇・皇帝	両国の緊密なる友好関係を一層強固にせん	(空欄)	12他方の首府に文化会館	13東京バンコク文化連絡協議会	–	13, 14 権限ある官憲	批准	東京	10年
「文化協定」	8/10	14	天皇・皇帝	両国間の友好関係を一層強固ならしめん	(空欄)	11夫々相手国の首府に文化紹介機関	12東京バンコク文化連絡協議会	–	12, 13 外交機関	批准	東京	10年
文化協定	10/28	14	天皇・皇帝	両国間に存在する友好関係を一層強固ならしめん	谷・ディレーク	11夫々相手国の首府に文化紹介機関	12東京バンコク文化連絡協議会	–	12, 13 外交機関	批准	バンコク	10年

　第3次打合会は6月8日に開催されている[39]。ここでの論議をもとに作成されたと考えられる第3次修正案では[40]、条文の構成が大規模に改訂され、19条構成であった前修正案から15条構成にされた。これは内容を削除したわけではなく、関連した内容に関する二つ以上の条文を一つの条文に整理統合したことによる。「両国混合委員会」は、「文化連絡協議会」と名称を変えており、委員会構成の細目は削除されている。

　第4次打合会が実施されたかどうかは記録が見当たらないが、第4次修

39　外務省外交史料館 B1.0.0.J/SI2、「日「タイ」文化協定案第3次打合会開催の件」
40　外務省外交史料館 B1.0.0.J/SI2、条約局・南洋局「文化的協力に関する日本国「タイ」国間協定（第3次修正案）」

正案は 6 月 20 日に作成されている[41]。ここでは、条文の整理がより進められ、より合理的な配置になっている。

　また、日付は記されていないが、日泰文化協定締結の基本方針を物語るのが「日本国タイ国間文化協定締結方針要綱」である[42]。史料の綴りでは、第 4 次修正案のすぐ後に綴じ込まれている。表2–1に見られるような条文の比較によっても、「方針要綱」は、第 4 次修正案の影響を表現面に多く残しながら、その批准や効力などについて定めた形式は 8 月以降の「協定案」に近いことから、6 月末から 8 月初頭までの間に作成されたものと考えられる。

　根本方針として、第 1 に、「従来ノ日独、日伊、日洪、日伯ノ各文化協定ト趣ヲ異ニシ具体的ニ実施事項ノ各ニ付規定ヲ設クルコト」が挙げられている。その理由のひとつは、「将来締結セラルヘキ日仏印、日比、日緬等ノ文化協定乃至ハ東亜共栄圏諸国間国際文化協定ノ基本型トスル為」であった。また、根本方針の第 2 には、「規定ノ内容ハ双務的トスルコト」が挙げられている。ただし、その本音は、「本協定ノ規定内容ハ我国ノ「タイ」国ニ於ケル又ハ同国ニ対スル活動ヲ主目的トスルモノ」であるが、「「タイ」国ノ体面ヲ考ヘ規定上ハ双務的ト為スコト適当ナルヘシ」としている。また、批准条項を設けることが新たに挙げられている。これにより、批准、効力の規定が新設されており、第 4 次修正案までは署名の日より実施されるはずだったものが、批准を要することになった。また、第 4 次修正案までは効力についての規定はなかったが、新たに10年間の有効期間が設けられた。

　8 月に入ると、文化協定案は日本側の外務省内においてほぼまとまった。10日には「日泰文化協定」の最終案ができ、13日にはその英訳も完成している[43]。全体では14条構成に落ち着き、締結主体は、政府から、日本国天皇とタイ国皇帝に改められた。全権委員、全権委任状の記述も新設された。詳細を定める機関は、「権限アル官憲」であったものが、「外交機関」に改められた。

　これを受けて、8 月25日もしくは26日に、東郷外相はディレーク・チャ

---

[41] 外務省外交史料館 B1.0.0.J/SI2、条約局・南洋局「文化的協力に関する日本国「タイ」国間協定（第 4 次修正案）」
[42] 外務省外交史料館 B1.0.0.J/SI2、「日本国「タイ」国間文化協定締結方針要綱」
[43] 外務省外交史料館 B1.0.0.J/SI2、「Cultural Agreement Between Japan and Thailand」

イヤナーム駐日大使（ดิเรก ชัยนาม）を呼び出してタイ日文化協定の原案を手交し、タイ政府に継送するよう依頼した（ดิเรก 1970: 160）。ディレークは電話でウィチット外相と話し、8月20日頃駐タイ日本大使館の石井康参事官がウィチットに面会して文化協定締結の打診を行ったことを知った（ดิเรก 1970: 160）。しかし1942年9月25日付のタイ外務省覚書では（タイ国立公文書館 (3) สร0201.55/21）、ディレークの回想と日付が若干異なっている。それによれば、9月はじめ、石井参事官がウィチット外相に、日本外務省が柳沢の案に承認を与えたため、ウィチットに柳沢との合意に沿った協定の原案を作成するよう依頼した。その2日後、ディレーク駐日大使がウィチット外相に、日本に新しい省（大東亜省）が設置されること、本件も新省の管轄となってしまうため、新省設立以前9月中に日本外務省が協定原案を作成することを伝えた。その3日後、ディレーク大使から日本政府より協定原案を入手した旨を受電した。しかし原案を電文で送ると誤伝の恐れがあるため、原案は駐タイ日本大使館から受領するように依頼され、日本大使館は9月19日に原案をタイ外務省に届けた。

　ディレークの回想と外務省覚書には10日ほどの日時の差異があるが、いずれにせよ、これにより、これまで日本政府内において単独で練られてきた協定案が、タイ政府に諮られ日タイ外交交渉の場に持ち出されることになった。タイ側では、柳沢との合意事項、すなわちアジア南部文化施設の設立の件が、この日本側原案に当然反映されていることを期待していた（タイ国立公文書館 (3) สร0201.55/21）。しかし、この原案は柳沢のタイでの交渉とはほぼ無関係に外務省内で作成されたものであり、また柳沢自身の受け止め方もウィチットらのタイ外務省側とは異なっていたために、アジア南部文化施設設立の件など、日泰文化協定案に反映されているはずもなかった。タイ外務省は、この協定案が①柳沢との合意事項に触れていないことと②細目についての規定がないことに不満をもったが、大東亜省設置の時間的制約を重大視し、早期締結の方針を固めた（タイ国立公文書館 (3) สร0201.55/21）。なぜなら、細目についての規定がないこの協定が締結されても、日タイ相互の「外交機関」の新たな交渉による細部の協議がなければ協定とくに文化会館設置などは実施できないと考え、新たな交渉に望みを繋いだからである（タイ国立公文書館 (3) สร0201.55/21）。その際、8月5日段階まで「権限アル

官憲」の協議によるとされてきた細部の交渉が、8月10日以降「外交機関」の協議に変化していたことが、大きな意味をもった。タイ側は、通常「権限アル官憲」とされる部分が「外交機関」とされているのは、日本外務省が本件を大東亜省に移管せず自ら交渉を行うつもりであるからだと捉えたのである（タイ国立公文書館 (3) สร0201.55/21）。

11月1日の大東亜省設置によってタイとの関係が外務省の主管から外れる直前の10月28日、日タイ文化協定は東京において、外務大臣谷正之と駐日大使ディレークの間で調印された。協定は、12月21日、バンコクにおいて予定通り批准され、発効した[44]。10月28日のラジオ放送では、日本人の心理的統一性が称揚され、日本とタイは兄弟で共に助け合わねばならないと放送された（タイ国立公文書館 (2) สร0201.18.1/6）。1943年3月19日、文化協定成立祝賀立食宴が駐タイ日本大使官邸で開催され、ウィチット外相と坪上大使は「相手国の繁栄を祈って杯を挙げ音楽映画を折込み歓談を続け盛会を極めた」という[45]。

この協定は日本にとって6番目のものではあったが、「大東亜共栄圏」内においては最初の文化協定となった。

バンコク日本文化会館については、1943年3月には日本大使館からタイ政府あてに設立が通告された[46]。対タイ文化工作の使命を、第1に日本文化の「対泰宣揚」、第2に「タイ国人に対する直接間接の啓蒙工作」とする柳沢により（柳沢 1943: 129）、実際にはバンコクのチャオプラヤー川河畔の2階建て家屋に5月に発足したという（市川 1994: 91）。建物の手狭さから、東京では新文化センター建設が計画されたが、戦局の悪化により結局頓挫し

44　外務省外交史料館 B1.0.0.J/SI2、外務省条約局『条約集』20-53(642)
45　外務省外交史料館 B1.0.0.J/SI2、1943年3月30日坪上大使発青木大東亜大臣宛電文。なお、1943年11月、日泰文化協定締結1周年記念の懸賞論文がタイで募集された。課題は「タイ文化の使命」と「タイ若人の抱負」であった（กรมโฆษณาการ 1943: 1121）。芝崎は1944年日本において実施された締結2周年記念懸賞論文募集について、その題目が「日本文化の使命」、「日本若人の抱負」であったことから、「およそ2国間の文化協定を記念する懸賞論文にふさわしくない題目」であるとして「本懸賞論文は、そのまま当時の日泰関係の本質を象徴している」と見るが（芝崎 1999: 171）、タイにおいて同様の懸賞論文募集が実施されていたことを考えれば必ずしもそうはいいきれまい。日本語を用いて日本側の史料のみから日タイ関係を語る危うさを象徴しているといえよう。
46　外務省外交史料館 B1.0.0.J/SI2、1943年3月4日坪上大使発青木大東亜大臣宛電文第398号「「タイ」側に文化会館設立通告の件」

てしまった（市川 1994: 91）。市川は、この文化会館について、結局のところ日本語学級を除いてほとんど計画倒れに終わったと結論している（市川 1994: 92）。しかし、この日本語学級ですら、1942年頃からタイ政府によってタイ語尊重運動が強化され日本語を含む外国語学習が制限されたため、変名で身分を隠して学ぶ者も少なくなかったという（平等 1943: 62）。平等はこれを「国粋主義の現れであつて外国の文化侵略を恐れる為であるらしい」と推察している（平等 1943: 62）。柳沢が信じていたように、「日泰会館」にタイ側の「国際文化機関」とともに日本文化会館が入ることも、結局は現実化しなかった。

　このころ、日本はタイにおける軍費の調達のため、タイ政府と軍費交渉を進めていた[47]。この結果、1942年6月18日には特別円決済に関する協定および借款協定が締結された（村嶋 1992: 35）。これにより、1942年下半期以降、タイ政府は日本側から軍費を求められるたびに紙幣の増発を実施し、深刻なインフレを招いていった（村嶋 1992: 37–38, 42）。

　また、1943年11月には東京において大東亜会議が開催されたが、日本政府の要請にもかかわらずピブーン首相は参加を見送り、代理としてワンワイタヤコーン親王（พระเจ้าวรวงศ์เธอ พระองค์เจ้าวรรณไวทยากร กรมหมื่นนราธิปพงศ์ประพันธ์）を会議に参加させた。

　次第に戦況が悪化し敗戦色が濃くなり、商品の不足、物価の高騰や連合軍による爆撃などによってピブーン政権への不満が増すと、連合軍に通じて地下で活動を行なっていた自由タイ運動が活発化していった。1944年7月、議会によるピブーン政権の遷都案否決を直接的契機として、ピブーン内閣は総辞職し、クワン・アパイウォン内閣が成立する。1945年5月ラングーンおよびベルリンの陥落以降、対日協力の冷却は歴然としたものになっていく（太田 1971: 184–187）。日本が連合国に降伏すると、タイは対英米宣戦布告を無効とする宣言をし、ついには敗戦国となることを免れた。

　ついに1945年9月11日、タイ政府は在バンコク日本大使館に対し、日本大使館および領事館の機能停止を命じて外交関係を停止させ、また戦時中締結の条約、協定、取極の一切および戦前締結の2件の政治的条約すなわち

47　この交渉過程については村嶋（1992）に詳しい。

1940年日タイ間友好和親条約および1941年保証および政治的了解に関する日タイ間議定書の廃棄を通告した[48]。日タイ文化協定も、戦時中締結の条約のひとつであり、ここに廃棄されたのであった。

4　小結

　以上、1942年前後の日本およびタイにおける文化政策を概観した後、日泰文化協定を舞台として両国の国内・対外文化政策がどのように切り結んでいったかを観察してきた。

　日本は、国内文化政策としては、国力に余裕があった時期には国民の日常生活と遊離した芸術文化に特化した政策を、戦時体制の中では生活統制の心理的援護手段としての場当たり的泥縄式の文化政策を展開してきた。いずれにせよ、日本は国内文化政策に重点を置いておらず、国民の文化的統合というような理念は意識されていなかったように見える。しかし対外文化政策には、貧困な国内文化政策に比べれば体系的な枠組みの下、積極的に取り組みを進めていった。

　それに対してタイでは、ピブーン政権の国民形成政策の下、文化政策が国家の中心的主題とされ、法的枠組みを構成しつつ、国民の日常生活に密着した文化の再編に強引に取り組んでいった。国民の文化的統合、意識化された国民文化像が、服飾などの外見的具体性を伴って明確に打ち出される。芸術の振興というよりも、むしろ国民の生活に直接結びついたところでの文化政策が実施される。一方タイは、しかし対外文化政策に関しては、それほど積極的な政策を展開していったわけではなかった。

　この両国が、「大東亜戦争」の状況の下で、ついには文化協定を締結することになった。1942年日泰文化協定の特徴をまとめてみると、①文化協定締結を発案したのは日本側であり、日本側は協定の表面上はタイの体面を考えて双務的協定としたが、実際に想定していたのは日本のタイに対する一方的活動を主目的としたものであった。②タイは自国が南部アジアの中心であることを日本に認めさせる目的もあって協定締結に合意した。③しかしタイ

48　外務省外交史料館 A'.1.2.1.1.、管理局経済課「日本国に対するシャム国の国際法上の地位に関する考察」、昭和23年4月30日

側の②の意向は日本側協定原案には反映されておらずタイは不満を募らすが大東亜省新設に伴う焦燥感に煽られる形で消極的に協定を締結した。④結局、戦局の悪化もあって、文化協定も日本文化会館もそれほどの効果を挙げることはできないまま、敗戦によって文化協定は廃棄されてしまった。

国内文化政策、対外文化政策を総合的に捉えて文化政策の分析を実施してみると、対外文化政策をより重視した日本と、国内文化政策をより重視していたタイとは、政府主導の文化交流を実施しても、結局のところ相互に噛み合わなかったことがわかる。

日本や列強国は、対外膨張のために「対外文化政策」に重点をおいたため「文化協定」の締結にも熱心であったが、タイはむしろ国民国家の建設・維持が優先課題であったため対内文化政策により重点を置いており「文化協定」締結をはじめとする対外文化政策に真摯な必要性を感じていなかったのだと考えられる。特に日本は、国内文化政策を軽視していたため、国内文化政策に裏打ちされていない、中身のない対外文化政策を展開するしかなかった。そこでどのような日本文化宣伝が可能であったのかは、次章以下を参照されたい。

一方タイは、自国の文化的国民統合を成し遂げ、「文明国」の仲間入りをするために「国民文化」の形成に夢中であった。まずは育成中の自国の「国民文化」の保護こそ文化政策上の最優先課題であり、外国文化の進出は「国民文化」に脅威を与える「文化侵略」として認識されがちになり、文化交流の美辞麗句より文化の防衛に重点をかけることになる。

このような視点に立てば、日本の主動によって締結された日泰文化協定は、その所期の目的である「両国間の文化関係を更に増進」による友好関係の一層の「強固」化を果たすことはできず、むしろ摩擦を増加させる皮肉な結果に終わってしまったとも見える。それは当時の戦局悪化状況ばかりによるのではなく、むしろ両国政府文化交流政策の接点の構造的矛盾によるものであったと考えられる。

では、このような経緯で結ばれた文化協定のもとで、日本の対タイ宣伝はどのように展開されていったのであろうか。次章以下、それを観察していきたい。

参考：日本国「タイ」国間文化協定

　大日本帝国天皇陛下及
　「タイ」国皇帝陛下ハ
両国文化ノ本然ノ特質ヲ相互ニ尊重シツツ緊密ナル協力ノ下ニ両国間ノ文化関係ヲ更ニ増進セシメ以テ東亜文化ノ興隆ニ寄与スルニ努メ併セテ幸ニ両国間ニ存在スル友好関係ヲ一層強固ナラシメンコトヲ欲シ
之ガ為文化協定ヲ締結スルコトニ決シ左ノ如ク各其ノ全権委員ヲ任命セリ
　大日本帝国天皇陛下
　　　　　　　　　　外務大臣谷正之
　「タイ」国皇帝陛下
　　　　　　　　　　日本国駐剳「タイ」国特命全権大使「ナイ、ディレック、チャイヤナム」
右各全権委員ハ互ニ其ノ全権委任状ヲ示シ之ガ良好妥当ナルヲ認メタル後左ノ諸条ヲ協定セリ

第一条　締約国ハ両国間ノ文化関係ノ基礎ヲ堅実ナラシメ以テ両国相互ノ認識及理解ヲ深カラシムル様努力スベク且之ガ為文化ノ有ラユル部門ニ亙リ最モ緊密ナル協力ヲ為スベシ

第二条　締約国ハ両国ノ文化ノ向上発展ニ付審議スル為ノ文化会議ヲ随時ニ開催シ及右目的ヲ有スル会議ヲ助成スルニ努ムベシ

第三条　締約国ハ両国間ノ文化関係ノ増進ニ資スベキ施設ノ設置、維持及発展ニ努メ且之ガ為相互ニ能フ限リ便宜ヲ供与スベシ
　　　　前項ノ施設ハ学術其他ノ文化ニ関スル団体、研究所、図書館、博物館、学校及衛生福祉施設ヲ含ムモノトス

第四条　締約国ノ一方ハ自国ノ大学ニ於ケル他方ノ文化ニ関スル講座ノ設置、維持及充実ニ特別ノ考慮ヲ払フベシ
　　　　締約国ノ一方ハ自国ノ適当ナル各種ノ学校ニ於ケル他方ノ国語ノ教授ニ特別ノ考慮ヲ払フベシ
　　　　締約国ハ両国ノ文化ニ関スル講義又ハ講演ヲ為サシムル為教授、学者及専門家ノ定期交換、派遣又ハ招聘ニ特別ノ考慮ヲ払フベシ
　　　　締約国ハ前三項ノ規定ノ実施ニ付相互ニ能フ限リ便宜ヲ供与スベシ

第五条　締約国ハ両国ノ協議決定スル所ニ従ヒ両国ノ文化ヲ研究セシムル目的ヲ以テ研究員、学生及生徒ノ定期交換、派遣又ハ招致ヲ行フベシ

　　　　締約国ハ実務見習生及短期講習生ヲ交換、派遣又ハ招致スルニ努ムベシ
　　　　締約国ハ前二項ノ規定ノ実施ニ付能フ限リ便宜ヲ供与シ且奨学資金ノ設定ニ考慮ヲ払フベシ
　　　　締約国ノ一方ハ自国ノ文化研究ノ為来レル他方ノ学者及専門家ニ対シ同様ノ便宜ヲ供与スベシ

第六条　締約国ハ両国間ノ文化関係ノ増進ニ寄与スベシト認ムル著述家、芸術家及宗教家等ノ活動ヲ奨励シ且此等ノ者ヲ交換、派遣又ハ招聘スルニ努ムベシ
　　　　締約国ハ両国間ノ文化関係ノ増進ニ寄与スベシト認ムル演劇舞踊及音楽ノ上演ヲ奨励シ且之ニ従事スル個人及団体ヲ交換、派遣又ハ招聘スルニ努ムベシ

第七条　締約国ノ一方ハ自国ニ於ケル出版物、映画、幻灯、写真、音盤及楽譜ニシテ両国相互ノ認識及理解ノ増進ニ寄与スベシト認ムルモノヲ能フ限リ多数且頻繁ニ他方ニ供給スルニ努ムベク他方ハ此等ノモノガ自国ニ於テ有効ニ利用セラルル様其ノ保存、頒布、上映及展示ニ特別ノ考慮ヲ払フベシ
　　　　締約国ハ自国ニ於ケル出版物及芸術作品ニシテ相手国ニ紹介スル価値アリト認ムルモノノ表ヲ交換スベク且適当ナル方法ニ依リ此等ノモノヲ紹介及普及スルニ努ムベシ
　　　　締約国ハ前記出版物及芸術作品ノ翻訳及複製ニ関シ必要ナル斡旋及助成ヲ為スニ努ムベシ
　　　　締約国ノ一方ハ自国ノ図書館及博物館ニ他方ニ関スル図書及展覧資料ヲ増加スルニ努ムベク且此等施設ノ利用ニ関シ他方国民ニ対シ能フ限リ便宜ヲ供与スベシ

第八条　締約国ハ両国ノ学術、美術及工芸ニ関スル相互ノ認識及理解ヲ増進スル目的ヲ以テ随時ニ展覧会ヲ開催シ及右目的ヲ有スル展覧会ノ開催ニ関シ必要ナル斡旋及助成ヲ為スニ努ムベシ

第九条　締約国ノ一方ハ自国ノ放送局ヲシテ他方ニ向ケ定期放送ヲ行ハシメ且他方ノ定期放送ヲ中継セシムベシ
　　　　締約国ノ一方ハ自国ノ放送局ヲシテ随時ニ講演、演芸、音楽等他方ノ文化ニ関スル放送ヲ行ハシムベシ

第十条　締約国ハ両国民交驩ノ為青少年団及運動競技選手ヲ交換、派遣又ハ招致スルニ努ムベシ
　　　　締約国ハ両国相互ノ認識及理解ヲ増進スル為観光旅行団及見学旅行団ヲ

交換、派遣又ハ招致スルニ努ムベシ

締約国ハ前二項ノ規定ノ実施ニ付相互ニ能フ限リ便宜ヲ供与スベシ

第十一条　締約国ハ両国間ノ文化関係ノ増進ニ寄与セシムル為夫々相手国ノ首府ニ文化紹介機関ヲ設置スルニ努ムベク且右機関ノ事業ニ対シ相互ニ能フ限リ便宜ヲ供与スベシ

第十二条　締約国ハ本協定ノ実施ニ関シ両国間ノ連絡ニ当ラシムル為東京及「バンコック」ニ文化連絡協議会ヲ設置スベシ

右協議会ノ組織及運用ニ関スル細目ハ締約国ノ外交機関之ヲ協議決定スベシ

第十三条　本協定ノ実施ニ関スル細目ハ締約国ノ外交機関之ヲ協議決定スベシ

第十四条　本協定ハ批准セラルベク且其ノ批准書ハ成ルベク速ニ「バンコック」ニ於テ交換セラルベシ

本協定ハ批准書交換ノ日ヨリ之ヲ実施シ且同日ヨリ十年間引続キ効力ヲ有スベク又締約国ノ一方ガ本協定ヲ終了セシムルノ意思ヲ右十年ノ期間満了ノ一年前ニ他方ニ通告セザル場合ニハ本協定ハ締約国ノ一方ガ其ノ廃棄ノ通告ヲ為シタル日ヨリ一年ノ期間ノ満了ニ至ル迄引続キ効力ヲ有スベシ

右証拠トシテ各全権委員ハ本協定ニ署名調印セリ

昭和十七年十月二十八日即チ仏暦二千四百八十五年十月二十八日東京ニ於テ日本文及「タイ」文ヲ以テ本書二通ヲ作成ス

　　　　　　　　　　　　　　　　　　　谷正之（印）

　　　　　　　　　　　　　　　ディレック、チャイヤナム（印）

第 3 章

日本の対タイ宣伝機関

　本章では、タイへの宣伝活動について、その実施機関に注目して全般的な見取り図を示したい。日本本国からの全般的な宣伝活動については、まず国際文化振興会の対タイ文化事業を確認した後、タイにおいて日本の宣伝活動の中心として活動していた日泰文化研究所や日泰文化会館といった機関の展開を観察する。

1　日本による対タイ宣伝

　タイへの宣伝活動については、大本営陸軍部によって1941年10月に発行された『対南方思想戦ノ参考（泰国之部）』によれば、「最近英米ノ泰宣伝激烈ニシテ政界並民衆ノ間ニハ楽観ヲ許サザル反日侮日ノ底流アルヲ見逃シ得ザルモノアリ」とされ、日本と英米との間における宣伝戦が激化していることが窺われる（大本営陸軍部 1941: 6-11, 44-45）。この見方は、実はイギリス側の史料からも裏付けられ、イギリス国立公文書館所蔵史料によれば、1941年3月頃にはタイにおける日本のプレゼンスの高まりに注意が払われるようになっており（イギリス国立公文書館 BW54/1）、同年8月の覚え書きにおいてはタイの新聞における6月以降のドイツや日本に対する言及の増加や、イギリスとドイツとの間におけるタイでの映画上映と影響力をめぐる競争力の激化が記されている（大英図書館 IOR/L/PS/12/653 Ext6348/41）[1]。

---

[1]　ただし、イギリス側の史料からは、タイに対する日本による宣伝活動の増加以上に、ドイツによる宣伝活動に対する警戒が窺われる。ドイツによる対タイ宣伝については、今後の課題とし

1942年9月19日の大本営政府連絡会議において決定された「対泰施策に関する件」においては、「タイ国官民に対し米英思想の排撃、親日精神の育成に努め以て大東亜新秩序の一員たるを自覚せしむる如く諸般の啓発並に文化工作を行ふものとす」とされている（太田 1971: 167）。上述のような1941年における日本のタイに対する宣伝活動への注力は、このような認識によるものと推察される。

　では、こうした日本の対タイ宣伝は、どのような組織で展開されていったのであろうか。1940年代前半の日タイ関係団体を列挙した黒田清[2]（黒田 1944: 186–188）の記事を道案内として、まずはこれらの組織の対タイ宣伝について概観しておきたい。

　黒田がまず挙げているのは、バンコク及び東京に「相呼応して存在する日本タイ協会」である（黒田 1944: 186）。「相呼応」の内容は定かではないが、東京の日本タイ協会は、1927年秩父宮を総裁に、近衛文麿を会長として「暹羅協会」として設立された[3]。1935年には財団法人に改組され名称も「日暹協会」となり、1939年にシャムからタイに国名が改められると財団も「日本タイ協会」と改称した。1943年に刊行された駐日大使ディレークの日本での講演・執筆をまとめた冊子には、東京の日本タイ協会がその出版に大いに助力したことが記されている（ディレック 1943）。なお、この冊子によれば、ディレークは1942年に日本においてタイ文化関係の講演を少なくとも3度実施していることがわかり、ディレークが日本で活発にタイ文化宣伝を試みていたことが読み取れる。

　対してバンコクの日本タイ協会は、日暹協会として1937年に結成されたようである（三木 1963: 43）。1938年当時の日暹協会の会長は「ピヤ・スルスティカン」[4]であり（長谷川 2001: 4）、少なくとも表向きはタイ人によって運営されている協会であった。ただし、この協会に付属する日本語学校の事

たい。
2　国際文化振興会専務理事であり、東京の日タイ協会理事でもある黒田清伯爵は、1919年東京帝国大学政治科卒業後、フランスに留学した人物であり、日本映画社理事も務めている。1941年、国際文化振興会理事としてタイを訪問した経験をもつ。
3　この協会の1940年代前半までの動きは、『日本タイ協会会報』によって追うことができる。
4　1932年から翌年にかけて鉄道局総裁を務めたプラヤー・サリットディカーンパンチョン（พระยาสฤษดิการบรรจง）のことと思われる。末廣によれば、彼はイギリス留学後一貫して鉄道局に勤務し、1930年代に数度日本に視察旅行で訪れている（末廣編 1996: 199–200）。

業運営資金は日暹協会の特別会計として日本公使館の「会計官吏」が管理しており（長谷川 2001: 4）、協会自身も実質的部分では日本側の運営によるものであった可能性もある。協会付属の日泰文化研究所主事として1940年に着任した平等によれば、当時の日本タイ協会会長は内務大臣の「ルアン・チャルーン」[5]、副会長は「ピピッサリ」[6]、書記長はタイ人の会社社長であり、日泰文化研究所主事（日本人）と内務省の官吏が日泰協会の副書記長を兼ねたという（平等 1979: 83）。平等の理解では、この配置は、表向きはタイ側に「日泰協会」の主導権があると思わせるための「カモフラージ」であったという（平等 1979: 84）。タイに所在するのであるから「タイ日本協会」の名が適当であるように思われるが、そのような記述は日本語表記でもタイ語表記でも正式には見られない。

バンコクの日本タイ協会には、1938年に「日泰文化事業全般の計画及び実施に当る機関として」文化事業委員会[7]が設置されたというが（黒田 1944: 187）、この委員会の活動内容については今のところ不明である。

次に挙げられているのは、1938年にバンコクの日本タイ協会内に設立された「日泰文化研究所」である（黒田 1944: 187）。この組織は「両国文化交換の中心組織として」「活発な文化交換事業を」展開してきたという。この組織の文化事業については後述するが、上記文化事業委員会や日泰文化研究所が設置されていった1938年は、日本の対タイ文化政策史上、その本格化の起点として重要な意味をもっているといえる[8]。

黒田は次に、国際学友会を挙げている（黒田 1944: 187）。国際学友会は、

---

[5] 1939年から内務副大臣、1941年から内務大臣の職にあったルワン・チャウェーンサックソンクラーム（หลวงเชวงศักดิ์สงคราม）と思われる。1943年からは初代厚生大臣を兼任した。

[6] プラ・ピピットサーリー（พระพิพิธสาลี）という人物であると考えられる（三木 1963: 43）。星田の回想によれば、この人物は「元、農務省の属吏」で「日泰親善には非常に熱心で努力した人」であったのだが、彼が日泰協会の会長候補となった際、日本人側からは日本の日泰協会は近衛公爵が会長で秩父宮が総裁であるのにタイの日泰協会の会長が大臣級でないのは「タイ国としては余りに冷淡である」との説が出てこの人物の会長就任を拒否したという（星田 1963: 75-76）。

[7] 委員としては、タイ側からは芸術局長ウィチット、海軍大佐「プラチャクラ」、経済省商務局長「プラ・プラモン」、日本側からは三井支店長の高月、三菱出張所長の新田、三木栄らが名を連ねている（黒田 1944: 187）。「プラチャクラ」は、プラ・チャクラー海軍少将（พลเรือตรีพระจักรานุกรกิจ）、「プラ・プラモン」については、プラ・プラモンパンヤー（พระประมวญปัญญา）であると思われる。

[8] ニューヨークの日本文化会館も1938年11月に設置されている（本書第2章注17参照）。

タイのみを対象にした機関ではないが、日本の対タイ外交との関わりが非常に深かったことについては河路（2003）の研究に詳細に示されている。さらに黒田は、宮原武雄を局長とする「タイ室東京事務局」[9]、名古屋の「日泰協会」[10]、神戸の「日泰協会」[11]を列挙している（黒田 1944: 187）。

　黒田が最後に紹介しているのは、「泰国のみを対象としているものではないが」国際文化振興会である（黒田 1944: 187）。国際文化振興会は1934年に高松宮を総裁に、近衛文麿を会長として設立された日本の対外文化政策機関である[12]。国際文化振興会は、対外日本文化宣伝誌『NIPPON』[13]の刊行を援助し、またプロパガンダのための国外における写真展を手掛けていた。このような「日本文化紹介写真移動展」は、タイにおいても開催されている（難波 1998: 65–66, 226）。国際文化振興会は、また様々な英文の日本文化紹介パンフレットを刊行していたようであり、その成果はタイにも達している。タイ駐日大使であったディレークは、その回想録に、「日泰協会副会長の岡部子爵」[14]と「国際文化振興会の黒田伯爵」[15]から日本文化の本を何十冊も受領したことを記録している（ดิเรก 1970: 160–161）。ディレークはこれを本国外務省に送り、「（タイ）政府も同様にタイ文化について（の本を）印刷することにする」旨の本省からの返信を得たという（ดิเรก 1970: 160–161）。

　山本によれば、国際文化振興会の対タイ事業については、以下のものが挙げられる（山本 2010: 961–1020）。

9　タイ室東京事務局は、「三井暹羅室」として1935年に設置され、1940年に三井から独立して「タイ室東京事務局」となった機関である。日本語によるタイ関係の多くの書籍を刊行した。

10　1935年、初代松坂屋社長、伊藤次郎左衛門祐民を会長として設立された。伊藤の対タイ事業については上坂（1998）に詳しい。

11　黒田によれば、岡崎忠雄を会長とし、東京の日タイ協会との連絡のもと、文化関係事業を展開したという。なお、黒田は言及していないが、大阪には「大阪日暹貿易協会」があり、1939年に「大阪泰国貿易協会」、1943年に「大阪日泰協会」と改称している（日本タイ協会会報 17, 1939: 88、日本タイ協会会報 36, 1943: 88）。

12　国際文化振興会の事業と性格については、柴崎（1999）による詳細な研究がある。

13　その他、日本による対外宣伝誌としては、参謀本部の指導下で刊行された『FRONT』が著名である。

14　岡部子爵とは、国際文化振興会副会長であり東京の日タイ協会理事を務めていた岡部長景のことである。岡部は1909年東京帝国大学政治科卒業後、外務省に入省し、対支文化事務局事務官や文化事業部長等を歴任し、1930年からは貴族院議員を務めていた。1943年4月には東条内閣の文相に就任している。

15　黒田伯爵とは、黒田清のことである。

1939年度事業
- タイ国憲法祭記念展覧会（12月8日〜15日）。壁画写真「産業編」、「娯楽編」、山車1台（三越製作寄贈）、映画「現代日本」、「スポーツ」（国際文化振興会製作）、映画「日本の子供」（日タイ協会製作）等出品。

1940年度事業
- 『ジャパン・クローズアップ』タイ語版、日本を全般的に写真と簡単な英文で説明した国際文化振興会の同書のタイ語訳をバンコクの日泰文化研究所が出版。
- タイ国憲法祭（12月上旬）。日本館装飾用に写真壁画「教育日本」出品。タイ男女留学生の写真を壁画の一部に使用。写真一枚一枚にタイ語訳を付す。構成：秋山光喬。撮影：木村伊兵衛、土門拳、若松不二夫、名取洋之助、光墨弘。施工：国際報道工芸。

1941年度事業
- 劇映画「燃ゆる大空」タイ語版完成。
- 南方占領地域に対し日本の重工業、産業、青少年の科学教育等に関する幻燈板約2000枚作製。これにタイ、マレー、ビルマその他各種語の解説を付して発送。
- 仏印日本絵画巡回展覧会。国際文化振興会主催。ハノイ、サイゴン、台北、その他の仏印都市およびタイ・バンコクでも可能な場合開催。
- タイ国憲法祭博覧会（12月8日〜14日）。バンコク議事堂前広場。国際文化振興会、情報局、外務省、商工省、観光局、日本商工会議所、台湾総督府、日タイ協会、三井タイ室、三菱商事等の代表者によって委員会を組織、「躍進日本の近代産業および東亜の観光対象としての日本」をテーマに出品物を選択。日本館の設計は山脇巖。12月7日日本館完成。8日の開場式当日、日本の英米への宣戦が布告されたため、中止。日本館のみ2日間に限って公開（14、15日）。14日は在留邦人を招待、またバンコクの新聞紙全部に広告し16日は現地の一般人に公開。その後取り壊し。
- 劇映画「暖流」。タイ、仏印、オーストラリア、ソ連、米国に配給決定。

- タイおよび仏印における映画の配給。タイ、35ミリ「現代日本」、「舞楽」、「日本画家」。16ミリ「日本の子供達」、「小伝令使」、「人形の製作」、「竹籠」、「扇子」、「海の宝玉」、「提灯」、「木版」、「スキーパラダイス」、「琉球舞踊」。

1942年度事業
- 対外宣伝映画「日本の海軍」、南方圏向け各語版作成中。
- 対外宣伝映画「産業日本」全5編完成。「製鉄編」、「重工業編」、「労働生活編」は大東亜戦勃発と共に直ちに南方圏各語版を現地に送付。
- 「逞しき銃後日本の姿」タイ語版完成。
- 日本写真叢書第1編『重工業』発行。英語、仏語、中華語、安南語、英蘭両マレー語、ビルマ語、タイ語の8か国語に翻訳。
- タイ国向写真移動展。小学校巡回展用の展示写真を作製、8月国内展示会（銀座三越）後タイへ発送予定。

1943年度事業
- 映画：「技能篇」タイ語版。「軽工業」タイ語版等、1943年度製作。
- 「重工業篇」タイ語版2本等、「軽工業篇」タイ語版1本等、「技能篇」タイ語版1本等、「銃後日本」タイ語版2本等、プリント。仏印・タイをはじめ南方諸地域に25篇、計60巻を配給。
- 大東亜交歓児童画展。教育美術振興会との共催。日本全国の国民小学校初等科1年から2年迄の児童より図画作品を募集し、共栄圏各地域において展示する計画。予定地はタイ等。

　一覧表を見る限りでは、国際文化振興会の対タイ事業は、1939年度から始まり、1941年度にピークを迎え、1944年度には消滅している。事業内容としては、宣伝映画のタイ語版作成が目立つ。

2　日泰文化研究所

　前節で概観した対タイ宣伝を展開した機関のうち、タイにあって日本による宣伝の中心として活発に活動したのが、日泰文化研究所[16]と、その実質上の後継機関となり『日泰文化』を刊行した日泰文化会館[17]であった。以下、これらの組織による対タイ日本宣伝の内容を見ておきたい。

　日泰文化研究所については、設立時の「準備員」である松宮一也の報告書が長谷川恒雄によって発見され、設置にいたる具体的な動きが判明している（長谷川 2001）[18]。それによれば、松宮は外務省文化事業部嘱託として、タイにおける「文化工作の基礎を建設」するための「日本語教授及日本事情普及機関の開設」と「日本会館創設」等についての調査研究に従事することになり、1938年7月から9月にかけてバンコクに滞在したという（長谷川 2001）。バンコクでは、日本公使館において公使らと打合せをした後、陸海軍駐在武官の意見を聴いて実行案を作成し、バンコクの日暹協会の経営の下に当該事業を実施することが決定され、事業運営資金に充てられる外務省助成金も同協会に納めることになった（長谷川 2001: 3-4）。同年9月の日暹協会役員会では日本文化研究所の事業・会計に関する特別委員会が組織され、主事兼教授に星田晋吾、教授に高宮太郎を任命し、日暹協会事務所を同研究所内に移すことが決められた（長谷川 2001: 4）。日本文化研究所はこのようにして1938年9月、バンコクの官庁街である「王城東北角前」の「ターチャーン・ワンルワン街」に開設された[19]。日本語学校も同年12月に開校した（平等 1943: 234）。

　1940年になると、辞任した星田、高宮の後を受けて日泰文化研究所主事に平等通照が着任したが（星田 1963: 75-76、平等 1979: 1-2）[20]、平等によれ

16　「日本文化研究所」と表記されることもある。「日泰文化研究所」が発行したタイ語書籍によれば、研究所のタイ語名称は "สถานศึกษาวัฒนธรรมญี่ปุ่น - ไทย" である（สีสุกิ และ เบียวโค 2484）。

17　「日本文化会館」と表記されることもある。

18　長谷川の依拠した松宮一也『日暹文化事業実施並調査報告書』には、「盤谷日本文化研究所」と記載されているという。

19　昭和17年当時の日泰文化研究所作成の地図によれば、位置は王宮とチャオプラヤー川の間で、王宮の東北ではなく西北に当たる。ター・チャーン船着き場の南側、現在の海軍クラブの位置であったと考えられる。

20　平等については、村嶋（2023a）が非常に詳細にその足跡を追っている。詳しくはそちらを参

ば、その赴任はバンコク駐在武官であった田村浩からの誘いによるものであり、赴任に関する連絡は全て「参謀本部を通じてなされ、支度金もそこで渡され」たという（平等 1979: 1–2）[21]。平等は、日泰文化研究所について、「研究所とはいっても文化宣伝のカモフラージ」であると述べている（平等 1979: 193）。松宮の報告書からも平等の記述からも、日泰文化研究所が日本政府の意向の下に設置されたものであり、軍の影響をも少なからず受けていたことは事実であったように思われる。

日泰文化研究所では、日本語教育を実施する他に、国際文化振興会から託された映画招待会を実施したり（平等 1979: 103–105）、様々な印刷物を刊行したりしていた。

印刷物としてまず挙げられるのは、1940年5月に発行された三木栄[22]による『日泰会話』である（三木 1940）[23]。この本は、タイ語を学ぶ日本人にも、また日本語を学ぶタイ人にも使用できるように工夫されている。商業広告は付けられていないが、1937年に日本人会から刊行された三木の『日暹会話便覧』は「忽にして売切れ」になったといい（三木 1940: i）、本書は広告を掲載しなくとも十分な売上が得られたと思われる。

同1940年には、英文グラフ誌『日本』をタイ人新聞記者にタイ語訳させて複製した『泰文日本』が刊行され、多部数を印刷し、有力者に配布したり中央官庁や県庁等に贈呈したりしていたという（平等 1979: 36, 91, 98–99, 349）[24]。費用は三木の「発案と奔走」によって集められた日本企業の広告によって確保された（平等 1979: 99）。原本となった『日本』とは、名取洋之助率いる国際報道工芸が国際文化振興会の助成によって刊行していた『NIPPON』誌のことであると考えられる。タイにおける本誌刊行の一つの目的は、技術的な面について欧米に比べて日本を見下しがちなタイ人に対して、日本の「精神的文化面」ではなく「工業技術力」を宣伝することにあっ

照されたい。
21　平等は、東京帝国大学文学部梵語学梵文学科出身の浄土真宗僧侶であるが、軍の広東特務機関において工作にかかわった経験を有するなど、軍との関係の強い人物であり、タイ赴任に際しても軍属の身分を保持している（平等 1979）。
22　三木は、1884年群馬県出身で、東京美術学校漆工科を1910年卒業、1911年タイに渡ってタイの宮内省や教育省芸術局に1940年まで勤務した人物である（三木 1963: 79–106）。
23　タイ文字も日本文字も活字が用いられていない。
24　現物の存在については確認できていない。

第 3 章　日本の対タイ宣伝機関

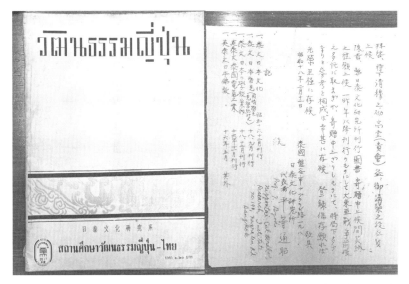

写真3-1　『泰文日本文化』とそこに添付されていた平等通昭（通照）の手紙

た（平等 1979: 98）。この点でいえば、日本の「伝統文化」だけに拘泥しない『NIPPON』は格好の媒体であったと思われる。平等によれば、この企画は大いに好評を博したという（平等 1979: 99, 192）。

　さらに1941年、日泰文化研究所は、タイ語による日本仏教紹介書である『泰文仏教思想と日本精神』を刊行している（สี่สุกิ ไดเชตส์ เทท์โร่ และ ที. เบียวโค 2484）。これは国際文化振興会によって1939年に出版された英文の鈴木大拙 "Buddhist philosophy and its effects on the life and thought of the Japanese people" をタイ語訳し、平等通昭が日本仏教についての手引を加えたものである。この書がタイの高官にも実際に読まれていたことは、柳沢の記述によって確かめられる（柳沢 1943: 72–73）。なお、この書籍の末尾には、全てタイ語による三井物産、大阪商船、横浜正金銀行等の企業広告が付され、上記『泰文日本』の広告や[25]、バンコク日本語学校の要項等も掲載されている。

　1943年6月発行の『日本タイ協会会報』34号には、「盤谷市日泰文化研究所」から東京の日本タイ協会に、『泰文日本文化（昭16・12）』（写真3-1参

25　タイ語で「日本のことが知りたかったら、「日本」を読みましょう。日の昇る国」と書かれている。

照)、『泰文日本瞥見：岡崎学生見学団紀行文（18・9）』、『泰文日本の学校案内（18・12）』、『英泰文泰国電気工業（16・11）』、『英泰文日本仏教（16・5）』、『英泰文日本人と仏教（16・5）』が寄贈されたとあり（日本タイ協会会報34, 1943: 88)[26]、1941年にタイ語で記された多くの日本紹介書が日泰文化研究所によって刊行されていることがわかる。

1942年には、日本語バンコク地図である「最新盤谷案内地図」も発行された（日泰文化研究所 1942)[27]。印刷所は東京の共同印刷株式会社である。この地図は、全て日本語で表記された日本人向けのものである。三木の『日泰会話』とこの日本語バンコク地図は売上がよく、日泰文化研究所の財政を潤したという（平等 1979: 104, 192–193, 327)。

3　日泰文化会館

一方、前章で見てきたように、1942年には日泰文化協定の締結準備に並行して、外務省において長年文化事業に携わってきた柳沢健を中心に日泰文化会館設置の準備が進んでいった[28]。日泰文化会館は、国際文化振興会の黒田清によってニューヨークの日本文化会館と同様のものとして発想されたもので[29]、「時局のおかげでだんだんに話は大きく」なって大東亜省監督下[30]の「対泰文化工作の一元的機関」として設置されることになったものである

---

[26] 昭和18年刊とされているものは刊行年月日に矛盾があるため、他の書籍と同様昭和16年刊行の誤記ではないかと思われる。

[27] この「最新盤谷案内地図」は、SEIUNによって「改訂復刻版昭和17年のバンコク案内図」として復刻販売されている。また、愛知大学貴重資料デジタルギャラリー（https://arcau.iri-project.org/）において、愛知大学図書館において保有しているこの地図を公開している。

[28] 日泰文化協定の締結に向けての動きと、日泰文化会館設置への動きについては、前章を参照されたい。

[29] なお、寺見によって編集・復刻されたフィリピンに駐屯した第14軍の宣伝班史料によれば、1942年頃になると、外務省や内閣情報局による対外文化政策の文脈の中にあった「日本文化会館」を、東南アジア各地に展開した軍の宣伝においても活用しようとする動きが現れてくることがわかる（寺見 1996: 15, 207–228)。

[30] 国際文化事業は、1940年12月、外務省から情報・宣伝業務の一元的統合機関として設置された内閣情報局に移管され、1942年11月にはアジア地域における対外文化事業はさらに大東亜省に移管された。しかし、国内の「対外宣伝事務」については内閣情報局が担当を継続し、国際文化振興会も同局の補助団体であったため、組織としては結局複雑なものであった（柳沢 1943: 16–19)。

(柳沢 1943: 15)。前章で見たように、バンコクに「日本文化の殿堂」として文化会館が設置される予定であることは、早くも1942年3月には報道されている。柳沢は1942年5月にバンコクに渡り、タイ政府との調整を実施したが、この調整の結果については結局日泰文化協定に反映されることは全くなかった。

1942年10月、日泰文化協定が調印されるが、その前後、日泰文化研究所主事の平等は、同盟通信の記者に対して、タイ文化から日本が「教えられ、得る」ことは多くはないと伝えてしまい、タイ政府から非難された（平等 1979: 318–321)[31]。平等のような立場にある人物の発言として不適当であることは、市川の指摘のとおり言を俟たないが（市川 1994: 92–93)、このようなアジア諸民族に対する認識は当時の日本人知識人には普遍的に見られるものであった[32]。

一方で柳沢は日泰文化会館館長予定者としてタイに渡る前に「ある高貴の方から」召し出され、「文化事業といふものは、一時的な政治なり政策なりのカモフラーヂュのやうなものであつてはならない」という「御言葉」を受けたが（柳沢 1943: 7–8)、その後事々に発表している彼の見解はそれに沿うものであり、対中国文化工作で日本が「無理強ひ」をして蒙った「文化侵略」なる汚名を自分たちの文化工作が受けるようなことは避けたいとし、「出来得る丈け彼国並に彼国民と和衷協力の実を挙げ」ることに主眼を置くというものであった（柳沢 1943: 62, 95)。しかし同時に、「われ等の目標はあくまで泰国及び泰国民の文化の向上と、それを重要なる基地の一とする大東亜の新文化の創造、振興」でなければならず（柳沢 1943: 62)、「我国が大東亜の盟主たることは疑ひを容れ」ず「泰国を真に我弟とし妹として名実ともに秀れたる独立国たらしめる為に一切の温情と指導とを吝まない」でタイを「我国が補正し誘掖して行くこと」を「最大任務」とするべきだと述べており（柳沢 1943: 126–127)、結局は前提条件として日本文化を高いもの、タイ文化を低いものと見る点では一般の論者と選ぶところがないのであった。

---

31 その後、柳沢による新組織発足にともなって、平等は日本大使館副領事から「新しい機関が出来るので、貴方にはやめて貰いたい」と告げられ、1943年5月には帰国することになった（平等 1979: 321–342)。

32 たとえば池田 (2007) は、「東亜諸民族」に対する「大きな蔑視」が日本の政策担当者や「文化人」たちに共有されていたことを浮き彫りにしている。

柳沢を館長とするバンコク日本文化会館は、結局、日泰文化協定締結を受けて1943年3月に設立され、「日泰文化研究所」の施設や人員を引き継ぐ形で発足した（石丸 1943: 32、市川 1994: 91）[33]。タイ駐屯軍司令官であった中村明人中将の回想録によれば、日泰文化会館については「軍もまたなしうるかぎりの協力を惜しまなかった」という（中村 1958: 70）。

　しかし、この日泰文化会館は、結局戦局の悪化に伴い、ほとんど業績を残さないまま、その役割を閉じてしまった（市川 1994: 89–90）。その数少ない業績の一つが、本書第5章でとりあげる『日泰文化』誌の刊行である。1943年4月に発行された『NIPPON』31号には、日泰文化協定の公式媒体として間もなく雑誌が発行される旨の記事が掲載されている（『NIPPON』31、1943: 80）。また、『日泰文化』刊行に責任をもつ日泰文化会館の東京事務所の責任者であると考えられる石丸雄三[34]が1943年4月発行の『観光』誌に発表している「泰国に於ける文化事業」によれば、タイの日泰文化会館で計画中の文化事業の中に、「『日泰文化』誌の刊行」が挙げられている（石丸 1943: 32–34）。これによれば、「日泰両国の文化を紹介し併せて之が調査研究を発表し、兼ねて日泰文化会館の活動状況を普く両国民に知らしむるため、年4回両国語による「日泰文化」なる雑誌を東京事務所で発行し、創刊号は来る4月発売の予定である」とある（石丸 1943: 34）。

---

[33] さらに1943年6月になると、「日泰文化会館陣容」として12名の氏名が決定・発表された。1943年8月の『日本タイ協会会報』35号には、教育・日語関係：国友忠夫（前国際学友会総主事）、新聞・出版：笹岡巌（前報知新聞社会部次長）、美術・映画：里見宗次（在仏10年、ポスター画家）、音楽：伊藤良平（東京音楽学校邦楽部卒）、一般情報：松本薫（前宮城帝大教授、内閣顧問松本健次郎氏子息）、建築：稲葉正凱（子爵、前情報局嘱託）、田中於莵丸（横浜高工出身）、仏教：武藤叟（前パリ会主事、青年宗教家）、記念事業：熊谷鉄太郎（兵庫県育人会長）、会計：菱川敬三（前外務省会計理事官）、産業文化：竹内三雄（東大仏文科出身、故竹内栖鳳画伯息）、女子体育：中西柳子（前松坂屋女子総監督）の名が挙げられている（日本タイ協会会報35、1943: 86）。

[34] 『観光』誌に記載された肩書は「大東亜省嘱託」となっている。1881年生まれで、東京帝国大学法科を卒業後、高等文官試験に合格して外務省や文部省に勤務し、1936年から大分高等商業学校長を務め、国際連盟総会や国際労働総会に日本代表随員等として出席した経験を持つ人物である（人事興信所 1939: イ218）。

4　そのほかの対タイ宣伝機関

　このほかにも、日本は大使館情報部を中心として新聞を掌握し、台湾総督府が資金を負担して大使館が監督指導に当たっていたというタイ語新聞『カオパープ』のほか[35]、華字新聞である『中原報』を買収して大使館から社長を送り込んで華僑対策に当たった（藤島 1977: 126–131)[36]。

　そのほか、各種メディアを用いた日本の対タイ宣伝としては、1935年に開始された日本放送協会の短波海外放送に、1940年6月には使用言語にタイ語が加えられ、さらに1941年12月20日には「タイ向」を含む東南アジア地域への送信強化が行われて、ラジオ放送を用いた活動も盛んに展開された（北山編 2005: 49, 57, 60、村嶋・吉田編 2013: 179）。ラジオ放送は、当時のタイ政府も対国内宣伝に活用していた、重要な宣伝媒体であった[37]。なお、日本放送協会の海外放送広報誌としては『海外放送番組』があったが、1941年『ラジオ・トウキョウ』に改名され（写真3–2参照）、日本の海外放送自体も「ラジオ・トウキョウ」と呼ばれるようになったという（北山編 2005: 57）。ラジオ・トウキョウのタイ向けタイ語放送としては、たとえば1943年10月の『RADIO TOKYO』誌71号によれば、次のように30分程度の放送時間となっており、タガログ語15分、マライ語15分、フランス語30分、ビルマ語20分に比べて多めの時間が割かれている（『RADIO TOKYO』71、1943: 32, 35、写真3–3参照）。

---

[35] 植松秀雄が社長を務め、当時のタイにおいては最大発行部数である4万部をもっていたという。『カオパープ』や植松については、藤島（1977: 126）や村嶋編集・解説（2019: 194–195, 281–282, 287）を参照されたい。

[36] 『中原報』は、もともと華僑社会の「大物」である金子亮が経営し、日中戦争間は「猛烈な排日運動の宣伝機関となり、華僑の本国支援の推進機構として活躍したもの」であったという（藤島 1977: 126）。『中原報』の運営については、1942年に大使館を退官して社長に就任した藤島健一の回顧録が詳しい（藤島 1977）。

[37] ラジオを利用したタイ政府の対内プロパガンダ番組の例としては、宣伝局によって1939年に開始された『マン・チューチャート氏とコン・ラックタイ氏の会話（บทสนทนานายมั่น ชูชาติ-นายคง รักไทย）』が有名である。台本の一部はタイ国立公文書館に保存されている（タイ国立公文書館 (2) สร.0201.18.1）。

写真3-2 『RADIO TOKYO』表紙

22：00	日本語ニュースと特別論説
22：20	フランス語ニュースと特別論説
22：45	音楽
22：50	ビルマ語ニュースと特別論説
23：10	タイ語ニュース
23：20	タイ語特別論説
23：30	タイ語解説
23：40	放送終了（『RADIO TOKYO』71：32）

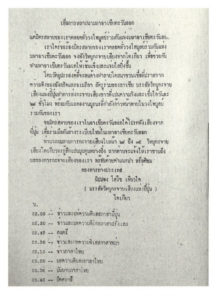

写真3-3 タイ語による放送案内
（『RADIO TOKYO』71号 p.32）

さらに、観光宣伝を担当する機関として、日本の鉄道省国際観光局関連の機関が、ラーチャダムヌーン通り7号館に存在していた（タイ国立公文書館(2) สร 0201.98.1/8）。タイ側公文書には日本の「鉄道省観光促進部局宣伝部（กองการโฆษนา แผนกส่งเสริมการท่องเที่ยว กะขวงการรถไฟยี่ปุ่น）」とされているが、

82

これは第 1 章でも紹介したとおり、『タイ協会会報』28 号に見える「東亜旅行社」の「案内所」のことと考えられる（『タイ協会会報』28、1942: 92）。東亜旅行社は、観光宣伝を担当する国策機関であり、1943年12月に国際観光協会と合併して東亜交通公社となった。なお、1943年 8 月、国際観光協会のバンコク事務所は、大使館の指導下に文化会館と密接な連絡を保持することとされ、事務を委託されていた鉄道省官吏は大東亜省に所属することにされた（東亜交通旅行社 1944: 29-30）。

　また、タイに進駐した日本軍も、泰国駐屯軍司令部に、「タイ機関長」を兼務した駐在武官を参謀長として配置し、情報・防諜・諜報・宣伝業務は冨永亀太郎参謀[38]が担当して、陸軍中野学校出身者を含む「タイ機関要員」を区処したという（中野校友会編 1978: 562-563）。そのうち、宣伝については松島茂少尉（中野学校 3 丙出身）が主任となった報道部（松島少尉ほか将校 1 名、下士官 2 名、軍属数名）が担当し、大使館情報部と提携して、タイ政府宣伝局と定例情報交換会議をもった（中野校友会編 1978: 563）[39]。

5　小結

　以上、本章では日本からタイへの宣伝組織の展開と宣伝活動について、観察を行ってきた。

　日本によるタイに対する宣伝活動は、タイにおけるイギリスのプレゼンスに対抗する形で1941年頃から盛んになっていったことが、イギリス側の史料からも読み取れる。日本国内にあって日本の宣伝活動の中心的役割を果たした国際文化振興会の対タイ事業は、1939年度には始まり、1941年度にピークを迎えていく。

　一方、タイにおいて日本の宣伝活動の中心となった組織としては、日泰文化研究所や、その実質上の後継機関である日泰文化会館があり、日本公使館や駐在武官との調整のもとに1938年から活動を開始した。また、研究所は

---

[38] 冨永亀太郎は、1904年生まれ、陸軍士官学校38期卒の軍人であり、1940年に陸軍大学校を卒業後は大本営報道部員や情報局情報官、報道部新聞班長などを歴任した（冨永 1981: 奥付）。宣伝戦の専門家といえるであろう。

[39] なお、泰国駐屯軍内部では、『大義』という週刊紙を発行し、軍紀の維持に努めたという（中野校友会編 1978: 563）。

独自に対タイ日本文化宣伝冊子を作成し、タイに普及させていった。とくに1940年から41年にかけて、タイ語による日本宣伝冊子を多く出版している。

　1942年になると、日泰文化協定の締結準備に並行して、対タイ文化宣伝の一元的機関として日泰文化会館の設置準備が急ピッチで進んでいった。その館長となる柳沢は、外務省で対外文化政策を担当してきた人物であり、中国に対して日本が実施してきた文化工作のような「無理強ひ」をすることによって「文化侵略」という汚名を蒙ることは避けたいと考えるような思考をもっていたが、その一方で日本文化を「高い文化」、タイ文化を「低い文化」と考え、日本文化の影響を与えることでタイ文化を「向上」させようとするような当時の日本人知識人が共有していた観念から自由であったわけではなかった。結局、日泰文化会館は、戦局の悪化にともない、ほとんど業績を残さないまま、その幕を閉じたのであった。

　このほかにも、日本は国際ラジオ放送や観光宣伝など、様々な機関によって宣伝を展開していたが、次章では、これらの宣伝活動の実際について、タイ側の視線を通して観察していきたい。

第4章

タイ側からみた日本の対タイ宣伝活動

　第3章で紹介したような組織によって展開された日本側の宣伝活動に対しては、タイ政府の宣伝局が監視を行い、報告書を残している。本章では、それらの報告書にもとづいて、タイ政府側が認知していた日本側の宣伝活動について観察する。

　宣伝局は、新聞、ラジオ、歌謡、演劇、観光等を通じて政府の宣伝を担当する機関である[1]。1932年の立憲革命後の1933年5月3日に内閣直属の機関として設置された「宣伝部（กองการโฆษณา）」を前身とし、同年12月には新設された総理府内に置かれて「宣伝事務所（สำนักงานโฆษณาการ）」となり、1939年10月13日に「宣伝局（กรมโฆษณาการ）」に改称された[2]。

　当時の宣伝局長は、親英派の前任者に代わり1942年3月18日に就任したパイロート・チャイヤナーム（ไพโรจน์ ชัยนาม）であった。彼は、欧州での宣伝業務視察から戻ったばかりの気鋭の宣伝専門家であり（สุวิมล 1988: 89）、ピブーン首相の腹心の一人であった[3]。

　本稿では、日本側の宣伝活動とそれに対するタイ側の動きを物語る「タイ国内における日本の宣伝写真広報（การเผยแพร่ภาพโฆษณาของญี่ปุ่นในประเทศไทย）」と題されたファイルに収められたタイ国立公文書館所蔵史料群（タ

---

[1] 1933年から44年にかけての宣伝局の活動については、สุวิมล (1988) に詳しい。
[2] 1952年3月「広報局（กรมประชาสัมพันธ์）」に名称が改められ、現在に至っている。
[3] パイロートは1942年当時の駐日大使ディレーク・チャイヤナームの実弟であった。ディレークはピブーン首相のライバルであるプリディー摂政に近い人物であり、1941年12月まで外務大臣を務めたのち、42年1月から駐東京タイ大使を務め、43年10月には外務大臣に復帰したが、抗日運動の主要人物の一人であった（市川 1987）。

イ国立公文書館 (2) สร0201.98.1/8) を通して、日本の対タイ宣伝の展開と現地での反応を観察していく。このファイルには、内閣書記官局において1942年10月から翌43年11月までに宣伝局長から受領したタイ国内における日本側の宣伝活動に関する文書が収められており、その中心を占めるのは「タイ国内における日本の宣伝活動について (เรื่องความเคลื่อนไหวในการเผยแพร่โคสนาของญี่ปุ่นในประเทศไทย)」と題された宣伝局長発内閣書記官宛報告書とそれに続く一連の報告書群である。

このうち最も日付が早いものは、1942年10月10日付の宣伝局長発「タイ国内における日本の宣伝活動について」と題された報告書である。これによれば、宣伝局は同年9月より職員による日本側宣伝活動の監視を実施していたといい、映画・雑誌・写真展等を用いた日本の宣伝活動とそれに対するタイの人々の反応が報告されている。報告内容については、内閣書記官を通じて首相に報告された結果、10月21日の閣議にて取り上げられることになった。

次いで、1943年1月23日には、「タイ国内における日本の宣伝写真広報について」と題する報告書が、また同年2月17日には、「タイ国内における日本の宣伝写真広報報告について（第3報）」と題する報告書が、宣伝局長から内閣書記官に対して提出されており、主にバンコクでの写真展を利用した日本の宣伝活動が報告されている。

第4報と第5報は、それぞれ1943年3月18日付と同月25日付で提出されており、主に地方における日本の宣伝活動に関する報告がなされている。これらによって、日本の宣伝活動の地方都市への拡大とそれに対するタイ政府の警戒の様子がわかる。

また、これらの一連の報告とは別に、上記第5報から約半年を隔てた9月27日には「バンコク県における日本の移動宣伝について」なる報告が宣伝局長から内閣書記官に送られているが、これは日本が「航空日」を記念して実施した移動写真展の報告である。これらの文書は逐一内閣書記官から首相に報告されていた。

以下、これらの報告にあらわれた各種メディアによる日本の宣伝活動と、それに対するタイ側の反応を、メディア別に観察していきたい。

1　映画宣伝

　宣伝局の1942年10月10日付報告書において、日本側の宣伝活動として最初に挙げられているのは、映画である（タイ国立公文書館（2）สร0201.98.1/8、2枚目表）。この時期の対外宣伝における映画利用に関しては、日本側の史料を活用した研究として岡田（2004）があるほか、日本軍占領下のフィリピンにおける日本の映画による工作については寺見（1986）が、同じくインドネシアについてはユサ・ビラン（1986）が、それぞれ紹介している。ジャワにおける映画を用いた宣伝と、現地での反応・影響については倉沢（2009）が詳細に描いている。

　吉川によれば、日本軍がタイにおいて「占有」した施設のなかには、鉱山39か所や精米所25か所といった日本軍の物資調達に必要と考えられる施設群にならんで、映画館10か所が挙げられており（吉川 2010: 106）、日本側が映画による宣伝を重視していたであろうことを窺わせる。陸軍中野学校出身者の回想によれば、「当時タイ国民の60％は文盲であるといわれていたので、特にラジオ、映画を通ずる宣伝を重視した」という（中野校友会編 1978: 563）。

　1942年10月10日付報告によれば、タイ語音声の各種ニュース映画が[4]、ともにサムペン地域に立地していたサーラー・チャルームクルン映画館[5]やオーディエン映画館[6]において、通常無料で上映された（タイ国立公文書館（2）สร0201.98.1/8、2枚目表）。また、日本大使館や日本陸軍駐在武官室等が主催して、官吏や人々を招待して特別に上映することもあった。1943年1月23日付報告によれば、地方でも、42年12月にタイ北部のラムパーン県の映画館で、戦争ニュース等の有声映画が上映された（タイ国立公文書館

---

[4] 戦闘、訪日タイ特別使節団、日本国内のタイ人、あるいは日本に関するニュース映画が上映されたという（タイ国立公文書館（2）สร0201.98.1/8、2枚目表）。ニュース映画の統合を目指した日本政府は、40年4月に国策機関である社団法人日本ニュース映画社を発足させ、ニュース映画を情報戦に活用した（奥村 2004）。こうしたニュース映画は、北島編（1977）に網羅的に紹介されている。南方向けには、こうしたニュース映画を再編集してタイ語を含む現地語版に改変した『大東亜ニュース』が配給された（岡田 2004: 276）。

[5] チャルーンクルン通りに存在する映画館。

[6] 中華街として有名なヤオワラート通りとチャルーンクルン通りの間に存在した映画館。

(2) กจ0201.98.1/8、5枚目裏)[7]。

一方、43年9月にバンコク市内各地において開催された「航空日」[8]の移動宣伝写真展示においても、夜間には日本の航空力に関する、日本語音声でタイ文字字幕入りの映画が上映された（タイ国立公文書館 (2) กจ0201.98.1/8、16枚目裏)。

以上の報告にみられるように、日本はタイ語音声を入れたニュース映画を中心に無料で提供していたが、これらはタイの人々に日本の国力や軍事力を見せつけるための恰好の媒体になったと思われる[9]。

写真4-1 「大東亜戦争1周年」写真展示を見るタイの人々
（タイ国立公文書館 กจ.(2)กจ0201/1）

タイ語と中国語の説明があるのが見える。下には『中原報』が貼られている。タイ政府宣伝局は、報告書にこうした写真を付し、日本側宣伝活動の実態を把握しようとした。

7　ニュース映画と同時に上映されたのは、「空の鷹」についての映画とあるので、空戦映画と思われる。1941年に国際文化振興会がタイ語版を制作していた映画『燃ゆる大空』かもしれない。

8　「航空日」は、日本初の動力飛行披露30周年を記念して1940年に制定された記念日であり、40年には9月28日に、翌年以降は9月20日に様々な航空関連行事が実施された。今日では「空の日」に改称されている。

9　南方において強く求められていたのは、劇映画よりもむしろニュース映画であったという（岡田2004: 277-279）。

2 写真宣伝

　一連の宣伝局長報告において最も多くの紙面を割かれているのは、写真宣伝についての報告である。写真宣伝は、拡大した写真の展示によって行われた。このような写真展示については、タイ政府としては日本からの事前連絡があることを当然視していたが[10]、報告を見る限り、日本はタイ側にほとんど無断で写真宣伝を実施しており、タイ政府の警戒を招いた。

(1) 宣伝写真の内容

　展示された宣伝写真の内容については、1942年10月10日付報告書においては、以下のような類別がなされている（タイ国立公文書館 (2) ตร0201. 98.1/8、2枚目裏-3枚目裏）。

①日本の芸術・文化に関するもの
　　日本の刺繍技術、舞台芸術・演劇・舞踏芸術、花、戦死将兵葬儀
②日本の能力および強盛
　・通常工業力
　　日本の製菓工場、大規模外航船舶内の写真、レコードおよび録音工場
　・軍需工業力
　　砲弾・戦車・軍用機の各工場と製造風景
　・学術・職業教育力
　　医学教育・エックス線装置による医学検査、手術・看護・乳幼児保育、航空技術教育訓練、体育
　・日本の軍事力
　　昭南[11]・ビルマ・フィリピン・南洋群島における日本軍の戦闘と勝利
　・日本の為政者の業務遂行における能力と熱意
　　東郷外相の代理として業務を行う高級官僚、貴族院の会議、軍の訓練

10　事前に日タイ間に設けられた合同委員会を経る必要があるというのが宣伝局の見解であり（タイ国立公文書館 (2) ตร0201.98.1/8、3枚目裏）、地方巡回写真展について内閣書記官から宣伝局長に日本が写真展開催の権利を有するか否かについて確認がなされた際も、宣伝局長は否定の回答を送っている（タイ国立公文書館 (2) ตร0201.98.1/8、9枚目裏）。

11　タイ文字で「ショーナン」と記載されている。

に当たる高級将校、加藤建夫陸軍少将[12]の飛行兵検閲、日中戦争[13]および大東亜戦争、東条首相の執務風景
③占領地内における友好関係、日本の外国に対する勢威
　日本国内における満洲国および南京政府使節歓迎、日本留学中のアジア地域生徒の教育・集会、日本国におけるタイ側同盟慶祝使節団歓迎、同盟慶祝返礼日本使節団のタイ国訪問、日本軍の戦勝地での入城行進、敵軍将兵の武装解除、日本軍の占領に対する歓迎、白人の油断、バリ島・中国・ビルマ・マレーなどの日本占領地における日本軍の民衆に対する友好と援助
④タイ国およびタイ人に関する写真
　各種パーティーにおける駐東京タイ大使、日本国内のアジア地域生徒娯楽集会におけるタイ人生徒、日本の看護学校におけるタイ人女生徒、日本におけるタイ人航空生徒4名の訓練[14]、剣道修行中のタイ人生徒、戦死将兵葬儀に参列したタイ大使、日本の舞踊芸術を鑑賞するタイ大使夫妻、戦死将兵葬儀における日本留学男女タイ人生徒の合唱、タイ国首相に対する日本人画家の彩色画献納

　これらの写真展示のほか、タイとの関係については、同盟通信社のニュースが展示された（タイ国立公文書館（2）สร0201.98.1/8）。内容は、タイ大使の日本皇后への拝謁と、タイ陸軍から日本陸軍駐在武官への車両転覆事故者救助について感謝状贈呈の2点であった。

　こうした宣伝写真は、1～2週間展示された後に展示替えがなされていた。写真の説明文はほとんどタイ語が用いられ、一部、英語や日本語が添えられることもあったが、タイ語の説明文については文体として不自然であったという（タイ国立公文書館（2）สร0201.98.1/8）。

　写真展示の目的について、宣伝局は写真の内容から「タイ人に日本国に対する知識を持たせ、日本に関心と愛好の感情を持たせる」ことと認識して

12　1942年5月にベンガル湾上空にて英軍機と交戦中に戦死し、2階級特進して軍神と仰がれた。
13　報告書には「中日戦争」と記述されている。
14　『写真週報』226号（昭和17年6月24日発行）pp. 12–13に「日本に育つタイの若鷲」として写真紹介されている4名のタイ空軍少尉のことであろう。

おり、とくに「日本の軍事力を著しく顕示している点は、見る者の戦意を喪失させ、人々の抵抗しようとする意志を抑圧する宣伝」であると評している（タイ国立公文書館(2) สร0201.98.1/8、4枚目表）。

1943年1月23日付報告によれば、「日本を信頼し愛好するように誘導するため」、とくに42年12月の開戦1周年記念には、日本の影響力の広がりを示す地図や、連合国と日本との比較統計表が展示され、日本の優位が強調された（タイ国立公文書館(2) สร0201.98.1/8、5枚目裏）。また、タイの現状を示す写真については、ほとんどの展示場所で、親日派閣僚ワニット・パーナノン（วนิช ปานะนนท์）が日本の蔵相や重要人物と同席している写真が展示されたほか[15]、タイ特別使節団の日本訪問や日本特別使節団のタイ訪問、タイの首相と日本の首相の写真が両側に配されたカラー写真などが見られ、説明文はタイ文字であった（タイ国立公文書館(2) สร0201.98.1/8、6枚目表）。期間限定展示では、日本の工業力や地理・文化・教育を表現する大きく拡大された写真が展示されており、とくに華僑系の病院における展示では説明文がタイ語と中国語で施されていた（タイ国立公文書館(2) สร0201.98.1/8、6枚目表）。また、日本にいる子ども[16]からタイの子どもに宛てたタイ語の手紙の写真が添えられており、その内容は日本での戦時下とは思えない幸せな生活の様子と、大人になったら日本に遊びに来るように誘う文面であった（タイ国立公文書館(2) สร0201.98.1/8、6枚目表）。

1943年2月17日付報告では、写真展示の内容が日本の軍事力に重点を移していることが報告されている（タイ国立公文書館(2) สร0201.98.1/8、7枚目表）。1943年3月18日付報告に見られる地方巡回写真展では、日本国内の教育、日本軍の兵器生産と各種戦力・日本軍将兵の厳格な規律、日本留学中のタイ人生徒の生活と教育、日本の各種重要施設、ビルマ・マレー・フィリピン・太平洋における戦闘、タイ日攻守同盟1周年慶祝、前年の日米損害比較統計といった7種類にわたる約100枚の写真やパネルが展示され、これらの写真にもタイ語で説明が添えられていた（タイ国立公文書館(2)

---

15 ワニット・パーナノンと、彼が日タイ関係に果たした役割については、清水・パトソン（1998）に詳しい。
16 「日本国内の子ども」と表現されており、タイ語の手紙を書いていることからすると、日本人児童ではなく日本にいるタイ人児童による手紙と考えられる。

สร0201.98.1/8、9枚目表－裏)。

　こうした写真展示の内容からすると、日本側はタイ向けの宣伝写真を選択して展示を編成しており、さらにタイ語での説明文を付すなど、対タイ宣伝として写真展示を構成したことが明らかである。その目的は、写真の内容からして、宣伝局が読み取っているように、タイ人の日本への愛着を増大させると同時に日本の軍事力・国力を誇示し、日本への抵抗を抑止しようとするものであったといえよう。

(2) 写真宣伝の展示場所

　次に、こうした写真展示が、バンコクのどのような場所で実施されたかを観察したい。1942年10月10日付報告では、以下の8か所が展示場所として列挙されている（タイ国立公文書館 (2) สร0201.98.1/8、2枚目裏)。

①日本鉄道省国際観光局宣伝部：ラーチャダムヌーン通り7号館
②日泰協会：ター・チャーン
③ラーチャウォン・トゥーベークコー：ラーチャウォン交差点
④S.西野歯科：シープラヤーのナーイ・ルート館（ตึกนายเลิศ)[17]
⑤O.S.K.ライン：同上
⑥フタミ・トレーディング：同上
⑦白木貿易会社：中央郵便局向かい
⑧バンコク東亜ライン：チャルーンクルン通り

　これらの場所は、③を除けば日本の政府関係機関や日系の企業・商店等であり、それにともなって、写真宣伝の場も、当時の日本人社会が集中していたバンコク市街南部のシープラヤーやバーンラック周辺[18]が中心となっていることがわかる。とくに日系企業等が多く入っていたオフィス・ビルであるナーイ・ルート館は、日本側宣伝活動の集中地点として重要であった。

　しかし、1943年1月23日付報告では、写真展示場所が華僑商店等に拡大している様子が示されている（タイ国立公文書館 (2) สร0201.98.1/8、5枚目表－裏)。増加個所としては、日本人関係の常設展示場所5か所（シンコー会社、フジシマ商店、アケタ商店、Y.エバタ写真店、サクラ麦酒店。前4

17　シープラヤーに存在したオフィス・ビル。
18　中央郵便局周辺。

第 4 章　タイ側からみた日本の対タイ宣伝活動

写真 4-2　バンコクの街角における店舗利用の写真宣伝
（情報局『写真週報』1942 年 11 月 4 日号 p. 11）

者はバーンラック地域内）、華僑関係の常設展示場所 9 か所（スアパー通りの華字紙『中原報』[19]事務所など。うち 6 か所はバーンラック地域内）、その他の常設展示場所 2 か所（タイ人理髪店とヨーロッパ人靴屋。ともにバーンラック地域内）が挙げられている。華僑商店での展示には、タイ文字に加えて華字での説明書きも付されていた。この増加箇所を見ても、日本側の宣伝拠点がバーンラック地域に集中していることがわかる。ただし、個別の正確な位置が特定できなかったため、図 4-1 においてはバーンラック地域を点線で囲んで表現している。

　そのほか、期間限定展示場所としては、人民党クラブ（1 月 1 日から 20 日まで）[20]、チャルーンクルン通りにある広東系華僑病院であるクローンシウ

19　村嶋によれば、1939 年初めに抗日運動の一中心であった潮州会館派グループの指導者らによって創刊された『中原報』は、日本軍のバンコク進駐によって停刊したが、日本側が買収・再刊し、タイ政府が許可した唯一の華字紙として日本の対華僑宣伝の媒体となった（村嶋 1996a: 52）。
20　人民党クラブは、1932 年立憲革命を起こした人民党が 1933 年に政治目的を持たない親睦団体に変更されたもので、日泰文化研究所発行の地図によれば王宮の東側、外務省の南側に立地していた。

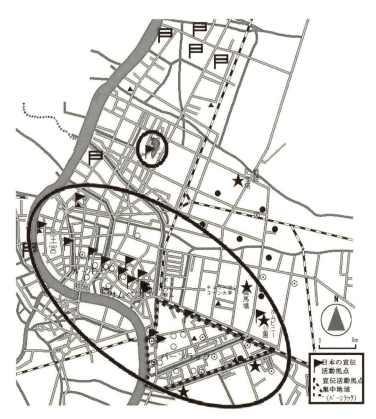

図4-1　日本の宣伝活動拠点位置図
（日泰文化研究所（1942）をもとに筆者が作成した地図を加工。）

病院（1月16日から25日まで）があったが、クローンシウ病院では表に華字の大看板が掲げられ、写真展示見物を華僑に呼びかけた。宣伝局はこうした状況を、「とくに華僑に見物させるために展示する意図」を示すものと認識している。

　1943年2月17日付報告では、写真展示場所として中央郵便局向かいの日本商店1か所の増加のほか、43年1月21日から30日のカネボウ（ナーイ・ルート館）における日本人画家 N. 横田[21]のタイを題材とした水彩画展示即

21　横田仁郎のことと考えられる。横田は、「大東亜戦争」勃発前に渡タイし、タイにおいて美術教育に従事した。なお、絵画の内容については、ワット・ポーやチャオプラヤー川、水路等と

第 4 章　タイ側からみた日本の対タイ宣伝活動

写真4-3　ルムピニー公園での「航空日」展示を見る人々
（タイ国立公文書館 กจ.(2)สร0201/1）

子連れも含め、賑わいを見せている。中央の写真には、拡声器を積載した宣伝車両も写されており、日本の宣伝活動の実態とそれに対するタイ政府側の警戒が窺われる。

95

売開催、1月22日から28日のパートサーイ通りの客家協会（สมาคมจีนแคะ）における日本文化に関する写真展示開催、2月5日から11日のラーチャダムヌーン通り日本鉄道省観光促進部における日本文化等に関する写真および絵画の展示開催が報告されている（タイ国立公文書館(2) สร0201.98.1/8、5枚目表－裏）。

　バンコクにおける移動宣伝に関する報告では、1943年9月18日から21日にかけて日本軍によって実施された「航空日」記念の写真移動展示が、ルムピニー公園ラーマ6世像付近、カオディン[22]、『中原報』印刷所前、ヤオワラート通り、中央郵便局前の5か所で開催され、宣伝機材として無線機商から借り受けた拡声車両、タイ語で「日本の大飛行機を見よう」と書かれた宣伝板6枚、日本の「航空日」についての説明板1枚、航空機生産や航空力を示す三脚上の宣伝写真26枚が置かれ、説明板や写真にはタイ語と中国語で説明が加えられていたことが、宣伝局員の監視により写真を添えて報告されている（タイ国立公文書館(2) สร0201.98.1/8、16枚目表－裏）。拡声器では、タイの歌謡曲や、軍歌と思われる日本歌曲、中国歌曲が流され、また中国語で日本の航空に関する説明も流され、夜間には前述のとおり日本映画が上映されて観客を呼び込んだ。ルムピニー公園での展示初日には、1943年1月に泰国駐屯軍司令官に着任した中村中将が、自ら観覧のために足を運んだ。

　「航空日」の移動宣伝写真展示では、ルムピニー公園にはタイ人も華僑も見物に訪れていたが、ヤオワラート、『中原報』印刷所前、カオディン、中央郵便局前での展示においては、見物人の多くは華僑であったという（タイ国立公文書館(2) สร0201.98.1/8）。市街北部に位置するカオディンにおいても見物人の多くが華僑であったという点や、日本軍の駐屯・活動地域の中心に位置しているルムピニー公園にタイ人も華僑も見物に訪れていたという点は興味深い。

　このような宣伝写真展に対するタイの人々の反応については、1942年10月10日報告によれば、「これらの写真は、往来の人々が時折来て好んで立ち寄って見ており、起こったばかりの事件の写真や宣伝写真を取り替えた折などに見物の人だかりがする」が、「タイ人の性格上こうしたものには興奮し

　　いったバンコクの風景であったようである（タイ国立公文書館(2) สร0201.98.1/8、7枚目裏）。
22　動物園がある場所である。

にくいために人々にはそれほど関心を有するところとはなっていないように感じられ」と記され、「見物人の多くはサームローの運転手たちであった」[23]という（タイ国立公文書館 (2) สร0201.98.1/8）。

　以上、写真宣伝が実施された場所を観察すると、ほとんどがサムペンからバーンラックにかけての在留日本人の活動地域に集中していたことがわかる。とくにバーンラック地域西半には宣伝活動拠点が集中していた。こうした拠点は、当初は日本系の機関や商店等が中心であったが、1943年1月以降は華僑系の協力も得られるようになり、中国語での説明を付すなどした華僑向けの写真宣伝が積極的に展開されたことが分かった。華僑は経済的影響力が強く、また日中戦争勃発以来、彼らの抗日運動が活発化していたため、華僑への宣伝活動が絶対不可欠であることは、日本側にも認識されていた[24]。

　その一方、三井・三菱関係施設や日本人会が集中するバーンラック地域東半やバンコク市街東部の日本公館関係施設集中地域においては宣伝活動拠点がほとんど見られず、日本の宣伝活動が「下町族」の小規模な商店等を中心に展開されている一方で「グダン族」の頂点に位置する三井・三菱や大使館は宣伝活動拠点としては機能していなかったことがわかる。これは、一般消費者向け事業を展開していた個人商店等と、そうではない大商社や大使館等との性格の差異に起因する部分もあったであろうが、日本の宣伝活動における大使館や大商社の取組・協力が、宣伝を主任務とする鉄道省関係機関や日泰文化研究所に比較して消極的であったことを物語っているのかもしれない。いずれにせよ、バンコクでのこのような宣伝活動拠点の分布はバンコク市街地南部に偏っており、これらの地域に多く生活していた華僑に対してはともかく、市街地北部に多く生活していた官僚や軍人等とその家族を含むタイ人への影響がどれほどあったかは疑問であるとともに[25]、日本側の活動圏

23　ここでいう「サームロー」は、三輪自転車タクシーのことである。
24　「南方宣伝工作」を論じた米山は、華僑に対する宣伝に留意すべきことを述べている（米山 1942: 9）。1941年から45年にかけての日本、タイ政府、華僑の3者間の複雑な関係については、村嶋（1996a）を参照されたい。
25　首都バンコクには、多くのタイ人の官僚・軍人・教員らとともにその家族が居住していたが、彼らの住宅地は市街北部を中心に広がっており、バーンラックなどの市街南部とはまったく異なる景観が見られた（友杉 2001: 287）。

の意味と限界を示唆していると考えられる。

(3) 地方における宣伝の拡大

1942年10月10日付報告によれば、日本大使館がタイ外務省に対して、タイ国の地方都市において宣伝写真を展示したい旨の連絡をしてきたことがあったが、「洪水による交通遮断によって」中止になったという[26]（タイ国立公文書館 (2) สร0201.98.1/8、4枚目表）。実際に日本の宣伝活動の地方への拡大が報告されるのは、1943年1月23日付報告以降である。それによれば、地方では、『盤谷日報』[27]が、日本の戦局写真を南部のソンクラーの学校で1942年9月19日に展示し、それを12月1・2日に北部のラムパーン県の映画館において無料で戦争ニュース映画等を上映する際にも展示した（タイ国立公文書館 (2) สร0201.98.1/8、5枚目裏）。

1943年2月17日付報告では、日本の国際文化振興会が43年2月15日から月末にかけて南部のパッタニー、ソンクラー、ハートヤイ、ナコーンシータムマラート、および西部のカーンチャナブリー県バーンポーン[28]において展示会を開催するという情報を新聞報道から得たが、詳細が不明であるため[29]、宣伝局は各県において日本の宣伝活動について調査するよう内務省に協力を呼びかけ（タイ国立公文書館 (2) สร0201.98.1/8、7枚目裏）、パッタニー、ソンクラー、ナコーンシータムマラート、カーンチャナブリーの各県当局から連絡を受けた内容を、3月18日付報告に以下のように記している（タイ国立公文書館 (2) สร0201.98.1/8、9枚目表－裏）。「オオウエ」を長とする4名の日本人が日本の宣伝写真を携えて各県を巡り、見物客に写真冊子を配布した。具体的な場所と日程は次のとおりである。

・ソンクラー県、1943年2月17日、憲法団協会支部にて。
・パッタニー県、2月20日、文官クラブにて。この県では、日本女性の

---

26 1942年10月、バンコクにおいて大洪水が発生した。
27 1942年3月10日に創刊されたタイ初の邦字紙である（大阪朝日新聞1942年3月13日）。
28 バンコクの西方の町であるが、鉄道路線としては南部に下る南線に属する。タイとビルマとを結ぶ「泰緬鉄道」の起点であり、1942年12月18日に日本兵がタイの僧侶を殴打したことに起因して日本兵とタイ人住民との間で発生した騒擾事件の舞台になった地である。
29 ここからも、タイ政府当局が宣伝写真展示について日本側から全く連絡を受けていなかったことが窺われる。

写真を展示していたことが特記事項として挙げられている。
・ナコーンシータムマラート県、2月25日、市前広場にて。
・カーンチャナブリー県、3月1–2日、バーンポーン郡庁脇天幕およびムアン郡官吏クラブ前食堂にて。

さらに、日本の宣伝当局は、次にはナコーンラーチャシーマーをはじめとする東北部を巡回することを考慮しているという。各地方に一斉に展開することが不可能であるところを見ると、地方を巡回する要員はこの4名班に限定されていたようである。

1943年3月25日付報告では、地方における日本の宣伝活動展開について、新しい状況が報告されている（タイ国立公文書館 (2) สร0201.98.1/8、21枚目）。それによれば、日本の産業力についての彩色写真ポスタと日本への観光誘致ポスタが[30]、北部のピチット県とペッチャブーン県、東北部のナコーンラーチャシーマー県の各県当局に、郵便小包で届けられたという。小包は、送り主不明で、送り状も添えられていなかった。ポスタはどの県に送られたものも同じであり、2種類で各種5枚ずつの10枚が入っていた。ポスタは日本の鉄道省の製作によるものであり、宣伝局は自局でも同様に受領していることから、全県および他の官庁にも送られたものと推察している。ポスタが送付された県では、それらを貼り出すことなく放置していた。宣伝局から各県には、これらのポスタを放置したことを評価し、「もし尋ねられたならば、官吏に贈られたものと思ったので子どもにやってしまったと答えるよう」に連絡したという。結局、日本側が送付した宣伝物は人目に触れることなく葬り去られたわけである。地方・中央双方の当局における、日本の宣伝活動に対する警戒と消極的妨害が見られる[31]。

日本の宣伝活動の地方への拡大をみると、まず宣伝活動は都市に限られていること、実際に宣伝活動を担当した人員は多くないこと、宣伝が展開された地方都市は日本軍が駐屯する要地が多いこと[32]が読み取れる。その一方、

---

[30] これらのポスタには、「日本」を意味するタイ語の「イープン」ではなく、「ニッポン」という語が使用されており、報告書はこの点にも注目している。

[31] 1943年10月の別史料では、ピブーン首相からの指示にもとづいて宣伝局が日本語学校タイ人関係者の親族の公務就任状況を調査した結果が報告されているが（タイ国立公文書館 (3) สร0201.55/29）、こうした調査も日本の活動に対する警戒を物語っている。

[32] 南部の諸県は、日本軍がマレー作戦の際に上陸したり通過したりした街である。また、カーン

宣伝局の報告からは、そうした拡大に対してタイ政府が警戒をし、また中央・地方ともに、不作為による消極的妨害行為を行っていたことがわかる。

3　印刷物宣伝

　日本が、グラフ誌等の印刷物を宣伝活動の一環として広く活用していたことは広く知られている。

　陸軍省報道部の竹田光次中佐は、「南方各地は宣伝物に飢えて」おり、「南方向け宣伝物としてこの種の写真によるものが一番適当である」としている（竹田 1943a: 28–29）。こうした「宣伝物」として「大東亜共栄圏向けとして内地から出されている宣伝グラフ雑誌」は、写真家の土門拳によれば「発行部数最低のもので五千、最高で五万位」、「殆ど夫々情報局から多かれ少かれ補助金を貰ひ、今や民間では姿も見せぬ特アート紙や上質紙やインキ等の特配を受けて出されてゐる」というものであり、「ニッポン（国際報道株式会社、季刊、英語）、サンライズ（国際観光協会、季刊、英語）、太陽（朝日新聞社、月刊、各国語[33]）、東光（国際観光協会、季刊、支那語）、サクラ（毎日新聞社、月刊、英仏支語）、フジンアジア（毎日新聞社、月刊、各国語）、ヒカリ（大東亜出版株式会社、月刊、各国語）、ニッポン–フイリッピン（日本写真工業社、月刊、英語）、カーパープ（国際報道株式会社、月刊、泰語）、フロント（東方社、各国語版）、その他貿易宣伝のコンマースとか満鉄の北とか」を「現在大東亜共栄圏向けとして内地から出されている宣伝グラフ雑誌の全部」として挙げている（土門 1943: 62）。竹田や土門が共通して列挙しているものとしては、『ニッポン–フィリッピン』（日本写真工

　チャナブリー県バーンポーンは泰緬鉄道の起点、ラムパーンは北部の要衝、ナコーンラーチャシーマーは東北部の要衝で、若干の空白期はあっても、日本軍の部隊が代わるがわる駐屯していた（防衛庁防衛研修所戦史室 1969）。日本軍の駐屯場所の詳細については、柿崎（2018、2020）を参照されたい。また、「大東亜戦争」末期における日本軍からみたそれぞれの地域の位置付けについては、加納（2018）を参照されたい。

[33]　「各国語」とあるのは、多言語併記グラフ誌である。多言語併記グラフ誌とは、多言語による見出しや写真のキャプションを並列して構成しているグラフ誌のことである。ただし、土門によって指摘されているように、「大体一枚の写真の下に七ヶ国語も五ヶ国語も並べて」、「当然スペースに制約されて舌足らずな説明に終わらざるを得ない」といった弱点を持っていた（土門 1943: 64）。『太陽』の場合、次第に日本語とマレー語の 2 か国語の並列となり、他言語は脱落した。

業社、英語)、『カウパアプ・タワンオーク（東亜画報)』(国際報道株式会社、タイ語)[34]、『ニッポン』(国際報道株式会社、英語)[35]、『サクラ』(毎日新聞社、英語・中国語併記)、『太陽』(朝日新聞社、1942年7月～、多言語併記)[36]、『フジンアジア』(大阪毎日新聞社・東京日日新聞社、1942年9月～、多言語併記)[37]、『フロント』(東方社、各国語版) があった（竹田1943a: 29、土門1943: 62)。このなかで『カウパアプ・タワンオーク』はタイ語のみのグラフ誌であり、『フロント』にも初期にはタイ語版があったといい、また多言語併記グラフ誌のなかでタイ語も含まれるのは『太陽』、『フジンアジア』であった。

これらのうち、日本の宣伝活動

写真4-4　多言語併記グラフ誌『太陽』
　　　　第3号(1942年9月発行) 表紙
日本語、中国語、ベトナム語、タイ語、マレー語、ビルマ語、英語が並ぶ。
表紙写真は、タイのディレーク・チャイヤナーム駐日大使とその家族。

に目を光らせていたタイ政府宣伝局によって首相への報告に挙げられているものとしては、『カウパアプ・タワンオーク』、『フロント』、『太陽』、さらに竹田や土門には挙げられていないが鉄道省国際観光局による『イープン・パッチュバン』[38]があった（タイ国立公文書館 (2) สร0201.98.1/8、2枚目表－裏)。このほか、タイ文独自のプロパガンダ誌として、日本文化会館刊行

34　土門のいう『カーパープ』。『カウパアプ・タワンオーク』の内容については、本書第5章を参照されたい。「カウパアプ（ข่าวภาพ)」は「画報」、「タワンオーク（ตะวันออก)」は「東」を意味するタイ語であるので、「カウパアプ・タワンオーク」とは「東方画報」を意味する。

35　『NIPPON』については、在タイ日本政府関連機関によってタイ語訳版が作成されたという（平等1979: 36, 91, 98-99, 349)。ただし、現存は確認されていない。

36　『太陽』については、井上 (2009) を参照されたい。

37　本書第7章を参照されたい。

38　「イープン・パッチュバン」は、「現代の日本」を意味するタイ語である。

101

（国際報道株式会社印刷）による日本語・タイ語併用誌『日泰文化（ワタナタム・イープン・タイ）』が1944年に第1号のみ発行されているほか[39]、主に日泰文化研究所のような在タイ日本関連機関によって刊行されたタイ語による日本紹介冊子群も1941年頃を中心に出版されており（本書第3章第3節参照）、現存が確認されていないものも多い一方で、今後もさらに多くのタイ語プロパガンダ誌が発見される余地がある[40]。

　これらのプロパガンダ誌は、広田使節の随員としてタイを見聞した外務省調査部の朝海浩一郎によれば、タイには「戦前は欧米から各種の雑誌が入つてゐたが」、開戦後に「それらが入らなくなったので、彼等はそれに代るものを欲しがって」おり「日本はそれを与える義務がある」とし、「既に日本側からも幾種類かの雑誌が発行され、中には相当の成績を挙げて居るものもある」と報告している（朝海 1942: 45）。また、タイにおいて2年ほど『カウパアプ・タワンオーク』の写真撮影に関わっていた国際報道工芸の梅本左馬次は、「タイ人は写真は好き」なので「日本から来る写真は相当の効果を」挙げているとし、「印刷されたものでは同盟の『南方写真報』がポスタ型式、雑誌では『カウパープ』『太陽』『フロント』『ヒカリ』『新中華画報』などすこし多すぎるほど日本から来て」いて、そのなかでも『カウパアプ・タワンオーク』は「タイ語説明ばかりで純タイ向けなので、何度も売切れてしまって驚」いたという（梅本 1943: 34）。

　これらの日本の宣伝雑誌等については、宣伝局の1942年10月10日付報告に、「タイ国内において写真が含まれた大量のタイ語冊子・新聞が普及した」とある（タイ国立公文書館 (2) สร0201.98.1/8、2枚目表）。こうした印刷物は、いくつかの省の官吏には無料で配布され、一般の人々向けには書店において販売されており、タイ当局からは「日本の軍事力、文明そして様々な分野での発展について宣伝するもので、日本を好ませるように宣伝するもの」と目されていた（タイ国立公文書館 (2) สร0201.98.1/8、2枚目表）。具体的

39　3000部印刷のうち、2000部はタイにて配布されたという。日本国内およびアメリカ議会図書館に現存しているが、タイ国内においては現存が確認できない。この冊子については本書第5章を参照されたい。

40　たとえば、『マハーミット（มหามิตร）』と題された、主に日本軍の精鋭ぶりを特集したB5判24ページのタイ語グラフ誌があるが、この存在については従来まったく知られていなかった。この冊子については、本書コラム2を参照されたい。

第4章　タイ側からみた日本の対タイ宣伝活動

な誌名としては、『カウパアプ・タワンオーク』（国際報道、月刊）、『イープン・パッチュバン』（日本国鉄道省観光促進局[41]）、『フロント』（東方社、月刊グラフ誌）、『太陽』（大阪朝日新聞社、月刊）が挙げられている（タイ国立公文書館 (2) สร0201.98.1/8、2枚目表－裏）。土門の列挙との相違は、『フジンアジア』が入っておらず、逆に『イープン・パッチュバン』が挙げられている点である。『イープン・パッチュバン』については、「現代日本」を意味する誌名や、発行元が日本の鉄道省の部局であるというような情報からすれば、中国向けグラフ誌『現代日本』（柴岡 2007: 70）や、英語グラフ誌『NIPPON TODAY』（森岡 2012: 108–109）のタイ語版と考えるのが合理的であろう[42]。

そのほか、1942年10月10日付報告によれば、タイ語で説明を施した大東亜共栄圏の地図や日本絵葉書を学校に配布した（タイ国立公文書館 (2) สร0201.98.1/8、2枚目裏）。

1943年3月18日付報告では、地方における巡回写真展の模様が報告されているが、そこでは日本人職員によって写真冊子等が配布された（タイ国立公文書館 (2) สร0201.98.1/8、9枚目裏）。配布されたのは、日本特別使節団のタイ訪問写真が印刷された『Bangkok Chronicle Pictorial Supplement』や、『イープン・ナイ・パッチュバン：産業号』[43]、日本における教育について書かれたローマ字マレー語の『Kemadjoean Nippon』[44]であった。

こうした印刷物へのタイの人々に反応について、宣伝局長は「タイ国内では現在においては他のグラフ誌が少ないため、人々は好んで大いに購入」していったと報告している（タイ国立公文書館 (2) สร0201.98.1/8、2枚目表）。物資欠乏中の日本が無理をして特別に制作していたタイ語による豪華な印

41　鉄道省国際観光局のことと思われる。なお、宣伝雑誌発行や配布、現地事務所開設等をめぐって、鉄道省国際観光局の活動については、より一層の研究が必要である。本書コラム1も参照されたい。

42　3誌とも特集号を組んでいたことがわかっており、特集の内容に重なりが見られる。なお、愛知大学では、表紙はフランス語で『Images du Japon Industrie』と書かれているが内容はタイ語で記されているグラフ誌を所蔵しているが、これも同誌の「産業号」であると考えられる。

43　上述の『イープン・パッチュバン』と同じものと考えられる。

44　主に南部における宣伝活動であったため、マレー語冊子で対応できると考えたのかもしれない。本書を所蔵しているコーネル大学図書館の書誌情報によれば、1942年から43年にかけて国際観光協会から出版された冊子であるという。日本国内での所蔵は確認できていない。

103

刷物は、同様に物資欠乏等のためグラフ誌に飢えていたタイの人々の間に配布・販売され、一定の効果を上げたようである。また、こうした宣伝印刷物は、別途、官公庁等にも贈呈されていた（平等 1979）。ただし、こうして広く配布・販売されたはずの印刷物がタイ国内図書館等においてほとんど現存を確認できないことを考えると、本章第 2 節において紹介した、官庁における日本の宣伝物の放置工作と同様に、こうした宣伝印刷物も官庁に送付されたものはそのまま人目に触れることなく葬り去られた可能性も高いと思われる。

4　小結

　以上、本章では、タイ政府宣伝局による監視報告書からみた、1942年から翌年にかけての日本の対タイ宣伝活動展開について紹介した。そこから見えてきた姿は以下のとおりである。
　まず、日本は各種メディアを駆使して宣伝活動を展開していたことがわかる。
　映画宣伝については、日本側はタイ人用に制作したタイ語版ニュース映画を無料で上映するなどして成果を上げた。
　印刷物宣伝については、物資不足の折からグラフ誌に飢えたタイの人々に大いに受け入れられたようであるが、官庁に送付したものについてはそのまま葬り去られた可能性もある。
　宣伝写真展示は、日本側の主な宣伝活動であったが、タイ政府を無視した日本側の傍若無人な態度により、タイ政府からは主要な監視・警戒の対象となった。タイ人向けに写真を選定し、タイ語説明文も作成しており、首都バンコクでも拠点を増加させていくが、地域的には日本人や華僑が多い市街南部に偏っており、華僑商人等の協力を得ながら華僑への宣伝はある程度奏功したと考えられるが、タイ人への影響程度については疑問が残る。写真宣伝は、映画宣伝や印刷物宣伝と組合せながら、主に日本軍が駐屯している地方都市においても展開され、多くのタイ人の見物客を惹き付けた。
　そうした効果の反面、日本がタイの官公庁に送付した配布・展示用の宣伝物は黙殺されることも多かったようであることもわかった。もっとも、タイ

政府の監視や妨害といった反応は、タイ政府に無断で宣伝活動を展開していた日本に対する、独立国として当然の反応であったといえよう。

　このように、1942年から43年にかけて、日本は映画、印刷物、写真展示等を通じて、タイへの宣伝活動を活発に展開し、地域的な限界は大いにありつつもタイ人や華僑へのアピールにはある程度成功したが、その多くはタイ政府に無断で実施された一方的なものであり、タイ政府の日本不信・不満に結びつき、監視や消極的妨害といった反応を招いていったのであった。これは、日本の「同盟国」としてのタイが、日本への不信感を高めていくなかで、表面上は日本に対する従属的とも見える姿勢をとりながら、日本の傍若無人な宣伝活動に対して強く警戒し、隠然と消極的に、しかし懸命かつ効果的に抵抗していた姿として見ることができよう。

　では、このように日本がタイに対して展開した宣伝の内容が、具体的にはどのようなものであり、日本はタイにどのような姿を見せようとしていたのかについて、第2部においてタイ向けの宣伝雑誌に焦点を当てながら、観察していきたい。

コラム 1
鉄道省国際観光局発行のタイ語日本紹介冊子と絵葉書

　このコラムでは、日本の鉄道省国際観光局のタイに対するアプローチの一端を物語る資料として、同局発行のタイ語日本紹介冊子と絵葉書セットを紹介する。

写真 C1-1　鉄道省国際観光局刊行の日本紹介冊子（筆者所蔵）
左側がタイ語版、右側がフランス語版

　現時点で筆者が収集した資料群から分かっているのは、鉄道省国際観光局が『プラテート・イープン（ประเทศญี่ปุ่น）』（日本国）と題した小冊子を製作し、タイ国内に配布していたことである。この冊子は、各国語版があり*、その一環としてタイ語版も刊行されたと推測される。もう一種、このコラムで紹介したいのは、鉄道省国際観光局発行の日本紹介絵葉書セットである。それ以外にも、鉄道省国際観光局は、タイ国政府宣伝局の残した報告書によれば、日本を

宣伝するポスターを製作・配布したり、写真展の会場となっていたことがわかっている（本書第4章第2節参照）。

　まず、タイ語小冊子は、B5判で、表紙・裏表紙を併せて36ページからなる。出版年月は記されていないが、裏表紙に「Dai Nippon Printing Co., Ltd」とあり、日本国内の大日本印刷において印刷されたと考えられる。表紙の左上に冊子名「ประเทศญี่ปุ่น」（日本国）が配され、右下に「กรมส่งเสริมการท่องเที่ยวกระทรวงการรถไฟญี่ปุ่น」（日本国鉄道省観光促進局）と記されている。この組織名は、実際には鉄道省国際観光局であると考えられる。フランス語版『JAPON』と比較すると、判型やページ数は同じであるが、表紙や内部の写真などに若干の差異がある（写真C1-1参照）。タイ語版表紙は、東京の日比谷濠と近代的ビルを背景に歩く和装姿の女性であるが、フランス語版は国会議事堂と桜花、飛行機と自動車が配されている。

　見返しには、「日本」と題した日本紹介文が掲載されており、以降、山並みを背景とした桜、富士山と飛行機、東京駅と丸の内ビル街、国会議事堂、大阪城天守と風景の写真ページが続く。フランス語版も概ね同様のページとなっているが、樫原神宮の風景や靖国神社に参拝する人々の写真が入っているところが大きな違いであり、タイ語版より日本の「伝統」が感じられるような構成になっている。

　次いで、日本の小学校や大学の授業風景写真が組まれ、タイ語版はその次に、高さを強調した鉄橋を通過する鉄道の姿が見開きで掲載されている。フランス語版は、その鉄道写真の前に仏教寺院と日本画家、美術館の彫像展示の写真が示されている点が異なる。鉄道写真の次のページには、鉄道・船舶・国道といった交通機関の写真が配され、ちょうど中間となる次のページには軍の航空隊、戦車隊の行進、騎兵隊の行進、軍艦上を飛行する航空機編隊のページとなっている。

　次のページは産業の写真であり、航空機工場、自動車工場、製鉄所、製糸や綿布工場、農業、畜産業、漁業と続く。それに続くのは、武道とスポーツであり、剣道と柔道、陸上競技、水泳、スキーの写真が配される。その次は日本建築と日本庭園のページに続いて放送局と歌舞伎座が示され、裏表紙は東アジアの地図が掲載されている。

　一方、鉄道省国際観光局発行の日本紹介タイ語絵葉書セットは、6枚組の絵葉書であり、封筒が付属している。これは、南洋群島における近代観光の展開

写真 C1-2　鉄道省国際観光局発行タイ語絵葉書（千住一氏所蔵）

を研究する立教大学の千住一氏の所蔵になるものである。

　封筒には高層ビルや国会議事堂、富士山を背景にした着物姿の女性の絵が配され、その頭上には鉄道が高架を走り、飛行機も飛ぶ。上述の小冊子と、モチーフが共通しているといえよう。

　絵葉書の内容は、集団での体操、丸の内のビル街、鉄橋と電車、民間航空機と機上勤務員、大阪城、羽子板と和装の女性であり、これらも上述の小冊子と重なるものが多い。

　なお、絵葉書の裏面には、タイ文字で「ไปรษณียบัตร」（郵便葉書）と書かれ、タイ語による各写真の説明が左上に記されている。こちらも「Printed in Japan」とあるので、日本国内で印刷されたものと考えられる。

　小冊子も絵葉書も、ともに近代的建築物や交通システム、着物姿の女性といった、日本の「伝統」と「躍進」を表象し、それを宣伝しようとしたものと言えよう。

　現段階では、鉄道省国際観光局が、実際にタイにおいてどのような活動を展開していたかについては、必ずしも明らかにはなってはいないが、今後の研究が俟たれるところである。

＊筆者が収集したものとしては、タイ語版のほか、フランス語版がある。

第 2 部

日本の対タイ宣伝雑誌

第5章

『日泰文化』

　日本によるタイに対するプロパガンダが盛んに展開されたことは、序章で見たようにテームスック（แถมสุข 2521: 146–147、Thamsook 1978: 246–247）や吉川（1982）、市川（1994）、Reynolds（1991, 1994）、村嶋（2002）などの研究において明らかにされている。また、日本の宣伝雑誌についても、同様に序章で見たように白山眞理・堀宜雄編（2006）などの研究のなかで触れられている。

　しかし、日本による宣伝雑誌を用いた対タイ宣伝活動の具体的内容については、従来の研究ではほとんど触れられてこず[1]、分析が加えられることもなかった。対タイ宣伝誌としては、上述の『NIPPON』を刊行していた名取洋之助率いる日本国際報道工芸（後に国際報道）が1941年12月以降1944年に至るまで『カウパアプ・タワンオーク（東亜画報）』なる月刊誌を発行していたことが白山・堀編（2006）に紹介されており[2]、『FRONT』も初期にはタイ語版が発行されていたことが知られ（多川 2000: 323）、プワンティップの研究においてもこうした雑誌による日本の軍事力の誇示がタイ民衆の関心を集めたことがタイ政府公文書に記されていることを示しているが（Puengthip 2004: 68, 89）、対タイ文化宣伝の中心機関として設置された日泰文化会館の対タイ文化宣伝誌発行活動についてはこれまで知られてこなかった。

---

[1] フィリピンに対する文化宣伝において、英語や現地語による日本宣伝パンフレットや雑誌が利用されたことについては、寺見（1997: 268–269）が指摘している。

[2] 『NIPPON』35号に掲載されている宣伝によれば、『カウパアプ・タワンオーク（ข่าวภาพตะวันออก）』は、タイ語と日本語による月刊誌で、概ね40ページのものであるという（NIPPON 35, 1944: 57）。同誌については、本書第5章および第6章を参照されたい。

本章では、日泰文化会館が刊行しながら、これまで東南アジア研究の文脈からも日本の対外宣伝研究の文脈からも取り上げられてこなかった1944年1月発行の対タイ文化宣伝誌『日泰文化』に着目し、その刊行をめぐる状況と内容を分析することにより、「大東亜戦争」下の日本による対タイ文化宣伝の性格の一端を観察していきたい。

1　『日泰文化』の体裁と構成

　『日泰文化（วัธนธัมยี่ปุ่น-ไทย）』誌は、現在、日本国内に少なくとも5冊が存在している[3]。タイ国内における所蔵については、タイ国立図書館やチュラーロンコーン大学図書館等の蔵書目録を現地で調べたが確認できなかった。

　『日泰文化』の判型は菊倍判[4]で、「総アート」紙の「豪華版」である（朝日新聞 1944/1/26）。新聞雑誌用紙の割当制度は1940年に強化されており（難波 1998: 57）、さらに戦局悪化にともなって物資欠乏が深刻化していたはずの1944年という発行時期を考えれば、『日泰文化』の「豪華」さは当局の本誌に対する重点的な位置付けを物語るものといえよう[5]。

写真5-1　『日泰文化』表紙

3　国立国会図書館、東京大学東洋文化研究所図書室、京都大学図書館、京都大学文学部図書室、北海道大学図書館の5施設に所蔵されている。筆者はこのうち、京都大学図書館所蔵のものと東京大学東洋文化研究所図書室のものを閲覧する機会を得た。

4　A4よりわずかに大きい。

5　1942年に参謀本部の指導によって東方社から刊行され始めた対外宣伝誌『FRONT』の場合も、国内パルプ資源の逼迫による紙の配給統制が厳しい時期であったが、参謀本部から製紙会社に連絡があったために「軍需」という名目で特別に紙を廻してもらえたという（多川 1989: 28–32）。

第 5 章 『日泰文化』

　本文は220ページまであり、その前後および内部に企業広告が掲載されている[6]。表紙から裏表紙まで、総計で253ページである。40〜90ページ程度の対外宣伝グラフ誌『NIPPON』や『FRONT』に比してページ数が多い。表紙は 2 色刷り（左半分が灰色、右半分は白色）であり、裏表紙・見返し・見返し裏以外は単色（白黒）印刷である。

　表紙には、タイ文字で「วัธนธัมยี่ปุ่น-ไทย」[7]（日タイ文化）、その下に日本語で「日泰文化」と記されている（写真5–1参照）。日本語表記で「日泰」という順序は自然であるが、タイ語表記で「タイ日」の順でないのは不自然に思われる。

　表紙中央には、漢字の「日」と、タイを象徴したと思われる法輪とを組み合わせた図案が印刷され、下に「หอวัธนธัมยี่ปุ่น」（日本文化会館）と書かれ、表紙右下には数字の「1」が袋文字で配されている。本誌の創刊を報道した記事には『日泰文化』が年 2 回の刊行を予定していたことが記されており（朝日新聞 1944/1/26）[8]、続刊の発行を想定したことを反映したものであろうが、 2 巻以降の存在は現在のところ確認できていない。表紙の左下には、小さく弧状に「SATOMi」と書かれ、その下に「43」という数字が記されている。表紙を担当したグラフィックデザイナー里見宗次[9]の署名と図案作成年（西暦）であると考えられる。

　背表紙にはタイ文字のみで「วัธนธัมยี่ปุ่น-ไทย 1」（日タイ文化　1）、「พศ2486★2603」（仏暦2486年★2603年）と記されている。仏暦2486年＝皇紀2603年は、西暦1943年にあたる。

　『日泰文化』に挟み込まれた奥付によれば、本誌の印刷・発行はすべて日本国内で行われている。編集兼発行者は、「東京都赤坂区溜池五番地」[10]「日

6　日本企業の広告が多いが、タイ企業の広告も含まれている。
7　タイ語表記については1942年 6 月にピブーン政権によるタイ文字表記簡易化改革がおこなわれており、『日泰文化』はその表記法によって記述されている。なお、ピブーン政権崩壊後に文字改革は撤回され、表記法は旧に復された。現在のタイ語表記は基本的にこの復旧された表記法によるので、『日泰文化』の表記法とは異なる。
8　石丸の1943年 4 月の記事によれば年 4 回の発行が予定されており（石丸 1943: 34）、次第に発行頻度計画が緩やかになっていることがわかる。
9　里見宗次は、フランスで活躍したグラフィックデザイナーであり、1943年にバンコクに派遣され、駐屯部隊の宣伝部長を務めた。
10　現在の東京都港区、溜池交差点南東角付近に当たる。1936年の地図によれば、商店や自動車店が軒を連ねている（東京交通社 1936）。

泰文化会館」「石丸雄三」、印刷者は「東京都京橋区木挽町一丁目二十三番地」「名取洋之助」、印刷所は印刷者と所在地が同じ「国際報道株式会社」、発行所は「日泰文化会館」、「泰文組版」は「大阪市西区阿波座中通二丁目二十三番地」の「交進社印刷所」である。上述の新聞記事によれば、『日泰文化』創刊のためにタイ文字活字を新鋳したという（朝日新聞 1944/1/26)[11]。また、奥付には「非売品」と書かれている。奥付に発行部数についての記載は見られないが、新聞報道によれば、3000部を発行し、うち約2000部をタイ向けとするという（朝日新聞 1944/1/26)。

発行時期については、奥付に「昭和19年1月25日印刷、昭和19年1月30日発行」とあり、表紙等に記載された1943年とは異なっている。記事等の執筆時期については、『日泰文化』が「日泰文化会館の編集にかかる文化協定成立記念号」として位置付けられていることから（東条 1944: 16, 17)、1942年12月以降の早い時期であったと考えられる。祝辞の内で最も早期の日付が付されているのは1942年12月付の谷正之外相と橋田邦彦文相の祝辞である。それ以外の祝辞の執筆年については1943年となっているが、執筆月については多くの場合において日本語の月とタイ語の月の記載には齟齬が見られる[12]。記事については執筆時期が明瞭なものは少ないが、柳沢の原稿は内容としては彼が1943年1月に日本で実施した講演の内容とほぼ同じであり[13]、アヌマーンラーチャトンによる寄稿は、1943年10月25日に、ピブーン首相夫人の誕生日を祝ってラジオ放送された原稿であることが明記されている（ชุบ 1944: 152)。また、いくつかの記事については、同一寄稿者による同名かほぼ同名の記事が1943年3月の『国際文化』に掲載されている（日本タイ協会会報34、1943: 78–79)[14]。これらから考えると、『日泰文化』に掲

---

11 タイ語版を1943年まで刊行していた『FRONT』の場合、タイ文字については石井写真植字機研究所（現・写研）が文字盤を作っていたのでこれを利用したという（多川 2000: 317)。
12 祝辞を寄せた18名中14名の祝辞の執筆日付が、タイ語と日本語とで異なっている。タイ人執筆者の場合、タイ部分が1943年1月となっているのに対して、日本語部分が1943年12月となっていることが多い。日本人執筆者の場合には、逆に日本語部分が1943年1月となっているのにタイ部分が1943年12月となっているものが多い。原文の執筆時期が1943年1月で、翻訳が1943年12月になされたということかもしれない。
13 講演の内容は、柳沢 (1943: 155–161) に掲載されている。
14 村上直次郎「日泰交渉の史的考察」、川島理一郎「泰の古代仏教美術」、宮原武雄「タイ国関係文献展望」、「日泰血盟の日」が、1943年3月の『国際文化』に掲載されていることが、『日本タイ協会会報』34号の「タイ国関係雑誌記事」に挙げられている（日本タイ協会会報34、

載された記事は、既発表記事の再録が多いと思われるが、概ね1943年中に発表されたものである。石丸の日泰文化会館事業紹介によれば、1943年4月段階では、1944年4月に発行予定であったことがわかる（石丸 1943: 34）。1942年12月あたりに原稿執筆依頼をした際には1943年刊行予定であったものが、1943年4月には1944年刊行予定となったのであろう。

　構成については、見返しから企業広告が11ページ続いた後に扉があり、扉の裏から目次が見開き2ページに掲載されている。目次は、タイ語を主にして構成されており、各項目の下に日本語訳が添えられた形になっている。目次の次には日泰文化協定の原文が、タイ語、日本語の順に掲載されている。さらに日タイの政治指導者等からの祝辞が18名分、タイ語および日本語で掲載され、本文との間には日泰文化協定締結時の写真が4枚掲載されている。本文は14人の識者から寄せられた記事で構成されており、50ページから180ページまでタイ語の記事が収録され、図版もこれらの各タイ語記事に付随して配置されている。181ページには「寄稿家紹介」があり、本文の記事を寄せた14名の氏名と肩書がタイ語と日本語で列挙されている。182ページにはタイ語による大阪南方院の「大阪府とタイ国」[15]が写真付きで掲載されているが、この記事については目次に記載もなく、日本語訳も付されていない。183ページから7ページ分の企業広告を挟み、184ページからは本文の日本語文が220ページまでまとめて掲載されている。掲載順は、タイ語部分の掲載順とは多少異なっている。また、図版はタイ語部分に付されているので、日本語部分には再掲されていない。なお、日本語部分の末尾に付された「日泰文化協定祝賀」の記事については、タイ語文は掲載されていない。その後は裏表紙まで含めて16ページ分の企業広告が掲載されている。奥付は、前述のとおり紙片が挟み込まれているのみであるので、京都大学図書館所蔵本のように散逸してしまうことが多かったと思われる。

　本誌の特徴は日タイ両語でほぼ同じ内容が書かれていることにあるが、翻訳担当者については『日泰文化』誌上には何も記載されていない。『日泰文化』の「印刷」を担当した国際報道株式会社が「情報局の指導」によって発行していた対タイ日本宣伝誌『カウパアプ・タワンオーク』については、同

1943.6.: 78-79）

15　原語は "นครโอซากากับประเทศไทย" である。

社の写真家師岡宏次によれば、キャプションはすべて師岡が日本語で記述したものを英訳し、それをタイから日本に来ていた留学生に渡してタイ語のタイプライターで打たせて原稿にしていたという（師岡 1980）。同様に、参謀本部の指導下で東方社が刊行していた宣伝誌『FRONT』の場合は、刊行から3冊目（5・6号合併）まではタイ語版も出版されているが、日本留学中の東南アジア出身学生などが起用されたという（多川 2000: 62, 317）。『日泰文化』についても、同様に日本留学中のタイ人学生が翻訳に従事したのであろう。

以下、祝辞と記事について内容を観察していきたい。

2 『日泰文化』に寄せられた祝辞

祝辞については、掲載順にピブーン（タイ首相。以下、（ ）内に、初出のタイ人名の場合は現在のタイ文字綴りによる人名表記を示す。また、祝辞末尾にタイ語で記されている肩書を簡易に和訳して示す）[16]、東条英機（日本首相）、ウィチット（タイ外相）[17]、谷正之（日本外相）[18]、タワン・タムロンナーワーサワット（ถวัลย์ ธำรงนาวาสวัสดิ์ タイ法相）、チュワン・チャウェーンサックソンクラーム（ช่วง เชวงศักดิ์สงคราม タイ厚生相）、青木一男（日本大東亜相）[19]、プラユーン・パモーンモントリー（ประยูร ภมรมนตรี タイ文相）[20]、橋田邦彦（日本文相）、ポット・パホンヨーティン（พจน์ พหลโยธิน タイ陸軍

---

16 ピブーンについては、村嶋（1996b）を参照されたい。なお、ピブーンは日泰文化協定批准から間もない1943年2月11日、ラジオ・タイに対して今後日本歌謡を放送しないよう依頼していることがピブーンの命令簿に見え（อนันต์ 1997: 313）、実際には日本の文化攻勢に対して警戒感が強かったことが窺われる。
17 ウィチットは、ピブーン政権の日タイ関係において非常に重要な役割を果たした人物である。1943年11月に外務大臣から駐日大使に転じている。ウィチットについては、Barmé（1993）やサーイチョン（สายชล 2002）を参照されたい。
18 1941年10月に東条内閣情報局総裁となり、1942年9月に外相を兼務した。
19 大蔵官僚出身で1942年11月に初代大東亜相に就任した。
20 プラユーン・パモーンモントリー少将と柳沢との間に交流があったことは、プラユーンの回想録に、ピブーン内閣総辞職時に政界から身を引いたプラユーンを日本大使館員と共に「日本文化団長」（原文は "หัวหน้าคณะวัฒนธรรมญี่ปุ่น" であり、柳沢のことと考えられる。）が訪れたことが記されていることからもわかる（ประยูร 2518: 524–525）。

第 5 章 『日泰文化』

大将)[21]、広田弘毅（訪タイ使節正使)[22]、ディレーク・チャイヤナーム（ดิเรก ชัยนาม タイ駐日大使)[23]、坪上貞二（日本駐タイ大使)[24]、ワンワイタヤーコーン（พระเจ้าวรวงศ์เธอ พระองค์เจ้าวรรไวทยากร กรมหมื่นนราธิปพงศ์ประพันธ์ タイ外務省顧問)[25]、近衛文麿（国際文化振興会、日泰協会、国際学友会長)、ライエット・ピブーンソンクラーム（ละเอียด พิบูลสงคราม タイ首相夫人)[26]、ラクサミーラーワン（พระนางเธอ ลักษมีลาวัณ)[27]、プラパー・ウィチットワータカーン（ประภา วิจิตรวาทการ タイ外相夫人)[28]が名を連ねている。日本人・タイ人とも、関係大臣のほか、日泰協会の関係者や日タイ間の訪問使節経験者の名が目立つ。

　掲載順については、タイ側首相、日本側首相、タイ側外相、日本側外相という具合に、タイ側が常に前置されている。それぞれタイ語祝辞と日本語祝辞が掲載されているが、タイ語文が前に、そのすぐ後に日本語文が付されている。タイ向けの宣伝誌であることを考えれば、このような配置が自然であろう。不自然に思われるのは、ラーマ6世王妃であるラクサミーラーワンの祝辞がかなり後方に配され、首相夫人の後に置かれている点である。なお、文中において「日タイ」という場合の語順については、日本語祝辞は日

21　ポット・パホンヨーティン大将は、1932年立憲革命における陸軍グループのリーダーであり、ピブーンに政権を譲るまで首相を務めた人物として政治上の重鎮であった。少佐時代の1920年から1年余り日本を視察等で訪れた経験を有する。1942年4月、日タイ同盟慶祝使節団の正使として東京に派遣された（太田 1971: 164)。
22　1942年7月に日タイ同盟慶祝使節団に対する答礼使の正使としてバンコクへ派遣されている（太田 1971: 164)。
23　1942年1月から43年9月にかけて駐日大使。その後、ウィチットと交代して外務大臣に就任した。
24　1941年9月から1944年まで駐タイ大使を務めた。
25　ワンワイタヤーコーンは、オックスフォード大学卒業後、パリ大使館勤務などを経て外交官として活躍した王族である。1941年のタイ仏印国境紛争ではタイ側代表として東京において交渉に従事し、日本になじみが深かった。子息を日本に留学させており、1943年11月にはピブーン首相に代わって東京で開催された大東亜会議に出席した。戦後、外務大臣や副首相を歴任している。
26　ライエットの生涯については、จีรวัสส์ (2540) に詳しい。
27　ラクサミーラーワンは、ラーマ6世の王妃であり、多くの詩や戯曲などを発表していた。祝辞においても詩の形で寄せている。ワンワイタヤーコーンの妹に当たる。ラクサミーラーワンの生涯については、ชัยมงคล (2509) に詳しい。
28　プラパー・ウィチットワータカーンは、舞踊家であり、1935年、タイ舞踊団を引率して日本を訪れた経験を有する。その際に当時外務省に在籍して文化事業に当たっていた柳沢と知己を得たという。柳沢との個人的な結び付きを記述した祝辞となっている。

117

本人のものもタイ人のものも全て「日タイ」の順であったが、タイ語祝辞についてば「日タイ」と「タイ日」がともに用いられていた。この語順については、祝辞を寄せた者の国籍とは関係がないようであった。日本人は日本語で「日タイ」と記しており、それを翻訳者が「日タイ」のままとしたり「タイ日」としたりしたのであろう。タイ人については、同一人物の祝辞中でも「日タイ」と「タイ日」が併用されることがあり、語順について一定した感覚が共有されていなかったと思われる。それを翻訳者あるいは校正者が日本語に訳す際に全て「日タイ」に統一したのであろう。

　祝辞の内容については、どれも日泰文化協定の成立を祝い、日タイ間の友好と協力を寿ぐものとなっている。しかし、日泰文化協定の目的に関する部分については、タイ側と日本側の間に認識上の大きな差異が観察される。日泰文化協定は、その目的について「両国文化ノ本然ノ特質ヲ相互ニ尊重シツツ緊密ナル協力ノ下ニ両国間ノ文化関係ヲ更ニ増進セシメ以テ東亜文化ノ興隆ニ寄与スルニ努メ併セテ幸ニ両国間ニ存在スル友好関係ヲ一層強固ナラシメンコトヲ」欲するものであると謳っている。それに対して、タイ人側の祝辞の多くに共通して現れるのは、①両国がそれぞれ（すなわちタイも）「固有の文化」を有すること、および②相互の文化の尊重の必要性の強調である。そのような特徴を有するタイ人側の祝辞としては、ウィチット、チュワン・チャウェーンサックソンクラーム、プラユーン、ポット・パホンヨーティン、ディレークのものが挙げられる。とくにプラユーンは、「大東亜諸国は古来より夫々の独自の文化を有するが、それは平和を愛して相互に侵すところなき精神文化」であり、日泰文化協定は「相互の文化を尊重する協定」であると述べている。また、ディレークは、日泰文化協定の主旨が「何れの側の文化を毀損することなく、夫々の文化を向上せしめる点」にあることを指摘している。これらの見解は、日本が自文化をタイに強要し、タイ文化を毀損することに対する牽制を意図したものであるととらえることができよう。

　ウィチットの場合は、さらに一歩進めて、タイは古くから「高き文化を維持すると同時に、常に南方アジア文化の擁護者であり、その中心地であった」とし、両国の文化協力が「ただに両国間の友好親善関係を強固ならしむるに止まらず、全南方アジアの文化の宣揚に貢献すること大なるを信じ」る

としている。この論調は、日泰文化協定締結前に柳沢が渡タイして協定のあり方についてウィチットらと調整していた頃の、タイを南方アジアの文化の中心とするようなタイ政府の見解と同様である（本書第 2 章参照）。ウィチットの狙いは、日本とその対外文化政策を利用してタイを「南方アジア」の盟主にすることだったと考えられる。しかし、このような考え方は、祝辞を見るかぎりではタイ側の人々にも共有されていない。

　一方、日本側の祝辞においては相互の文化を尊重する必要性についてはほとんど触れられておらず、「東亜文化の興隆」の部分に焦点が当てられているものが多い。そのような両国固有の文化を超越した「東亜文化」や「大東亜文化」などの興隆を強調する祝辞には、東条、谷、青木、橋田[29]、坪上、近衛のものがある。たとえば坪上は、日タイ両国は「夫々特質ある固有の文化を有してをりますが、両国民はこの際、一層認識と相互の理解を深め、相協戮して東洋精神を真髄とする新しき文化の興隆に寄与しなければならない」と述べている。青木は、日タイが「同一の亜細亜民族に属するのみならず、文化の伝統」も根源が同じであるという考えを示し、「大東亜文化なる新文明を創造」するという「世界的大使命」に言及している。このような考え方は、日タイ文化会館館長の柳沢にも共通するものである。柳沢は、「吾人が日本文化を泰国人に理解せしめんとする熱意の余り、所謂文化侵略といふが如き誹りと危惧の念とを彼国民に抱かせることがないように」することは当然としながら、「然し同時に泰国民に望む所は、両国間今後の文化事業が決して単なる交換・紹介に終始すべきでなく、両国文化の抱擁・結婚に依る新文化の創造を目標とせねばならぬといふ点を是非共十分諒解して欲しい」としており（柳沢 1943: 160）、重点を後者に置いている。これらの新しい「東亜文化」や「大東亜文化」は、既に見たように「兄＝進んだ、より高い存在」である日本文化が、「弟妹＝遅れた、より低い存在」のタイ文化を指導して建設されることが前提としてあるのであって、その前提は祝辞上の

29　橋田は、近代に入って欧米文化がアジアに「浸潤」し、「伝統の固有文化をすらも軽視する」傾向が現れたとし、日タイ両国が協力して「よく文化の交流を図り、傑出せる東洋文化の宣揚を企図」しなければならないというが、ピブーン政権の文化政策がきわめて西洋化的色彩の強いものだったことを知っていてこのように記述したのかどうか、興味のあるところである。なお、ピブーン政権の文化政策については、本書第 2 章や加納（2012）、村嶋（2002）などを参照されたい。

文字としては意図的に隠されているものの[30]、対等な文化同士が弁証法的により高次の存在に止揚されるというようなことが考えられていたわけでは全くなかった。

　このように、一見穏やかで祝福ムードを満喫しているかに見える祝辞の部分においても、その背景には日タイ間の認識の齟齬がオブラートに包まれながらも顕在化しており、外交上の争点がこのような部分に静かに噴出していると見ることができよう。本書第2章において1942年日泰文化協定締結に至る両国の交渉過程を分析する中で浮かび上がってきたような、タイ側と日本側の「文化」をめぐる認識の懸隔が、ここでも観察できたといえる。しかし、日本側の前提としている「文化の高低」の基準は、日本人以外には共有されるものではなく、独善的な「論理」によるものであったことは、たとえば藤井（2007）や池田（2007）、松本（2023）などが示しているとおりである。

3　『日泰文化』の執筆者たちと内容

　次に、本文の内容を見ていくことにしたい。

　本文の執筆者と記事名、その内容の概要については、表5–1に示す通りである。本誌がタイを中心に配布され、タイ語表記が中心に位置していることを考慮すれば、本文の内容は日本文化の宣伝に多くの紙面が費やされるのが自然であるように思われるが、実際には日タイ両文化の交流を主題とするものが7本と半数を占め、次いで（しかしかなりの力作を含んで）タイ文化の紹介が5本に及んでいる。日本文化の紹介は、鈴木大拙による禅に関するものと、荒木十畝[31]による「東洋画」についてのものしかない。しかも前者については、その内容の大半は中国における禅の発展を描くものであり、後者については、日本画を中心としながらも「東洋画」について言及したものであるから、どちらも厳密に言えば「日本文化の紹介」とも断定できないもの

30　こうしたことを「日本文化」の外部にある存在に対して明記したり公言したりすることが外交上「粗野」とみなされ、またよろしくないことはよく認識されていたのであって、その点「粗野」ではない分、より悪質であったということもできよう。前述の平等はそうした文法を忘れて問題を引き起こしたわけだが、「粗野」な分、より素直であったともいえる。

31　タイや中国で日本美術展覧会を開催した人物で、バンコクでも1931年に展覧会を開いている。

第 5 章 『日泰文化』

表5-1 『日泰文化』記事内容

執筆者	執筆者肩書*	記事名	記事内容 日本文化紹介	記事内容 タイ文化紹介	記事内容 両国文化交流
柳沢健	日泰文化会館館長	日泰文化会館の使命			○
村上直次郎	文学博士・帝国学士院会員	日泰交渉の跡			○
川島理一郎	洋画家・文部省美術展覧会審査員	泰の古代仏教美術		○	
チャムルーン・サワットチュートー	チュラロンコーン大学講師	泰の音楽		○	
鈴木大拙	大谷大学教授	禅の二種類	○		
荒木十畝	日本画家・帝国芸術院会員	東洋画の精神	○		
三木栄	泰国国立美術院技師	泰の美術工芸（1）		○	
プラパーシー・シリウォーラサーン	泰国女流ジャーナリスト	女性と文学		○	
秦豊吉	東京宝塚劇場社長	日泰舞踊芸術の交流			○
アヌマーンラーチャトン	泰国芸術局局長	文学上の美人		○	
矢田部保吉	国際学友会理事長・日本タイ協会理事長	留日泰学生と共にありて			○
宮原武雄	三井タイ室東京事務局長	日本における泰文献			○
黒田清	伯爵・国際文化振興会専務理事	日泰文化関係			○
笹岡巌	日泰文化会館館員	日泰文化血盟の日			○
計			2	5	7

*執筆者肩書は、『日泰文化』p.181に掲載されているものを用いた。

である。

　日タイ交流を主題としたものの内容は次の通りである。日泰文化会館館長の柳沢健による「日泰文化会館の使命」は、柳沢が1943年1月に日比谷公会堂で実施した講演とほぼ同じ内容であり（柳沢 1943: 155-161）、それまでの日タイ文化交流を振り返り、これからの文化会館の役割を描くものである。また、「日泰文化会館館員」として新聞・出版関係を担当する笹岡巌の「日泰文化血盟の日」は、1942年12月21日の日泰文化協定批准書交換の様子を記録したものである。一方、国際文化振興会専務理事の黒田清による「日泰文化関係」は、本稿で既に見たように1940年代前半の日タイ関係団体と交流を概観したものである。同様に、国際学友会理事長・日本タイ協会理事長である矢田部保吉[32]の「留日泰学生と共にありて」は、国際学友会事業に関連して、タイ人の日本留学の沿革と概要を述べたものである。秦豊吉は、三菱商事勤務後に東京宝塚劇場社長となった人物であり、「東宝舞踊隊」の

32　1931年から1936年まで公使としてタイに在勤した人物である。また1942年7月、日タイ同盟慶祝使節団に対する答礼使の副使としてバンコクに派遣されている（太田 1971: 164）。

主宰である。その「日泰舞踊芸術の交流」は、1935年以降の日タイ間の舞踊芸術交流について紹介している。三井タイ室東京事務局長の宮原武雄は、自身もタイ関係の多くの著作を刊行しているが、「日本における泰文献」では1942年までの出版物を紹介しており、当時の日本において蓄積されていたタイ関係知識リストというべきものである。日タイ関係について歴史を遡って概観するものとしては、日本における東南アジア史研究の先覚者、村上直次郎の「日泰交渉の跡」がある。これは、琉球とタイとの交易から説き起こし、山田長政が活躍する17世紀前半の日タイ間の交易関係を中心に日タイ関係史を概述している。

　タイ文化の紹介としては、日本人によるものとタイ人によるものがある。日本人による記事は、物質文化的なアプローチをしている点で共通している。2度ほど渡タイの経験をもつ川島理一郎の「泰の古代仏教美術」は、タイの仏像をアジア全体の美術史に位置付けようとしている。タイの芸術局等に勤務していた三木栄は漆工が専門であるが、「泰の美術工芸（1）」では寺院建築、仏像、絵画、図案、彫刻について紹介している[33]。一方タイ人による記事は音楽や文学に関するものである。チャムルーン・サワットチュートー（จำเริญ สวัสดิ์-ชูโต）の「泰の音楽」は、本誌のための書き下ろしであり、タイの伝統音楽の概要と変遷を紹介している。プラパーシー・シリウォーラサーン（ประภาศรี สิริวรสาร）の「女性と文学」は、スコータイ時代から現代に至るタイ女性の文学への貢献を概述したものである。また、「タイ民俗学の父」と称されるアヌマーンラーチャトン（ยง อนุมานราชธน）の「文学上の美人」は、タイの文学史上で「美人」がいかに叙述されてきたかを具体的に描いたものであるが、これは首相夫人であるライエットの誕生日を記念した1943年10月25日用のラジオ放送原稿を再録したものである。『日泰文化』に採り上げられている「タイ文化」は、当時のピブーン政権が進めていた文化政策によって奨励された西洋的「文化」ではなく、タイの「伝統文化」に焦点が当てられており、これは西洋化を称賛しない日本人が読者として想定されていたことにも起因すると思われる。

　このように、本誌の内容は日本文化のタイに対する押し付け的宣伝とは

33　おそらく続巻で他の美術工芸についても紹介していく予定だったのであろう。

まったく言えないものである。そもそも、日本文化の優秀性を賛美しようにも、日本文化の紹介記事がほとんど掲載されていない点に留意が必要である。これには、「文化侵略」という汚名を蒙ることがないようにしたいという柳沢の理念が働いているようにも思われる。その一方で、そもそもタイ人をして日本文化が高度であると感服させられるような「日本文化」というものが、はたして宣伝材料としてどこまで準備できるようなものであったかという疑問も残る。西洋列強に対するように「オリエンタリズム」を喚起するような「伝統日本」の表面的イメージを提示するだけでは、おそらくタイ人を心服させる（少なくとも日本を「兄」として敬わせる）ことはできなかったであろう。逆に、『FRONT』誌に掲載された宣伝写真のように、天皇やその象徴としての皇居、軍事力、工業力といったものに全く触れられていないのは、柳沢の「無理強ひ」を避けようとする姿勢とともに、『日泰文化』誌が「政治」や「産業」といったものではなく「文化」に軸足を置いてしまったことにも起因すると思われる。とはいえ、精神面でどのような要素を強調すればタイ人の尊敬を勝ち得ることができるのかを理解するには、すなわちタイ人に対して効果的に宣伝活動を展開するには、タイ人の価値観を正確に把握することが前提として不可欠であるが、その点において日本文化全般にも通暁したタイ文化専門家をほとんど擁しない柳沢のチームは、効果的な宣伝材料を展開できなかったように思われる。

4　小結

　以上、1940年代前半における日本の対タイ文化宣伝の一端を、文化宣伝誌『日泰文化』の刊行をめぐる状況を観察し内容を分析してきた。
　日本文化会館は、1942年末の日泰文化協定締結を記念して、機関誌として『日泰文化』誌を刊行するが、それは紙の配給が厳しくなっていた当時としては非常な「豪華版」であった。印刷には国際文化振興会の援助下で対外日本文化宣伝誌『NIPPON』を刊行していた、名取洋之助率いる国際報道株式会社があたった。日本では入手困難であったタイ文字活字も本誌刊行のために新鋳された。
　『日泰文化』の特徴は、日タイ両語でほぼ同じ内容が書かれていることで

あり、3千部の印刷部数のうち2千冊はタイにおいて配布された。内容は、日本語よりタイ語を重視したものであり、日タイが対等な関係にあるように見えるものであった。記事についても、日本文化の押しつけのような内容は見られず、タイ文化の紹介に十分な紙幅が割かれていた。

　しかし、そこに寄せられた日タイの政治指導者等からの祝辞は、一見日泰文化協定の成立を祝い両国の友好と協力を寿ぐような雰囲気を醸し出しながらも、タイ側はタイ「固有」の文化を日本文化の進出から守ろうと日本側を牽制する意図を表明したものであり、一方日本側は日本文化の「優秀性」によってタイ文化を指導し日本の忠実な協力者に仕立て上げることを前提としたものであって、両者の認識の懸隔が穏やかながら噴出しているものであった。本文において日本文化の紹介がほとんどされなかったのも、柳沢の「無理強ひ」を回避しようとする理念に起因するとともに、そもそもタイ人を感服させられるような「日本文化」の具体像を日本は持たなかったことや、柳沢率いる日本文化会館チームが、タイ人に対して効果的に宣伝活動を展開するのに不可欠な「タイ文化」に対する深い理解と「日本文化」全般の理解との両側面を可能にする専門家を欠いていたことに原因があると思われる。

　このように、日本の対タイ文化宣伝誌『日泰文化』は、一見、対等で相互主義的な紙面でありながら、しかし仔細に観察していくと紙上において日タイ間の微妙な駆引きが繰り広げられ、また日本の対タイ文化宣伝の矛盾も露呈しており、『日泰文化』の紙面を通して、日タイ両者の意図のせめぎ合いが浮かび上がってくるような冊子であった。その意味で、『日泰文化』誌は、戦時下日本の対タイ文化宣伝の最前線であったともいえよう。

第6章

『カウパアプ・タワンオーク』の内容分析

　本章では、「大東亜戦争」期において日本が発行したタイ語プロパガンダ誌のうち、最も刊行が長期にわたったと考えられる『カウパアプ・タワンオーク』に掲載された記事等の分析を通して、当時の日本が、タイのどのような人々を読者層として想定して、どのような日本像をアピールしようとしたかを浮かび上がらせたい。

1　『カウパアプ・タワンオーク』の書誌情報

　タイを含む地域に指向されたプロパガンダ誌のうち、タイのみを対象として宣伝効果を上げていたとされるグラフ誌が、『カウパアプ・タワンオーク』である。国際報道工芸株式会社によって1941年12月から刊行されたこのグラフ誌は、編集責任者となった亀倉雄策に誘われて写真編集に加わったという師岡によれば、「情報局の指導による雑誌」で、「新しいタイ向けの『ライフ』のような雑誌」を志向していた（師岡 1980: 157–158）。グラフ誌に使用できる紙は日本国内では欠乏していたが、「この雑誌のために特別に配給があった」という（師岡 1980: 159）。タイ向けを含む対外プロパガンダ誌への日本側の注力ぶりが窺われる。亀倉によれば、「このグラフは日本の現代文化面と日本の国力を生活的な立場から泰国人に示す直接の手段として刊行されたのであるが、泰国の生活感情や心理を考へてかなり通俗的なねらひに編集のポイントを置いて」いたという（亀倉 1942: 21）。
　ただし、亀倉も師岡もタイ語は全く理解できず、タイ語への翻訳について

写真6-1 『カウパアプ・タワンオーク』表紙・誌面(愛知大学図書館所蔵)
　左上：第9号表紙
　右上：「ヨコハマタイヤ」広告（第6号、タイ文字が左右反転している）
　下：「ハヤク　デキル　ケショウ」（第9号）

第 6 章　『カウパアプ・タワンオーク』の内容分析

はタイ人留学生 2 名が動員されたが、彼らを除いては社内でも情報局や軍情報部でもタイ語を解するものはなかったので内容や訳文のチェックのしようもなかった（師岡 1980: 157-158）[1]。タイ文字についてはタイプライターで打った文字を使用し、その後、石井写真植字機研究所による写真植字を使用することになったが、貼り込みの際に裏返しに貼って左右逆の文字のまま印刷製本してしまったこともあったという（師岡 1980: 161）[2]。実際に、紙面には時折、タイ文字を左右や上下を逆にした部分が見られる[3]。奥付によれば、印刷は凸版印刷であったが、15号（1943年 5 月発行）からは雨宮写真製版印刷所となっている。

　刊行はほぼ月刊であり、1941年12月から1944年 8 月まで26号が発行されている。判型は B4判で『LIFE』や『ニッポン』と同じであった。紙質はよく、土門や師岡がいうように紙やインクの優先的配分を受けていたことが窺われるが、21号（1943年12月発行）以降は紙質が劣化する。ページ数は、創刊号や特別号を除けば、表紙から裏表紙までを含めて36～40ページのものが多く、22号（1943年12月発行）以降は32ページとなる。 1 号では、見出しはタイ語であるが、記事の本文は英語のみで記述されている。 2 号以降、記事の本文はタイ語となり、英語は消滅する。 9 号（1942年 8 月発行）以降は、タイ語記事に日本語が併記されるようになるが、日本語は全てカタカナで表記されており、日本人向けというよりもタイ人の日本語学習に便宜を図ったもののように思われる。さらに10号（1942年 9 月発行）からは、タイ文字表記が新表記法へ変更になっている。新表記法への変更は1942年 6 月 1 日付タイ官報に公示された「タイ文字改革に関する総理府告示」によるものであり、翻訳等の手順を考えれば、タイの動きへの日本の反応として遅いとはいえまい。

---

[1]　師岡によれば、キャプションを英訳したものをタイ人留学生に渡して翻訳させたという（師岡 1980: 158）。同様に『FRONT』でも、東南アジア各言語版については各国出身留学生に協力依頼がなされた（多川 2000: 62）。
[2]　石井写真植字機研究所の文字盤については、『FRONT』も1942年頃から使用していたといい（多川 2000: 62）、文字を逆に貼ってしまう事故も『FRONT』制作の回想記にも共通している（多川 2000: 317）。なお、石井写真植字機研究所は、1926年に設立され、現在の株式会社写研につながる。
[3]　たとえば、 7 号の12ページは、写真キャプションの一部が左右逆になっている。そのほか、広告にも上下や左右が逆になっている箇所が時折観察される（写真6-1右上など）。

価格については[4]、1号が20サターン、2〜5号（1942年1〜4月発行）が25サターン、6号以降（1942年5月〜発行）が50サターンであった。末廣らによってまとめられた当時のタイにおける賃金水準データを参照すれば、ほぼ月刊に近い『カウパアプ・タワンオーク』の価格は概ね官営工場労働者や公務員の日給の半日分、女子工場労働者の日給分に当たる（末廣ら 1999: 23-43）。また1943年の官営工場における労働者の月生活費は計30バーツ弱であり、雑誌購入に充てられそうな「その他雑費・娯楽」費は月1.1バーツでしかなく（末廣ら 1999: 143）、一般的な労働者が日常的に購入できる価格帯ではないことが推測できる[5]。

2 『カウパアプ・タワンオーク』の記事内容

では、『カウパアプ・タワンオーク』の記事内容は、どのような傾向を持っているだろうか？

まずは、『カウパアプ・タワンオーク』創刊時における日本側の対タイ宣伝の重点を確認するために、第1章において紹介した1941年12月の「日英米戦争ニ対スル情報宣伝方策大綱」に付随する「大東亜戦争ニ対スル情報宣伝方策大綱」に書かれている内容を確認しておこう。基本要綱として国内国外に共通して「強調宣伝スベキ」内容とされているのは、「敵国ノ我ガ生存抑圧ノ歴史」「満洲支那事変ノ原因竝ニ事変拡大ノ経緯」「大東亜共栄圏建設ノ必然性」「日米交渉ノ経過」「我ガ必勝ノ信念竝ニ実力」「敵国の弱点竝ニ非違」の6項目である（『戦前の情報機構要覧』1964: 288-290）。「対南方諸国宣伝」については、「対満支宣伝」「対枢軸国宣伝」「対敵国宣伝」「対中立国宣伝」と並んで独立した項目が設けられており、「米英ニ対スル反感ト皇国ニ対スル信頼感トヲ醸成セシムル如ク宣伝スル」ことになっているが、と

4　無料配布では「宣伝効果がうすい」ために販売されることになり、価格が付けられたという（師岡 1980: 158）。

5　1バーツは100サターンである。同時期に日本で刊行されていたグラフ誌の価格としては、『写真週報』が10銭であったのに対し、『アサヒグラフ』が80銭であったという（玉井編 2008: 41）。また、1冊の『写真週報』は平均して10.6人に回し読みされていたことも当時のアンケート調査から判明している（玉井編 2008: 38）。なお、1943年当時、日本国内向けに発行されていたグラフ誌は十数種類に及んでいた（大竹 1943: 32）。

くに対タイ宣伝要領については、第1章でみたとおり、「対満、支宣伝ニ準ジ実施シ大東亜ニ於ケル日泰両国ノ歴史、文化、宗教等ノ親善関係ヲ強調スルノ外今次開戦ニ際シ大東亜新秩序建設ノ為敢然立ッテ我ニ協同同調ニ決シタル大乗的態度ヲ賞揚シ更ニ其ノ結束ヲ強化ス」とされており、タイを独立国として遇するとともに両国間の親善関係を強調することと「大東亜新秩序建設」に向けての結束強化が謳われていることがわかる(『戦前の情報機構要覧』1964: 296-298)。

陸軍省報道部の竹田は、グラフ誌の写真素材について触れ、「戦車、飛行機、軍艦等は地域によればまだ必要なところもあるが、全般的に言って日本の自然や文化」を「芸術的な香り」とともに、「日本独特のもの、例へば正倉院、大仏、法隆寺等を知らせると同時に、現代の日本の力強い一面と、近代化された生活状況、文化施設等大いに見せる必要がある」と言及している(竹田1942: 36)。1943年になると、写真協会常務理事でジャワにおいて写真宣伝に従事した松本昇が、従来の日本の写真宣伝は「日本には飛行機も出来る、精鋭な海軍もある、日本の文化はこんなに立派だ」といった「日本よいとこ」宣伝にのみ終始していたと批判し、「究極の目的」は「共同戦争の宣

表6-1 『カウパアプ・タワンオーク』における記事内容推移(ページ数ベース)

発行年月	1941		1942												1943												1944						計	%
号	12	1	2	3	4	5	6	7	8	9	10	11	12	1	13	14	15	16	17	18	19	20	21	22	23	2	23	24	5	8	26		
アメリカ	0	0	0	0	0	0	0	0	0	0	0	0	0	0	0	0	0	0	0	0	0	0	0	0	0	0	0	0	0	0	0	5	0.5
一般	2	0	0	0	0	0	0	0	0	0	0	0	0	1.75	0	0	1	0	0	1	2	5	3	3	0	0	2	0	0	2	0	29.25	3.0
タイ紹介	0	0	0	0	0	1	0	0	0	0	0	0	0	0	0	0	0	0	0	0	0	0	0	0	0	0	0	0	0	0	0	5	0.5
大東亜共栄圏	0	0	0	8	7.5	1.75	4	4	1	9	0	0	3.5	0	0	2.5	3.75	0	0	1.75	0	0	6	0	0	3	0	1.5	11	0	1.5	85	8.6
日タイ関係	2	0	2	0.5	0	5.5	4.5	0	2	1	10.5	5.25	0	0	0	2.5	0	1.75	18.5	0	0.75	0.75	0	3	0	4	3	1.5	0	1.5	0	65	6.6
日本紹介	17.5	23	21.5	15.75	12	18.375	14.25	13	20.75	12.25	20	10.5	19	22	12.5	18.75	15.5	15.5	18.5	15	15.5	15.5	8	13.75	11	16.5	14	9	0	13	389.25	39.3
広告	23	13.5	11	10.25	14	18.375	15.875	12.5	17.75	12.375	28	20	12.75	12.75	16	12.25	12.25	12.25	14.5	12.25	12.25	11.75	11.75	9.75	11	9	8.5	11	0	26	11	372.875	37.7
表紙	1	1	1	1	1	1	1	1	1	1	1	1	1	1	1	1	1	1	1	1	1	1	1	1	1	1	1	1	1	1	1	26	2.6
目次	0.5	0.5	0.5	0.5	0.5	0.375	0.375	0.5	0.5	0.375	0.5	0.5	0.5	0.5	0.5	0.5	0.5	0.5	0.5	0.5	0.5	0.5	0.5	0.5	0.5	0.5	0.5	0.5	0.5	0.5	0.5	12.625	1.3
総ページ数	46	38	36	36	40	40	40	36	44	36	60	40	40	38	40	40	36	36	36	36	36	36	32	32	32	32	32	32	32	32	32	990	100

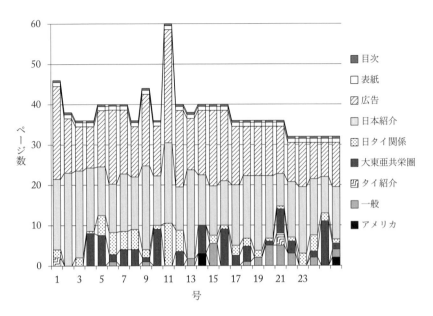

図6-1 『カウパアプ・タワンオーク』における記事内容推移（ページ数ベース）

伝工作」であるべきだとしており（松本 1943: 12）、日本自体の宣伝よりも「大東亜新秩序建設」に向けての宣伝を重視すべきことを示唆している。同様に、情報官の井沢実は、「対外グラフの使命」と題して見解を示し、対外グラフは「真実を示すこと、読者層を考慮に入れること、明るく、愉しいものであること」に留意すべきであり、「日本が、アジアの光であり、大東亜共栄圏の理想が、アジア人皆の希望であることを示」すことがグラフ誌の理想であるとしている（井沢 1943: 16-17）。

では、実際の『カウパアプ・タワンオーク』の記事は、どのようなものになっているだろうか？　表6-1・図6-1は、『カウパアプ・タワンオーク』の記事内容をまとめたものである。

構成比率が最も高いのは広告であり、総ページ数の40％前後を占めている。広告の使用言語については表6-2のとおりである。広告における日本語使用比率は当初は皆無であったものが、1942年8月以降使用されるようになり、10〜30％程度を推移するようになった。当初は英語比率が高く、その一部にタイ文字を併記する形が目立つが、英語比率は1943年には9割を

下回ることが多くなり、1944年には60％台まで減少して、その一方で増加傾向にあったタイ語使用率を下回る号（25号）も発生した。また、タイ国内の支店や事務所を記載する比率は3割前後で推移している。これら広告の記載からは、読者層として、日本語は解しないが英語は読解できるタイ人が想定されていたことが推測できる。タイ語使用比率の増加については、英語使用率の抑制によるとも考えられるが、タイ文字活字やタイ語訳語等が次第に整備されていくという環境的要因も貢献したのであろう。なお、広告掲載の業種としては、薬品・化粧品の比率が大きく、飲食料を含めて広告全体の3割程度のページ数を占めている。これは、読者層として化粧品を日常的に使用したり家庭の常備薬を整えたりすることが多かったであろう女性の読者層が想定されていたことも示唆しているとも考えられる[6]。

表6-2　掲載広告使用言語比率推移

(％)

年	月	号	日本語	英語	タイ語	タイ支店・事務所の記載有無
1941	12	1	0.0	97.1	31.4	22.9
1942	1	2	0.0	95.8	29.2	41.7
	2	3	0.0	92.9	42.9	28.6
	3	4	0.0	100.0	25.0	50.0
	4	5	0.0	100.0	17.4	34.8
	5	6	0.0	93.8	43.8	21.9
	6	7	0.0	93.1	34.5	27.6
	7	8	0.0	100.0	42.9	28.6
	8	9	6.1	93.9	54.5	18.2
	9	10	7.4	96.3	44.4	22.2
	11	11	14.0	90.0	44.0	18.0
	12	12	9.7	93.5	48.4	25.8
1943	1	13	27.3	86.4	36.4	22.7
	4	14	11.5	96.2	42.3	38.5
	5	15	3.6	89.3	50.0	32.1
	6	16	11.1	81.5	48.1	18.5
	7	17	8.0	88.0	48.0	20.0
	8	18	9.5	81.0	47.6	28.6
	9	19	17.4	78.3	39.1	34.8
	10	20	17.6	76.5	64.7	23.5
	12	21	15.8	73.7	47.4	31.6
	12	22	18.8	81.3	25.0	25.0
1944	2	23	17.6	82.4	47.1	23.5
	4	24	33.3	66.7	58.3	33.3
	5	25	27.3	63.6	81.8	36.4
	8	26	20.0	66.7	60.0	26.7
合計			9.3	88.8	43.3	27.0

＊ページ面積にかかわらず、広告件数をベースとしている。

　広告に次いで目立つのは、日本紹介記事の多さであり、広告と同様にページ数全体の40％程度を占める。記事標題語彙を整理した表6-3を見ても、地名としては「日本」が圧倒的多数を占めている。ここからは、『カウパアプ・タワンオーク』が、タイ人読者に日本のアピールをするための媒体として位置付けられていたことが見て取れる。どのような日本像をアピールしたかったかについては、次節で詳しく見ていきたい。

6　広告の分析については、次章を参照されたい。

一方で、日タイ関係を除くタイ紹介記事は1号（タイの青少年等）と21号（宋胡録焼）に見られるのみで、きわめて限定されており、1944年発行の『日泰文化』誌に見られるような1942年締結の日泰文化協定に基づく対等な国家間の双務性による相互紹介の意図は、『カウパアプ・タワンオーク』には読み取れない[7]。

　そのほか、記事として目立つ分野は、「大東亜共栄圏」やその圏内の国・地域の現状や文化を紹介する記事、日タイ関係の紹介記事も、それぞれ総ページ数の10％弱ずつを占めている。これらは、前述の「情報宣伝方策大綱」にいう「大東亜共栄圏建設ノ必然性」や日タイ両国の「親善関係」を具現化したものであろう。

　「大東亜共栄圏」に関する記事としては、4号に中国女性、5号に満洲国、10号にモンゴル民俗、12号に共栄圏各地から日本への留学生、14号にフィリピン、16号に日本・ビルマ関係や留学生、および日本を称揚するジャワの人々[8]、17号に日印関係・泰印関係、18号に昭南、20号にフィリピン、21号にインド独立記事、22号に大東亜建設と戦争に関する記事、25号にバリ島、満洲、大東亜関係記事、26号に大東亜青年会議に関する記事となっており、概ね隔号の頻度で記事が含まれている。とくに満洲とシンガポール、フィリピン、インド独立運動については触れられる頻度が高い（表6–3参照）。「大東亜戦争」における日本の占領地行政が良好であることを報じた記事も多く、タイ人に対して日本を中心とした大東亜共栄圏と「大東亜戦争」の正当性を訴えているといえる。たとえば、10号では、ジャワ島の石油施設を記事にし、オランダが日本軍に使用させないよう破壊したが日本によって復旧したと説明している。この記事の写真キャプションの一部には、施設復旧後の石油の積み出しについて、日本語では「コーシテ　ダイトーア　キョーエーケン　ニ　ヒツヨーナ　セキユ　ガ　タクサン　オクリダサレテイル」とされているが、タイ語では「送り出して今次戦争に使用するために

---

[7]　1943年1月から日本軍政下のジャワで官製新聞社であるジャワ新聞社によって発行された『ジャワ・バル』は、日本語とインドネシア語の2か国語併記で構成され、「インドネシア人が、もっとも簡単に日本を知り、また日本人がインドネシアを知るための仲立ちとなる」ように企画されたというが（倉沢 1992: 10）、『カウパアプ・タワンオーク』には日本人にタイを知らせるような意図は観察されない点は鋭い対照をなしていて興味深い。

[8]　ただし、このジャワの歌については写真ではなく、漫画である。

第6章 『カウパアプ・タワンオーク』の内容分析

表6-3 『カウパアプ・タワンオーク』記事標題語彙出現頻度
(個人名以外は頻度2以上のもののみ列挙した)

種別	語彙	日本語参考訳	1941年12月号1	1942 1月2	2月3	3月4	4月5	5月6	6月7	7月8	8月9	9月10	11月11	12月12	1943 1月13	4月14	5月15	6月16	7月17	8月18	9月19	10月20	12月21	12月22	1944 2月23	4月24	5月25	8月26	合計
地名	ญี่ปุ่น/ที่ญี่ปุ่น/ประเทศญี่ปุ่น	日本／日本国						1		5	1		4		1	1	2	3	1		1	1			2		2		25
	ไทย/ประเทศไทย/ประเทศไทย	タイ／タイ国		1		1			1	2	1		3	1		1				1						1	1			14
	โตเกียว/โตกิโอ/มหานครโตกิโอ	東京／東京都					1				1							1								1				4
	มหาเอเชียตะวันออก/มหาเอเชียตะวันออก	大東亜						1													1	1			1					4
	สิงคโปร์/โชนัน/เกาะโชนัน	シンガポール／昭南／昭南島				1					1					1														3
	อินเดีย	インド																				1			2					3
	อาเซีย	アジア															1				1				1					3
	แมนจู/เมนจูกัว	満洲／満洲国					1																		1					2
	ภูเขาฟูจี/ยูเขาฟูจี	富士山													1	1														2
	ฟิลิปปิน/ฟิลิปปีน	フィリピン													1			1												2
	ต่างชาติ	外国									1				1															2
	ชายทะเล	海岸				1																					1			2
	อเมริกา/อเมริกัน	アメリカ													1											1				2
方位	ใต้	南									2	1														1				4
	ตะวันออก/ดวันออก	東					1											1								1				2
	เหนือ	北				1																				1				2
言語	ห้องเรียน/บทเรียน/เรียน	教室／教程／学ぶ					1		1	1		1	1	1	1	1	1	1	1	1	1	1	1	1	1	1	1	1	1	20
	ภาษาญี่ปุ่น/ภาษาที่ญี่ปุ่น	日本語					1		1	1	1	1	1	1	1	1	1	1	1	1	1	1	1	1	1	1	1	1		20
自然／スポーツ	หิมะ	雪		1																						2		1		4
	ทะเล	海						1	1		1	1																		4
	สกี	スキー		1								1								1										3
	ไต่เขา	登山		2																										2
	หมี	クマ												1												1				2
	ชีวิตร/ชีวิต	一生						1								1														2
芸術	ภาพยนตร์/ภาพยนตร์(ภาพ)	映画		1											1	1	1	2	1	1	1	1	1	1	1	1	1			14
	ดนตรี/งานดนตรี/กองดนตรี	音楽／音楽会／音楽隊		1		2										1									1	1				6
	ระบำ/รำ/บาเล่ต์	舞踊／バレー		1		1		1		1						1										1				6
	ภาพถ่าย	写真																1				1				1				3
	ศิลป์/ศิลป	芸術					1														1				1					3
	ภาพเขียน(ภาพ)	絵画													1	1				1										3
	ละคร/รีวิว	演劇／レビュー		1				1																						2
	เพลง	歌				1										1														2
軍事／政治	สงคราม	戦争						1		1	1				2								1	1	2					10
	อากาศยาน/เครื่องบิน/เรือบิน	航空機							1						1	1		1								1	1			6
	อากาศ/อากาส	航空				1			1									1				1								4
	เรือ	艦船						1							1											1	1			4
	ยุทธนาวี	海戦						1	1		1	1																		4
	อาวุธ/อาวุธยุทธพันธ์	兵器														1										1	1			3

133

種別	語彙	日本語参考訳	年	1941	1942										1943								1944			合計
			月	12	1	2	3	4	5	6	7	8	9	11	12	1	4	5	6	7	8	9	10	12	12	2	4	5	8	
			号	1	2	3	4	5	6	7	8	9	10	11	12	13	14	15	16	17	18	19	20	21	22	23	24	25	26	
	อิสสระ	独立																					1	1	1					3
	การประชุม	会議																1		1								1			3
	สันติสุข	平和										1		1																	2
	ยุทธการ	戦闘																		1							1			2
	ชัยชนะ/ชัยชะนะ	勝利					1																1							2
	ฐานทัพ	基地									1																1			2
	อำนาจ	権力																									2			2
	เศรษฐกิจ/สถกิจ	経済							1																		1			2
人／機関	สตรี/สัตรี/สุภาพสตรี	女性／淑女		3	1		1				3										1		1			1		1	1	13
	กองทัพเรือ/ราชนาวี/ทหานเรือ	海軍							1		1					1		1		1					1					5
	ทูต/คณะทูต/ประธานคณะทูต	使節／使節団／使節団長				1	1	2	1																					5
	เอกอัครราชทูต/เอกอัครราชทูต/สถานเอกอัครราชทูต/สถานเอกทูต	大使／大使館				1								2												2				5
	เด็ก	子ども				1	1									1					1									4
	นักเรียน/นิสิต	学生										2					1		1											4
	ยุวชน/ชายหนุ่ม	若者／青年		1			1																						2	4
	ชาติไทย/คนไทย	タイ民族／タイ人		2					1																					3
	ทหาน	軍														1								1	1					3
	คนงาน	労働者								2																				2
	กองอากาศยาน/กองบินประจำบ้าน	航空隊／戦闘機隊																				1			1					2
	ช่างเขียน/ช่างภาพ	画家							1			1																		2
	รัฐมนตรีว่าการกระทรวงการต่างประเทศ/รัฐมนตรีต่างประเทศ	外務大臣								1									1											2
日本人（女優）	สาราเซสุโกะ	原節子		1																										1
	นางสาว ไช โชกิ	崔承喜									1																			1
	นางสาวโทโดโรกิ	轟夕起子									1																			1
	โคกุเรมิจิโย	木暮実千代														1														1
	มิสจิกิโอกะ ยูสิสี	月丘夢路																	1											1
日本人	พณฯ โคกิ อิไร(ต)า	広田弘毅						1																						1
	พณฯ เอ็ม. ทานี่	谷正之									1																			1
	ชูงาตา ชันชิโร	姿三四郎																					1							1
	กาโต	加藤（隼戦闘隊）																									1			1
タイ人	พณฯ นาย วนิช ปานะนนท์	ワニット・パーナノン							1																					1
	พณฯ ดิเรก ชัยนาม	ディレーク・チャイヤナーム									1																			1
	ครูจิตต์ บัวบุศย์	チット・ブワブット														1														1
	พณะท่านนายกจอมพล ป. พิบูลสงคราม	ピブーンソンクラーム																				1								1
	พระวรวงส์เทอ พระองค์เจ้าวรรณไวทยกร วรวรรณ	ワンワイ殿下																							1					1
	พณะท่าน วิจิตวิจิตรวาทการ	ウィチット閣下																									1			1

第6章 『カウパアプ・タワンオーク』の内容分析

種別	語彙	日本語参考訳	年 月 号 1941/12/1	1/2	2/3	3/4	4/5	5/6	6/7	7/8	8/9	9/10	11/11	12/12	1943 1/13	4/14	5/15	6/16	7/17	8/18	9/19	10/20	12/21	12/22	1944 2/23	4/24	5/25	8/26	合計
人（その他）	ประธานปกครองบาโมะ	バーモ															1												1
	สุภัสจันทราโภส	チャンドラ・ボース															1												1
一般	ข่าว	ニュース				1	1	2	1		1	1	1					1	1	1	1	1			1	1	1		17
	ปัจจุบัน	現在				1	1										1		1		1								5
	โรงเรียน	学校		1	1		1												1										5
	เครื่องแต่งกาย/เสื้อ	服飾			1					1													1	1					4
	หุ่น/ตุ๊กตา	人形				1	1						1																3
	งาน	仕事	1																						1	1			3
	ผล	結果							1							1						1							3
	สมัย	時代							1							1													2
	เทคนิค/การช่าง	技術									1					1													2
形容詞	สด	新鮮な															1	1	1	1	1					1	1	1	9
	ใหม่/ใหม่	新しい		1						1		1														1			5
	พิเศษ	特別				1	1	1	1																				4
	เบ็ดเตล็ด/เบ็ดเล็ด	一般				1	1	1																					4
	ใหญ่	大きい																1	1										2
動詞	ทำ	製作する		1	2	1	1		1																				6
	เยี่ยม	訪問する							1							1		1											3
	เจริญ	繁栄する																				1				1	1		3
	เที่ยว	観光する						1	1											1									3
	กู้	回復する																		1	1	1							3
	นิยม	流行する																		1							1		2
	พินาศ	破滅する				1	1																						2
	ก้าวหน้า	進歩する													1	1													2
	แนะนำ	紹介する						1											1										2
	ฉลอง	祝賀する			1			1																					2
	โจมตี	攻撃する				1		1																					2
	สถาปนา	建設する							1										1										2
	ฝึกหัด/ฝึกซ้อม	訓練する																					1	1					2
	สำเร็จ	完成する														1											1		2
	ซ้อม	演習する					1																						2

助動詞、前置詞、接続詞、間投詞、数詞、類別詞は除外。目次にあっても記事がない場合は除外した。

輸送する準備のため港湾に直送される」とされており、日本語ではジャワの石油が大東亜共栄圏各地で使用されるような印象を与える一方、タイ語では戦争に使用されるように記述されている。こうした日本語とタイ語とのずれは、大東亜共栄圏をめぐる細かいニュアンスではいくつか見られ、12号のシンガポールに関する記事では、日本語で「イマワ　ダイトーア　キョーエーケン　ノ　タイセツナ　ミナト　デス」とされている部分は、タイ語では（昭南は先般の戦闘で部分的に破壊されたとはいえ）「しかし今は急速に復興されている」とされており、日本語ではシンガポールが大東亜共栄圏全

135

体の利益になる印象を与えるのに対して、タイ語ではその印象がニュートラルになっている。20号でのフィリピン独立の電送写真に関する記事では、日本語では、電送によって大東亜共栄圏各地に写真が同時に配信され、「ダイトウア ノ カクチ ノ ソノ ヒ ノ シンブン ニ デマシタ ノデ、ダイトウア ノ ヒトビト ハ ミンナ ガ ジブン デ ミタ ヤウナ ヨロコビ ヲ カンジマシタ」として大東亜共栄圏が一体化する印象を与えるのに対して、タイ語では「その日の」うちにという部分が欠けており、共栄圏の一体化を訴えることに失敗している。

　日タイ関係については、両国間の使節や在東京タイ大使館を扱ったものが目立ち（使節については6・7・8・9・19・22号、大使館については3・8・11・24・25号が扱っている）、特集的に扱われている場合もある[9]。また、タイから日本への留学生の生活については1・5・12号が報じており、男女のタイ人留学生たちが日本で楽しく元気に生活している様子がアピールされている。そのほか、宝塚歌劇団によって東京の宝塚劇場で上演されたタイ人の政治家プラ・サーラサートポンカン（พระสารสาสน์พลขันธ์）[10]の脚本による演劇（6号）や、芸術関係（12・15号）、名古屋の日泰寺紹介（17号）、バンコクに開設予定の日泰文化会館紹介（23号）、日本人の目に映ったタイ（24号）なども記事となっており、ニュースを含めると、ほぼ毎号で日タイ関係に関する記事が掲載されていることになる。その一方で、在タイの日本大使館についてはほとんど触れられることはなく、日本からタイへの留学生等についての紹介記事もないことは、非対称性の観点から留意する必要があるだろう。

9　この点について、柳沢は、日本からの写真宣伝について、東京のタイ人学生やタイ大使館勤務者を富士山などの日本的な景色とともに「対照的な情景」として写すことによってタイ人の関心を得るような工夫が足りないというが、『カウパアプ・タワンオーク』はその例外であり（柳沢・小川 1943: 40）、単一国向け宣伝グラフ誌の利点が活かされているといえよう。

10　プラ・サーラサートポンカンは、1934年にパホン内閣において経済大臣を務めた人物である。なお、この人物は、清水・パトソン（1988）において、「当時の日・タイ関係においてワニット同様中心的役割を果たしながらもやはり神秘の帳につつまれた人物」として紹介されている「プラ・サラサット（Phra Sarasas）」と同一人物であると考えられる。

3 日本がタイに見せたかった日本像・見せなかった日本像

　以上のようなページ構成のなかで、『カウパアプ・タワンオーク』掲載記事の大部分を占める日本関係記事は、発行側の日本が受入側のタイに対してアピールしたかった日本イメージが反映されているはずであり、またその記事の内容から対象としていた読者像も見えてくるはずである。すなわち、日本関係記事の内容を分析することによって、日本がタイの誰に向けて、どのような日本イメージを見せたかったのかが明らかになるはずである。

　ページ数ベースでの記事の傾向は、表6-4に見られるとおりである。全体として、多くのページ数が割かれているのは、芸術・芸能関係記事（日本関係ページ総数の23.2％）、女性・青少年・児童関係記事（同18.7％）、科学技術・産業関係記事（同17.7％）、軍事関係記事（同16.5％）となっており、その他の記事はそれほどのページ数を割り当てられていない。

　特別号もあってとくに目立つのは、女性・家庭関係記事群であり、その内容は充実している。特別号としては第9号が「オンナ　ノ　ヒトタチ　ノ　トクベツゴー」として位置付けられており、表紙には有職女性団体「藻塩会」[11]会員の溌剌とした笑顔の写真が掲載され、記事としても日本女性の勤労ぶりや化粧法、国防服の着こなし、女学生の林間学校の様子などが特集されている。この号以外にも、女性のファッションや化粧法については、2・7・8・19・21・22・24号に記事が見られ、靴や帽子、ズボンなどが特集されていることは注目に値する。ファッション以外では、家庭・家事・育児に関する記事が、4（ぬいぐるみ作成法）・7（隣組）・18（育児）号に見られ、日本の主婦・母親の手仕事や活動がまとめられている。勤労女性についても、赤十字や挺身隊などで働く日本女性の姿が1・9・23・25号に紹介されており、女学生については1・9・16号、女性のスポーツについては1・9・11（水泳）号など、日本女性の日常生活や活動が多面的に見られるようになっている。表紙においても映画女優や子ども・女性・ファッションといった柔らかな印象のものが多く（表6-5参照）、『カウパアプ・タワンオーク』

---

[11] 「藻塩会」は、「有職女子青年の精神と肉体の徹底的訓練を行い、戦時下日本に相応しき女性並に将来の良き母性と指導者の養成をなす」ことを目的とした団体であり、会員300名を数えた（市川編 1944: 296–297）。

が女性の関心を惹きつけるように制作されていることが推測され、重要な読者としてタイ人女性が想定されていたことを物語っていると考えられる。『カウパアプ・タワンオーク』誌上における日本人女性の活き活きとした姿に対し、一般の日本人男性の影はきわめて薄い。

芸術・芸能関係記事は、当初、女性舞台芸術に対する関心が高く、バレー学校や近代舞踊、宝塚歌劇などが紹介されている。朝鮮半島出身の崔承喜も日本の舞踊家として登場する[12]。12号（1942年12月発行）以降になると、舞台芸術よりも、映画への関心がより高くなっていく。映画については1号に原節子とその新作映画に関する記事があるが、12号では轟夕起子が、16号では原節子が、22号と26号では高峰三枝子が、それぞれ表紙写真に起用され（表6–5参照）、13号では木暮実千代、14号では月丘夢路に関する記事がそれぞれ3ページほど組まれている。15号では日本の海岸における映画撮影に関する記事があり、17号には映画撮影所の紹介があるほか、23号には漫画映画製作に関する記事が掲載され[13]、さらに16号以降はほぼ毎号にわたって日本映画の紹介記事が、1943

表6–4 日本紹介記事の内容推移

発行年月	1941	1942												1943												1944				計	%
号	12	1	2	3	4	5	6	7	8	9	10	11	12	1	4	5	6	7	8	9	10	12	1	2	4	5	8		
芸術・芸能	7.5	1	3	4	5	6	7	8	9	10	11	12	13	14	15	16	17	18	19	20	21	22	23	24	25	26		90.25	23.2
芸術・芸能	7.5	1	8.5	9	8	3	0	0	0	0	3.5	3.5	6	10.75	0	0	3	2	0	4.5	2	3	4	3	3.5	2.5		90.25	23.2
女性・青少年・児童	6	6	2	3.75	3	6	4.5	1.75	18.75	4.75	3.5	0	0	0	0	2	3	2	4.5	1	2.5	6.75	0	3	3.5	0		72.75	18.7
科学技術・産業	0	3	0	0	6	3.5	3.5	1.5	0	0	6.5	0	12.5	0	0	2	4	9	3	0	0	0	0	0	0	6		68.75	17.7
軍事	0	0	4	3	0	4	3	3.75	0	0	0	3	1.5	0	7.5	0	9	2	0	4	0	1	0	4.5	6.5	3.5		64.25	16.5
スポーツ	4	8	0	0	0	0	3.25	2	3.5	2	0	0.25	0	0	0	7.5	0	0	0	0	1	0	0	1	1	1		30.50	7.8
日本語教室	0	0	0	0	0	0	0	2	2	2	2	2	2	0	1.75	1.75	0	1.5	1	1	2.5	0	0	1	1	1		28.25	7.3
自然・文化遺産	0	5	4	0	0	0	0	2	2	0	0	0	2	0	0	0	2	0	2	0	2.5	0	4	0	0	0		26.50	6.8
社会	0	0	0	0	0	0	0	0	0	0	0	0	0	0	0	0	0	0	0	0	6	0	0	0	0	2		8.00	2.1
計	17.5	23	21.5	15.75	12	14.25	13	20.75	26.25	12.25	20	10.75	22	12.5	12.25	11	15.5	15.5	18.5	15.5	13.75	8	13.75	16.5	14	9	13	389.25	100

---

12 日本帝国の文化的表現における崔承喜の役割については朴（2017: 41–62）を参照されたい。
13 漫画映画の一部は、メナド作戦を下敷きとして英国兵を鬼に見立てた著名な児童向けプロパガンダ映画『桃太郎・海の神兵』である。この映画についてはダワー（2001: 420–429）を参照されたい。

第 6 章　『カウパアプ・タワンオーク』の内容分析

年 1 月公開の東宝映画で原節子・高峰秀子出演の『阿片戦争』(16 号)、1943 年 10 月公開の東宝映画で原節子出演の『熱風』(18 号)、1943 年 3 月公開の東宝映画で轟夕起子出演の『姿三四郎』(19 号)、1944 年 2 月公開の東宝映画『あの旗を撃て』(21 号)、1944 年 2 月公開の松竹映画で高峰三枝子出演の『決戦』(22 号)、1944 年 3 月公開の東宝映画『加藤隼戦闘隊』(24 号)、1944 年 4 月公開の松竹映画で高峰三枝子主演の『女性航路』(26 号)と掲載されている。

表6-5　『カウパアプ・タワンオーク』表紙写真の内容

発行年月		号	内容
1941	12	1	日本女学生
1942	1	2	日本女性スキー
	2	3	日本女性浜辺
	3	4	日本子ども
	4	5	日本少年戦車兵
	5	6	日本女性：勤労
	6	7	日本青年スポーツ：アメリカンフットボール
	7	8	広田弘毅訪タイ特別使節
	8	9	日本女性：勤労
	9	10	合成樹脂
	11	11	日タイ両国旗と握手
	12	12	日本女優：轟夕起子
1943	1	13	日本人形劇
	4	14	日本軍人の描画
	5	15	日本女性：海水浴
	6	16	日本女優：原節子
	7	17	汽車工場
	8	18	日本子ども
	9	19	日本女性ファッション：帽子
	10	20	日本消防士防護服
	12	21	日本女性ファッション
	12	22	日本女優：高峰三枝子
1944	2	23	日本軍騎兵
	4	24	日本女性ファッション
	5	25	日本潜水艦
	8	26	日本女優：高峰三枝子

　日本の科学技術・産業に関する記事はコンスタントに多いとはいえ、高度な産業や軍事産業に結び付く科学技術というよりは、趣味や日常的な話題が多く見られる。たとえば科学・技術関係記事としては、2 号は低温で金魚を凍結させ、6 号ではバッタの一生、7 号ではプラネタリウム、8 号ではミニ SL、10 号では合成樹脂、11 号では水族館、13 号では蝉の一生と模型飛行機、生活工芸、移動料理室、15 号では富士山、16 号では鉄道博物館、17 号では地下鉄、カラー写真技術、18 号では顕微鏡で見た女性、20 号では貝、26 号ではレントゲンが取り上げられている。産業に関する記事としては、3 号でレコード産業、6 号で自動車産業、17 号で機関車産業、19 号で「合理的」な農業、26 号で飛行機産業が取り上げられている。6 号では、記事に関連して、自動車産業関連企業の広告が集中している。

　日本の軍事に関する記事については、日本関係ページ総数の 16.5% で全体

139

のページ数の7％弱であるが、半分以上の号に掲載されている。3号では空襲、4号では空挺部隊、5号では少年戦車学校、7号では対空戦闘、8号では空中偵察技術、11号では航空隊、12号では少年航空兵、13号では航空母艦、15号では観兵式、兵器産業、18号では海軍経理学校、満洲大演習、20号では航空機、21号では戦争の将来像、22号では空戦、軍犬、23号では騎兵と軍馬、24号では軍楽隊と航空機、兵器の発達、25号では潜水艦、26号では電波兵器をそれぞれ扱っており、日本の軍事力を幅広く紹介している。表紙についても、5号では少年戦車兵、14号では銃剣を構える日本兵の絵、23号では防護マスクを装着した騎兵と軍馬、25号では潜水艦と、軍事関係のものの比率も低くはない（表6-5参照）。ただし、同時期の『写真週報』表紙写真と比較すれば（太平洋戦争研究会2011）、『カウパアプ・タワンオーク』の表紙写真の軍事関係比率は決して高いとはいえない。また、表紙にはもちろん記事においても、戦争の過酷な状況は登場しない。戦争の過酷な状況としては、病院船ブエノスアイレス号の沈没に関する写真と記事があるが（24号）、これは連合軍の病院船に対する野蛮な非違行為を宣伝しようとするものであり、例外的である。軍事的な写真で登場するのは、軍の教育機関や訓練、演習、兵器の生産や整備といったものが目立ち、前線の様子はほとんど掲載されない[14]。敵の姿も、海戦に関する敵艦撃破・沈没の写真は多く見られるものの、その他にはシンガポールにおけるイギリス軍の降伏（4・14号）やコレヒドールにおけるアメリカ兵捕虜（7号）の写真以外にはほとんど見られない。同様に、連合国側に関する記事は、戦況記事を除いてほとんど見られないのも特徴であるといえよう。連合国については、アメリカの軍人の、女好きでだらしなく戦意が低い様子を描いた漫画（14号）や、物資不足・人材不足で戦傷者が溢れ不安に満ちたアメリカの銃後を描いた記事（26号）の2件が見られるのみであり、アメリカを除くイギリスなどの国情については何も触れられていない点も、本誌の編集方針を物語っているように思われる。

---

14 14号表紙に見られるように、絵画としては銃剣を構える日本兵も登場する。また、例外的に、21号には、鉄条網に肉薄する日本兵や、砲撃中の砲兵、上陸中の日本兵の姿が写真に収められている。ただ、そうした画像は『カウパアプ・タワンオーク』上では、きわめて少数である。

社会関係の記事としては、19号に銀行が、20号に消防と東京逓信病院が取り上げられているものの、写真としてアピールしにくいためか、それほど多くはない。

　日本語教室は、6号（1942年5月発行）からほぼ毎号掲載されているが、ごく初歩の単語学習以上には発展することがほとんどなく、この部分だけで日本語を学習することは非常に困難であると思われる[15]。

　日本の自然や文化遺産を紹介する記事は、実はあまり多くはなく、日本関係ページ総数の7％弱（全体の3％弱）のページ数しか割り当てられていない。自然については、2号の山や滝、3号の浜辺、6号の桜、15号の海岸、17号の富士山麓牧場、20号の鍾乳洞に見られるように山や滝や海といった自然が取り上げられ、とくにタイ人には珍しい雪に対する関心は高く、スキーや在東京タイ大使館との関連で何度も取り上げられているが、日本の文化遺産や伝統的文化についてはほとんど顧みられない。三味線や尺八、笙などは登場しないのに、日本人によるクラシック音楽演奏が特集されたり（3号）、日本舞踊や能、歌舞伎は登場しないのに、西洋的な舞踊に関する記事が繰り返し現れるのは、「日本人が他のアジア人に対して自らを「白人化」することに耽った」というダワーの指摘を想起させるものである（ダワー 2001: 358）。1943年半ば以降になると、初期には見られなかった日本の伝統的文化への関心が見られるようになり、19号（1943年9月発行）には大仏が、23号には仏像が、25号には五重塔が取り上げられている。これらは、17号の日泰寺紹介とあわせて、宣伝の受け手であるタイと共通する仏教をアピールしたものと考えられる。その一方、仏教以外に関係する伝統的文化についてはほとんど取り上げられず、神道や神社についても、同じ東南アジア域内に存在する昭南神社などが掲載されることもなく、海軍経理学校校内の祠と（18号）、パホン使節団訪日の記事の一部としての靖国神社・明治神宮・日光東照宮・橿原神宮の写真（6・7号）などが部分的に登場するのみである。本書第5章で紹介したような『日泰文化』誌に見られる各分野の専門家による日本・タイ相互の文化紹介のアカデミックな傾向は、『カウパアプ・タワンオーク』のグラフ誌としての性格からか、ほとんど見ることがで

---

15 『カウパアプ・タワンオーク』における日本語学習記事については、沖田（2015b: 114–117）を参照されたい。

きない。
　スポーツについては、モータースポーツ（1号）、登山（2号）、スキー（2・5・10号）、水泳（3・11号）、アメリカンフットボール（7号）、ボクシング（8号）、ヨット（12号）が当初は取り上げられていたが、13号（1943年1月）以降は消滅する。「大東亜戦争」の激化によってスポーツを顧みるような余裕が消滅していったと見るべきか。複数回取り上げられた種目を見ると、山や雪、海など日本の自然と関係するスポーツが多いのが特徴である。また、スポーツとしては西洋文化から獲得した種目が紹介されるのに、剣道など日本的な武道はほとんど登場していない。例外的に、大東亜共栄圏内からの留学生による弓道や剣道の実習（16号）は、日本女性の薙刀（9号）とともに、少数ではあれ登場する。この点、着物姿の日本男性はほとんど登場しないのに対して着物姿の日本女性については時折登場することや、タイ人男性留学生の着物姿（4号）、「ミス・タイランド」の着物姿（11号）、共栄圏からの留学生の着付け体験（16号）の掲載と同様の傾向が見てとれるように思われる。これらの傾向は、日本人男性を「白人化」して支配側に立たせ、日本人女性やアジア人には「日本化」させて従属させるという構造が具体的に表現されているものであり、当時の日本が打ち出したかった思いが浮かびあがってきているようにも見える。
　『カウパアプ・タワンオーク』にほとんど描かれないものとして、天皇も挙げられる。『カウパアプ・タワンオーク』には天皇に関する言及はほとんどなく、写真も掲載されていない。天皇に繋がるイメージとしては、シンガポール陥落祝賀やパホン使節団訪日の記事に皇居の写真が登場するほか（4・6号）、昭和18年1月8日陸軍始観兵式の記事に「テンノーヘーカ　ワダイゲンスイ　トシテ　リクグン　ノ　ゴグンソー　オ　メシテ　ソノ　シキ　ニ　オイデニ　ナリマシタ」と書かれ天皇警護に当たる騎兵部隊や分列行進部隊の写真が掲載されるに留まっている（15号)[16]。このあたりは、川村のいう「不可視の天皇像」ともいえるかもしれないが、日本人はその不可視性に「至高の聖なる現人神を表象する図像」を見るとしても（川村 2007:

16　『日本ニュース』にて同観兵式の映像を確認すると、白馬に跨る天皇が幾度も見られる。『カウパアプ・タワンオーク』において天皇像が見られないのは、故意に不可視化されているように思われる。

48–49)、天皇への言及自体がほとんどない以上ほとんどのタイ人にはそこに何も見出さなかった可能性が高いと思われる。皇族についても、26号において高松宮が日泰文化会館設計図の鑑賞会に訪れた写真が掲載されているのみで、天皇や皇族、あるいはそれらに結び付くイメージが『カウパアプ・タワンオーク』に登場することはほとんどなかった。

　そのほか、地理的に見ると、東京以外の地方都市は、大阪や名古屋、京都を含め、ほとんど登場しないこともわかる。農漁村も、北海道の合理的な農業を紹介した記事（19号）を除いてはほとんど登場しない点も、当時の日本の社会構造を考えれば不自然といえよう。沖縄・朝鮮・台湾に関しても、誌面には全く登場してこない。あたかも日本には、近代都市・東京と、富士山をはじめとする山河や海のみしかないように見える。

4　小結

　以上、対外プロパガンダ誌の一つであるタイ向けの『カウパアプ・タワンオーク』の記事内容を観察することによって、欠乏する物資や困難な戦局のなか、さらにはグラフ誌の中心言語となるタイ語を解する者もタイ人留学生以外には確保できないまま、無理を押して豪華なプロパガンダ誌を制作することで、日本はタイのどのような人々に何をアピールしたかったのかを考察してきた。

　その結果、まず『カウパアプ・タワンオーク』は、経済的にある程度余裕があり英語もある程度解することができる層の女性を中心としたタイの人々に対する宣伝を志向したであろうことがわかってきた。内容としては、日泰文化協定上の文化交流の双方向性には関わりなく、実際には日本からタイへの一方向の宣伝が展開されていることもわかった。とくに日本はタイ語プロパガンダ誌を通して、日本の自然や文化の魅力というよりは、日本の軍事・科学・産業の先進性といった面をそれなりにアピールしようとしつつ、土門（1943）が批判するような「恫喝威嚇」・「宣伝即示威」の色はあまり見せずに、報道の機能を有しながらも「通俗的」な編集を心がけることで家庭・日常生活密着型のテーマや記事が好んで取り上げられていたことがわかった。日本の魅力をアピールするための手段としては、舞台芸術や映画といった芸

能が重視されていたことも確認された。

　その一方、「大東亜共栄圏建設」の理念といったことについては、写真構成上の工夫は見られるにせよ、日本語記事で書かれた意図がタイ語翻訳文では必ずしも反映されなかった部分も観察された。また、天皇や日本の伝統的文化はほとんど紹介されていなかったことも明らかになった。逆に、タイや大東亜共栄圏からの留学生については、日本人女性と同様に、日本の伝統的文化に親しむ様子が時折登場した。ここからは、自らを「白人化」して支配側に位置付け、タイ人を含むアジア人や日本人女性を「日本化」させて従属させようとする構造が垣間見えるように思われる。

　『カウパアプ・タワンオーク』に描かれた「日本」像は、東京において近代的な生活を満喫しつつ、美しい自然にも恵まれてそれを西洋的な文化やスポーツなどで楽しむ姿であった。そこには天皇も伝統も存在しなかった。それはもちろん、実態とはかけ離れた虚像であったが、同じ虚像であっても、日本が欧米に対して打ち出そうとした「古き伝統の国」と「躍進する新しい国」という「二つの対極的なイメージ」からなる日本像（山本 2012: 257）とは大いに異なるものであった。日本は、欧米に対する虚像とは別個の虚像をタイ向けに描き出すことによって、タイの中間層以上の女性を中心にそのような姿をアピールし、タイに日本の「魅力」を伝え、従属させようとしたと考えられる。

　こうした日本側の努力は、タイにおいてグラフ誌に飢えていた人々の関心を一定程度集めることに繋がった。もっとも、日本が描き出した自画像が、タイの人々にどれほどアピールしたかは別の問題である。さらに、本書第3章でみたように、プロパガンダ誌頒布を含む日本側の積極的な宣伝活動は、タイ政府の対日不信・不満の原因にもなっていった。少なくともタイ政府側には、日本の宣伝意図は正確に見抜かれ、日本に対して消極的にせよ抵抗していく素地を形成していったことになる。その点では、日本の宣伝活動は逆効果を招くことになったといえよう。

第6章 『カウパアプ・タワンオーク』の内容分析

付表1 『カウパアプ・タワンオーク』総目次

巻	発行年	月	頁	目次に表示された題 （筆者による参考日本語訳）	本文に見られる目次外の題 （筆者による参考日本語訳）	実質頁数
1	S16	12	4	Hara Setsuko's New Film（原節子の新しい映画）	ภาพยนตร์เรื่องใหม่ของสารา เซสซุโกะ （原節子の新しい映画）	5.5
			10	Soft Hands at Work（仕事における柔らかい手）	สตรีกับงาน（女性と仕事）	2
			12	Yuvajon（ユワチョン）	ยุวชน（ユワチョン）	1
			13	Ye sons of Thai, Love on thy state! （汝らタイの息子たちよ、汝の国を愛せ！）	คนไทยต้องรักชาติไทย （タイ人はタイ民族を愛さなければならない）	1
			14	Four Letters to Thailand（タイ国への4通の手紙）	จดหมายสี่ฉบับถึงประเทศไทย （タイ国への4通の手紙）	2
			16	Schools for Girls（女学校）	โรงเรียนสตรี（女学校）	2
			18	Office-Girls（オフィスガール）	สตรีในสำนักงาน（事務所における女性）	2
			20	Dance, Melody and Romance （舞踊、メロディーそしてロマンス）	ระบำ, ดนตรี และละคร（舞踊、音楽、そして演劇）	2
			22	Ah!（ああ！）	อ๊ะ?（あ？）	2
			24	Divings（飛び込み）	กระโดดน้ำ（飛び込み）	2
				広告		23
				表紙		1
				目次		0.5
				合計		46
2	S17	1	4	ไต่เขาวิบาก（登山競技）		3.5
			8	ไต่เขาแอลป์ญี่ปุ่น（日本アルプスを登る）		2
			10	น้ำตก"นิกโก้"（「日光」の滝）		2
			12	ฮันนีมูน（ハネムーン）		3
			17	สกี（スキー）		2.5
			20	ระบำบนหิมะ（雪上の舞踊）		1
			22	อากาศหลอมตัว（低温ガス）		3
			26	โรงเรียนตัดเย็บเครื่องแต่งกายสตรี（女性服裁縫製学校）		6
			32	การรักษาพันธุ์สาหร่ายรุ่น（ノリの品種保全）		0.5
			35	นักแปลงกาย（変身者）		0
				広告		13
				表紙		1
				目次		0.5
				合計		38
3	S17	2	2	ดนตรีฝรั่ง（西洋音楽）		3.5
			6	ดนตรีกับเด็ก（音楽と子ども）		2
			8	แจ๊ส（ジャズ）		2
			10	สุนทรพจน์ของ พณฯ เอกอัครฯ เชษฐบุตรไทย （タイ大使閣下のスピーチ）		2
			12	การทำแผ่นเสียง（レコードの製作）		3
			15	เพลง"รำพึงรัก"（「愛の思索」の歌）		3
			21	โจมตีทางอากาศ（空襲）		4
			27	ชายทะเล ฤดูร้อน（夏の浜辺）		4
				広告		11
				表紙		1
				目次		0.5

145

巻	発行年	月	頁	目次に表示された題 （筆者による参考日本語訳）	本文に見られる目次外の題 （筆者による参考日本語訳）	実質 頁数
				合計		36
4	S17	3	2	เมื่อ "สิงคโปร์" แตก（「シンガポール」が陥落した時）		4.5
			7	ฉลองชัยชนะในโตเกียว（東京での戦勝祝賀）		2.5
			9	ข่าวทั่วไป（一般ニュース）		0.5
			10	กองพัน พลร่ม（空挺大隊）		3
			14	บาเลต์（バレー）		5
			19	การทำแก้วเจียรนัย（ガラス細工の製作）		4
			24	สตรีจีนปัจจุบัน（現在の中国女性）		1
			27	ศิลปการทำตุ๊กตาสำหรับเด็ก （子どものための人形芸術）		3.75
				広告		10.25
				表紙		1
				目次		0.5
				合計		36
5	S17	4	4	แมนจูปัจจุบัน（現在の満洲）		4
			8	พิทักษ์ทะเลเหนือ（北の海の保護）		2
			10	ยุทธนาวีที่ "นิวกีเนีย"（「ニューギニア」の海戦）		1
			11	ความพินาศของเรือ "เอ็กซ็ตเตอร์" （「エクセター」の撃沈）		0.5
			12	นางแบบ（モデル）		2.875
			16	การทำหุ่น（マネキンの製作）		5
			23	โรงเรียนรถถังของยุวชนทหารบก （陸軍少年戦車兵学校）		4
			29	ชุมนุมสกีมหาเอเชียตะวันออก（大東亜スキー集会）		4.5
			34	ข่าวเบ็ดเล็ด（一般ニュース）		0.5
				広告		14.125
				表紙		1
				目次		0.5
				合計		40
6	S17	5	4	คณะทูตพิเศษถึงญี่ปุ่น（日本への特別使節）		5
			9	รีวิวเรื่องกลับตะวันออก（「東洋へ帰る」批評）		2
			12	ข่าวสงคราม（戦争ニュース）		1.75
			15	ชีวิตตั๊กแตน（バッタの生涯）		1
			16	การทำรถยนต์（自動車の製作）		6
			26	เรียนภาษาญี่ปุ่น（日本語を学ぶ）		2
			28	ข่าวเบ็ดเล็ด（一般ニュース）		0.5
			30	ดอกซากุระ（桜花）		1
			32	ระบำตัวอ่อน（軟体ショー）		1
			35	แม่หนูของข่าวภาพพะรันออกเล่มสี่ （カウパープタウンオーク4号のお嬢ちゃん）		0.5
				広告		17.75
				表紙		1
				目次		0.5
				合計		40
7	S17	6	6	ยุทธนาวีที่ทะเล "คอร์แรล"（「珊瑚」海の海戦）		2

第6章 『カウパアプ・タワンオーク』の内容分析

巻	発行年	月	頁	目次に表示された題 (筆者による参考日本語訳)	本文に見られる目次外の題 (筆者による参考日本語訳)	実質頁数
			8	เกาะ "คอรีฮิดอร์" พินาศ (「コレヒドール」島の陥落)		2
			10	คณะทูตพิเศษไทยเที่ยวหัวเมือง (タイ特別使節団、地方を観光)		4
			15	การซ้อม ช.ป.อ. (防空演習)		3
			18	โทนาริกูมิ (隣組)		3.5
			23	เครื่องทำดาว (プラネタリウム)		3.5
			28	อเมริกันฟุตบอล (アメリカン・フットボール)		3.25
			32	หน้าร้อน (夏)		1
			35	ข่าวเบ็ดเสร็ด (一般ニュース)		0.5
				広告		15.75
				表紙		1
				目次		0.5
				合計		40
8	S17	7	5	คำปราศรัยของ พณ ฯ นาย วณิช ปานะนนท์ ประธานคณะทูตเศรษฐกิจไทย (タイ経済使節団長ワニット・パーナノン閣下の言葉)		2
			6	เครดิตที่ญี่ปุ่นได้ให้แก่ไทย (日本がタイに与えた信用)		0.5
			6	แนะนำ ฯพณฯ โคกิ ฮิโรโต๊ะ(ต) ประธานคณะพิเศษญี่ปุ่น (日本特別使節団長広田弘毅閣下の紹介)		0.5
			7	ฉลองวันชาติปี ๒๔๘๕ ของคนไทยในญี่ปุ่น (日本におけるタイ人の仏暦2485年民族の日祝賀)		0.5
			9	ช่างภาพของกองทัพเรือ (海軍の画報)		0.5
			10	การทำแผนที่จากอากาศ (空からの地図製作)		3.5
			14	โจมตีเกาะอะลูเชียน (アリューシャン島攻撃)		2
			16	ผลักของญี่ปุ่นได้ในการสงคราม (戦争における日本の戦果)		2
			20	นำสมัยรองเท้า (靴の流行の最先端)		1.75
			22	เรียนภาษาญี่ปุ่น (日本語を学ぶ)		2
			24	เวทีมวยในญี่ปุ่น (日本におけるボクシング興行)		3.75
			28	รถไฟจิ๋ว (ミニ機関車)		1.5
				広告		12.5
				表紙		1
				目次		0.5
				合計		36
9	S17	8	–	ฉบับพิเศษสำหรับท่านสุภาพสตรี (淑女のための特別号)	オンナ ノ ヒトタチ ノ トクベツゴー	0
			5	ทูตพิเศษญี่ปุ่นเยี่ยมประเทศไทย (日本の特別使節タイを訪問)	ヒロタ シセツ ノ タイコク ホーモン	2
			7	ข่าวสงคราม (戦争ニュース)	センソー ノ ニュース	1
			8	คำใหม่สำหรับสตรี (女性のための新しい言葉)	–	1
			9	มือคนงาน (働く者の手)	ハタラク テ	3
			12	สมาคม "สตรีคนงาน" (「職業女性」協会)	ハタラク オンナ ノ ヒトタチ ノ ダンタイ	4
			18	กายบริหาร (体操)	イッショニ タイソー	1
			20	เครื่องแต่งกาย "ป้องกันชาติ" (「国防」服)	アタラシイ コクボーフク	2
			22	เที่ยวทะเลสาบ (湖に遊ぶ)	ミズウミ ノ イチニチ	4
			30	เรียนภาษาญี่ปุ่น (日本語を学ぶ)	–	2

147

巻	発行年	月	頁	目次に表示された題 (筆者による参考日本語訳)	本文に見られる目次外の題 (筆者による参考日本語訳)	実質頁数
			32	เหล่าอามากาชาด (赤十字)	セキジュージ デ ハタラク オンナ ノ ヒトタチ	3.75
			38	การแต่งหน้า (化粧)	ハヤク デキル ケショウ	1
				広告		17.75
				表紙		1
				目次		0.5
				合計		44
10	S17	9	5	ยุทธนาวีที่ "ทูรานี" (ツラギ海戦)	サンゴカイ ノ ヨル ノ センソー	3
			8	สถาปนาบ่อน้ำมันในภาคใต้ (南方における油井建設)	ナンポー デ セキユ ガ モトドーリ トレル	2
			10	ปลาสติก (プラスチック)	ゴーセージュシ コーギョー	4.75
			16	ร่ายรำแบบทะเลใต้ (南海の踊り)	ミナミ ノ オドリ	2
			18	งานปีของลามา (ラマの祭り)	ラマ ノ マツリ	4
			24	เรียนภาษาญี่ปุ่น (日本語を学ぶ)	ニッポンゴ キョーシツ	2
			26	สกีในโตเกียว (東京でのスキー)	トーキョー デ スキー	3.5
			30	ข่าวประจำเดือน (月次ニュース)		1
				広告		12.25
				表紙		1
				目次		0.5
				合計		36
11	S17	11	9	สาส์นของ พนฯ เอ็ม.ทานี รัฐมนตรีว่าการกระทรวงการต่างประเทศ (外務大臣谷正之閣下の書簡)		2
			10	คำปรารภของ พนฯ ดิเรก ชัยนาม เอกอัครราชทูตไทยประจำญี่ปุ่น (日本駐在タイ大使ディレーク・チャイナーム閣下の序文)		2
			12	แนะนำข้าราชการสถานเอกอัครราชทูตไทย ประจำญี่ปุ่น (日本タイ大使館職員の紹介)	ニッポン ニ アル タイコク タイシカン	4
			16	แลกเปลี่ยน วัธนธัม ระหว่างไทย กับญี่ปุ่น (タイと日本の文化交流)	ニッポン ト タイコク トノ ブンカ	2
			19	เครื่องบินทะเลแบบใหม่ของญี่ปุ่น (日本の新式水上飛行機)	ニッポン カイグン ノ アタラシイ ヒコーキ	1
			20	ถานทัพ ราชนาวีอากาศ ภาคใต้ (南方における海軍航空隊基地)	ニッポン ヒコーキ ノ ミナミ ノ キチ	2
			22	ที่ค้นคว้าการบำรุงพันธุ์ปลา อะษุราชีโบ (油壺魚類研究施設)	セカイ デ メズラシイ スイゾクカン	6.5
			23	ระบำแบบศิลปของนางสาว ไช โชกิ (崔承喜さんの芸術的舞踊)	サイショーキ サン ノ ウツクシイ オドリ	3.5
				ว่ายน้ำ (水泳)	ミンナ オヨグ コト ガ デキル ヨーニ ナリマショー	5
			46	เรียนภาษาญี่ปุ่น (日本語を学ぶ)	ニッポンゴ キョーシツ	2
			51	ข่าวเบ็ดเตล็ด (一般ニュース)	–	0.5
				広告		28
				表紙		1
				目次		0.5
				合計		60
12	S17	12	7	ยุทธนาวีที่โซโลมอน (ソロモン海戦)	3 カイメ ノ ソロモン カイセン	1
			8	สันติสุขในไชนัน (昭南における平和)	ヘーワ ナ ショーナントー	1.75

148

第6章 『カウパアプ・タワンオーク』の内容分析

巻	発行年	月	頁	目次に表示された題 (筆者による参考日本語訳)	本文に見られる目次外の題 (筆者による参考日本語訳)	実質頁数
			10	โรงเรียนการบิน (飛行学校)	ショーネン コークーヘー	4
			14	เทคนิคของการแล่นใบ (帆走の技術)	ヨット ノ カガク	3
			20	ครูจิตร์ บัวบุษย์ ช่างเขียน (画家チット・ブワブット先生)	ニッポン ノ エ オ カク チットサン	2.75
			24	นักเรียนไทยปิคนิค (タイ人学生のピクニック)	コーゲン ニ アソブ	2.5
			27	กีฬานักเรียนต่างชาติ (留学生のスポーツ)	リューガクセー ノ ウンドーカイ	0.75
			−	−	เรียนภาษาญี่ปุ่น (日本語を学ぶ)	0.25
			28	นางสาวโทโดโรกิ นักร้อง (歌手轟夕起子さん)	トドロキ ユキコ サン	3.5
				広告		19
				表紙		1
				目次		0.5
				合計		40
13	S18	1	6	เรือบินทุกเครื่องบินของญี่ปุ่น (日本の航空母艦)	ニッポン ノ コークーボカン	1.5
			8	แบบสร้างเครื่องบิน (飛行機の模型)	モケーヒコーキ	6.5
			14	ชีวิตของจั๊กจั่น (セミの生涯)	セミ ノ イッショー	1.75
			16	หุ่นเรื่องหมีสามตัวกับเด็ก (人形劇三匹の熊と子ども)	ニンギョーシバイゲキ 「3ビキ ノ クマ」	3
			20	อุตสาหกรรมของใช้ในบ้าน (生活用品の工業)	セーカツコーゲー	4
			24	เครื่องครัวสมัยใหม่ (新時代の台所用品)	モチハコビ ノ デキル リョーリシツ	2
			26	บทเรียนภาษาญี่ปุ่น (日本語教材)	ニッポンゴ キョーシツ	2
			29	โชชิกุ กับ โคกุเรมิจิโย (松竹と木暮実千代)	コグレ ミチヨ サン	3
				広告		12.75
				表紙		1
				目次		0.5
				合計		38
14	S18	4	6	ผลแห่งการสงครามในปีที่แล้ว (去年の戦果)	ニッポン リクグン ト カイグン ノ チカラ	3
			9	สันติสุขในฟิลิปปินส์ (フィリピンにおける平和)	ヘーワ ニ カエッタ フィリッピン ノ タビ	4
			15	ภาพเขียนการสงครามของญี่ปุ่น (日本の戦争画)	ニッポン ノ センソー ビジュツ	8.25
			27	ทหารอเมริกัน (アメリカ兵)	アメリカ ノ ヘータイ (マンガ)	3
			30	เรียนภาษาญี่ปุ่น (日本語を学ぶ)	ニッポンゴ キョーシツ	2
			32	มิสอิกิโอกะ ยูสิสิ (ミス月丘夢路)	ツキオカ ユメジ サン	2.5
				広告		15.75
				表紙		1
				目次		0.5
				合計		40
15	S18	5	6	การสวนสนาม (観閲式)	リッパナ カンペーシキ	3
			10	ภาพวิวภูเขาฟูจี (富士山の景色図)	フジサン ノ カガク	5.5
			16	การช่างอาวุธของญี่ปุ่นปัจจุบัน (現在日本の兵器工業)	ニッポン ノ ヘーキ	4.5
			22	รูปบันยายการเขียนภาพ"ไทยก้าวหน้า" (絵画「進歩するタイ」制作解説写真)	"サカエユク タイコク" ノ デキル マデ	2
			25	ภาพที่ชายทะเลในญี่ปุ่น (日本における浜辺の映画)	カイガン デ エーガ オ トル	3
			28	บทเรียนภาษาญี่ปุ่น (日本語教材)	ニッポンゴキャウシツ	1.75
				広告		18.75
				表紙		1
				目次		0.5

149

巻	発行年	月	頁	目次に表示された題 (筆者による参考日本語訳)	本文に見られる目次外の題 (筆者による参考日本語訳)	実質 頁数
				合計		40
16	S18	6	6	ยุทธการกองทัพเรือญี่ปุ่น (日本海軍の闘い)	ニッポン　ノ　カイグン　ワ　タタカウ	2
			8	ประธานปกครองบามาเยี่ยมญี่ปุ่น (バ・モウ行政長官の日本訪問)	バーモ　チョーカン　ニッポン　エ	2
			11	นักเรียนต่างชาติวงสหไพบูลย์ในญี่ปุ่น (日本における共栄圏留学生)	キョーエーケン　カラ　ノ　ニッポン　リューガ クセー	3
			14	พิพิธภัณฑการรถไฟ (鉄道博物館)	テツドー　ハクブツカン	4
			18	ทางก้าวหน้าในวิทยาการ (科学における発展の道)	カガク　エノ　ミチ	2
			22	ชะวาร่าเริงในดนตรีเพลง (歌に歓喜するジャワ)	ジャワ　ワ　ウタウ	2
			25	ภาพยนต์ "สงครามฝิ่น" (映画「アヘン戦争」)	エーガ『アヘン　センソー』	3
			–	–	บทเรียน ภาษาญี่ปุ่น ニッポンゴ　キョーシツ	2
			32	ข่าวสด (ニュース)	ホードー	1
				広告		17.5
				表紙		1
				目次		0.5
				合計		40
17	S18	7	4	สุภัจจันทราโภส (スバス・チャンドラ・ボース)	チャンドラ　ボース　シ	2
			6	วัดนิตไตยี่ (日泰寺)	ナゴヤ　ノ　ニッタイジ	2.5
			9	รถรางใต้ดินญี่ปุ่น (日本の地下鉄)	ニッポン　ノ　チカテツドー	3
			13	คอกปศุสัตว์ตีนภูเขาฟูจี (富士山麓の牧場)	フジサン　ノ　ボクジョー	3
			16	ภาพถ่ายสีธรรมชาติ-กรุงเทพฯ (天然色写真—バンコク)	バンコック　ノ　イロシャシン	2
			19	กว่ารถจักรจะสำเร็จรูป (機関車が完成するまで)	キシャ　ガ　デキル　マデ	4
			24	ห้องเรียนภาษาญี่ปุ่น (日本語教室)	ニッポンゴ　キョーシツ	1
			25	ชมโรงถ่ายภาพยนต์ (映画撮影所を見学する)	エーガ　ノ　サツエーショ	2
			29	ข่าวสด (ニュース)	アタラシイ　シラセ	0.5
				広告		14.5
				表紙		1
				目次		0.5
				合計		36
18	S18	8	4	กวีสดุดีพณะท่านนายกจอมพล ป. พิบูลสงคราม (元帥ピブーン首相閣下賛詩)	ピブン　シュショー　エ　オクル　シ	1
			5	โรงเรียนการบัญชีทหานเรือ (海軍経理学校)	カイグン　ケーリ　ガッコー	3
			9	ภาวะโชนันในปัจจุบัน (現在の昭南島の状況)	コノゴロ　ノ　ショーナントー	3
			12	การประชุมการแพทย์อาเซียตวันออก (東アジア医学会議)	トーア　イガク　タイカイ	0.75
			13	อนุบาลทารก (赤ちゃんを養護する)	アカチャン　オ　ツヨク　ソダテヨー	5
			18	ซ้อมรูปใช้บนหิมะ (雪上大演習)	マンシュー　ノ　ダイエンシュー	1
			21	สตรีในกล้องจุลทัศน์ (顕微鏡のなかの女性)	ケンビキョー　デ　ミタ　オンナ	3
			25	ถ่ายภาพยนต์ล่าหมี (熊狩り映画を撮る)	クマガリ　オ　シャシン　ニ　ウツス	1
			26	ภาพยนต์เรื่อง "ลมร้อน" (映画「熱風」)	エーガ『ネップー』(アツイ　カゼ)	2
			–	–	บทเรียน ภาษาญี่ปุ่น ニッポンゴ　キョーシツ	1.5
			30	ขาวสด (ニュース)	アタラシイ　シラセ	1
				広告		12.25
				表紙		1
				目次		0.5

第 6 章 『カウパアプ・タワンオーク』の内容分析

巻	発行年	月	頁	目次に表示された題 (筆者による参考日本語訳)	本文に見られる目次外の題 (筆者による参考日本語訳)	実質頁数
				合計		36
19	S18	9	5	ร้อมนตรีต่างประเทศแห่งประเทศไทยเยี่ยมประเทศญี่ปุ่น (タイ国外相の日本訪問)	タイコク ガイムダイジン ニッポン エ	1
			6	ตู้เซฟใหญ่ของธนาคาร (銀行の大金庫)	ギンコー ノ オーキナ キンコ	2
			8	พระพุทธรูปองค์ใหญ่แห่งนครนารา (奈良の大仏)	ナラ ノ ダイブツ	2
			10	กองอากาศยานเหล่านิสสิต (大学生の航空隊)	ダイガクセー ノ コークータイ	2
			13	กสิกรรมรวมทุกหน่วย (全力結集の農業)	ゴーリテキナ ノーギョー	6
			20	วิทยาสาสตร์ลูกปืน (弾丸の科学)	1000000 ブン ノ 1 ビョー ノ シャシン	2
			22	หมวก (帽子)	ボーシ ノ カタ	2.5
			26	ห้องเรียนภาษาญี่ปุ่น (日本語教室)	ニッポンゴ キョーシツ	1
			27	ภาพยนต์เรื่อง "ซูงาตา ซันชีโร" (映画「姿三四郎」)	「エーガ」 スガタ サンシロー	3
			30	ข่าวสด (ニュース)	アタラシイ シラセ	0.75
				広告		12.25
				表紙		1
				目次		0.5
				合計		36
20	S18	10	5	ฟิลิปปินกู้อิสสระ (フィリピン自由を回復)	フィリピン ノ ドクリツ	1
			6	การส่งภาพถ่ายโทรเลข (電送写真)	フィリピン ノ デンソウ シャシン	2
			8	กองดับเพลิงมหานครโตกีโอ (東京都の消防隊)	トウキャウ［トーキョー］ ノ セウボウタイ［ショーボータイ］	4
			12	อากาศยาน (航空機)	アタラシイ ヨイ ヒカウキ［ヒコーキ］	1
			15	หอยในญี่ปุ่น (日本の貝)	ウツクシイ ニッポン ノ カヒ［カイ］	2
			18	โรงพยาบาลสำหรับบุรุสไปรสนีย์ (郵便局職員のための病院)	イウビン［ユービン］ ハイタツフ ノ ビョウキン［ビョーイン］	2
			20	ภาพเขียนสงครามของเด็ก (子どもの戦争画)	コドモ ノ カイタ センサウ［センソー］ ノ エ	3
			24	ข่าวสด (ニュース)	アタラシイ シラセ	0.75
			25	ห้องเรียนภาษาญี่ปุ่น (日本語教室)	ニッポンゴ ケウシツ	1
			27	เที่ยวถ้ำหินย้อย (鍾乳洞に遊ぶ)	ショウニュウドウ ヲ タツネル	2.5
			31	หน้าภาพยนต์-ดาราภาพยนต์ (映画・映画スターのページ)	エイグヮ「エイガ」：コノゴロ ヒャウバン「ヒョーバン」 ノ エイグヮ ハイイウ「ハイユー」	2
				広告		12.25
				表紙		1
				目次		0.5
				合計		36
21	S18	12	5	การประชุมมหาอาเซียตวันออก (อาเซียเปนทองแผนดียว) (大東亜会議、アジアは一枚の命の板)	ダイトウア クヮイギ	4
			10	สงคราม (ปัจจุบัน-อนาคต) (戦争 (現在—未来))	センサウ	5
			15	ถ้วยชามสวรรคโลก (宋胡禄焼の椀)	スワンカローク	3
			18	เสื้อแบบนิยมของสตรี (女性の流行服)	ヲンナ ノ リウカウフク	4
			22	การสเดงกล (手品)	マジュツ	1
			24	ห้องเรียนภาษาญี่ปุ่น (日本語教室)	ニッポンゴ ケウシツ	1
			26	อินเดียกู้อิสสระ (インド自由を回復)	インド ノ ドクリツ	2
			28	ข่าวสด (ニュース)	アタラシイ シラセ	0.75

151

巻	発行年	月	頁	目次に表示された題 (筆者による参考日本語訳)	本文に見られる目次外の題 (筆者による参考日本語訳)	実質 頁数
			30	ภาพยนต์ "เรื่องพายุใต้ทงนั้น" (映画「あの旗の下に輝け」)	エイグワ 「アノ ハタ ヲ ウテ」	2
				広告		11.75
				表紙		1
				目次		0.5
				合計		36
22	S18	12	5	พระวรวงส์เทอ พระองค์เจ้าวรรณ ไวทยกร วรวรรน (ワンワイタヤコーン殿下)	ワンワイ デンカ ノ ヒャウバン	1
			6	กู้อิสสระแลสถาปนามหาอาเซียตะวันออก (大東亜の自由回復と建設)	ダイトウア ノ カイハウト ケンセツ	2
			8	สงครามอากาส (空戦)	ソラ ノ センサウ	4
			13	ความเจริณในเครื่องแต่งกาย (服の隆盛)	キモノ ノ シンボ	3
			16	ผลชัยชนะส่วนรวม (全体的勝利の結果)	ダイトウア センサウ ノ セイセキ	1
			17	ห้องเรียนภาษายี่ปุ่น (日本語教室)	ニッポンゴ ケウシツ	1
			18	ภาพถ่ายสิลป (芸術写真)	ゲイジツシャシン	3
			22	สุนัขทหาน (軍犬)	グンタイ デッカウ イヌ	2.75
			25	ภาพยนต์เรื่อง "สงครามสุดท้าย" (映画「最後の戦争」)	エイグワ 「ケッセン」	3
				広告		9.75
				表紙		1
				目次		0.5
				合計		32
23	S19	2	2	ฝึกหัดม้าทหาน (軍馬の訓練)	キヘイタイ ト ウマ ノ クンレン	4.5
			8	สตรีช่วยงาน (女性の業務補助)	ヂョセイ ノ キンラウホウシ	3
			13	ห้องเรียนภาษายี่ปุ่น (日本語教室)	ニッポンゴ ケウシツ	1
			15	แปลนหอวัชนธัมยี่ปุ่น (日本文化会館の設計図)	ニッポンブンクワイクワン	3
			18	พระพุทธรูปยี่ปุ่น (日本の仏像)	ニッポン ノ ブツザウ	4
			22	ส้างภาพยนต์การ์ตูน (漫画映画の制作)	マングワ ノ エイグワ	4
				広告		11
				表紙		1
				目次		0.5
				合計		32
24	S19	4	2	กองดนตรีทหานเรือ (海軍軍楽隊)	カイグン グンガクタイ	4.5
			8	รื้อฟื้นความซงจำแก่ประเทสไทย (タイ国の古い想い出を呼び返す)	タイコクノ オモヒデ	3
			12	เรือพยาบาล "บูเอนอส ไอเรสมารุ" (病院船「ブエノスアイレス丸」)	ビャウキンセン「ブエノスアイレスマル」	1.5
			14	เรือบินสอดแนมเสนาธิการใหม่ (新司令部偵察機)	シンシレイブ テイサツキ	2
			16	ความเจริณของอาวุธยุทธพันห์ (兵器の隆盛)	ヘイキ ノ ハッタツ	2
			18	นิยมกางเกง (ズボンの流行)	ズボンノ リウカウ	3.5
			22	ห้องเรียนภาษายี่ปุ่น (日本語教室)	ニッポンゴ ケウシツ	1
			23	ข่าวสด (ニュース)	アタラシイ シラセ	1
			24	ภาพยนต์เรื่อง "กองบินประจันบานกาโด" (映画「加藤戦闘機隊」)	エイグワ 「カトウ ハヤブサ セントウタイ」	3
				広告		9
				表紙		1

第6章 『カウパアプ・タワンオーク』の内容分析

巻	発行年	月	頁	目次に表示された題 （筆者による参考日本語訳）	本文に見られる目次外の題 （筆者による参考日本語訳）	実質頁数
				目次		0.5
				合計		32
25	S19	5	2	"กำอำนาจในเบงกอลคือกำสอดกิจของอินเดียทั่วประเทศ" ยุทธการอินเดีย-พม่า ยู้โฆมตีอิมพาล（「ベンガルを握ることはインド全体の経済を握ることだ」インド・ビルマ戦線、インパール奇襲）	インド・ビルマ サクセン：インパールコウゲキ	3
			5	กองทัพรักษาการในภาคเหนือฝึกซ้อมในหิมะ （北部警備隊雪中訓練）	ユキト コホリノ キタノ ケイビタイ	3
			8	สถานเอกอัครราชทูตไทยในโตเกียวโปกคลุมขาวไปด้วยหิมะ（雪で白く覆われた東京のタイ大使館）	ユキニ カザラレタ トウキョウノ タイコクタイシクヮン	1.75
			9	บทกวีของพณะท่าน วิจิต วิจิตวาทการ เอกอัครราชทูต（ウィチット・ウィチットワータカーン大使閣下の詩）		0.25
			10	เรือดำน้ำญี่ปุ่น（日本の潜水艦）	ニッポン ノ センスキカン	4
			14	ห้องเรียนภาษาญี่ปุ่น（日本語教室）	ニッポンゴ ケウシツ	1
			16	เกาะบาหลี วิมานในทะเลใต้ （南海のパラダイス、バリ島）	ユメノ クニ バリータウ	2
			18	ถานทัพสะเบียงอาหาร แมนจูก๊ก（食糧基地満洲）	ショクレウノ キチ マンシウコク	2
			20	ข่าวสด（ニュース）	アタラシイ シラセ	1
			22	พระปรางค์ห้าชั้นของญี่ปุ่น（日本の五重塔）	ニッポン パゴダ 五ジフノ タフ	2
			24	ภาพยนต์เรื่องสตรีสมัครงาน（映画「女子挺身隊」）	ヂョシテイシンタイ	2
				広告		8.5
				表紙		1
				目次		0.5
				合計		32
26	S19	8	2	การประชุมยุวชนชายหนุ่มมหาอาเซียตะวันออก （大東亜青年会議）	ダイトウアノ セイネンノ ザダンクヮイ	1.5
			4	ข่าวสด（ニュース）	アタラシイ シラセ	1
			5	กว่าเครื่องบินจะสำเหร็จเป็นรูป（飛行機ができるまで）	ヒカウキヲ ツクル ジュンジョ	6
			12	ความจริงของอาวุธไฟฟ้า（電気兵器の隆盛）	デンキヘイキノ シンポ	3.5
			17	ห้องเรียนภาษาญี่ปุ่น（日本語教室）	ニッポンゴ ケウシツ	1
			18	ภาพถ่ายแสงเอกซ์เรย์（レントゲン写真）	レントゲン ノ シャシン	2
			20	ภาพยนต์เรื่อง"วิถีทางสัตรี"（映画「女性の道」）	エイグヮ 「ヂョセイ カウロ」	1.5
			22	แนวหลังของอเมริกา（アメリカの銃後）	アメリカノ ジウゴ	2
			25	งานดนตรีฟื้นฟูอาเซีย（興亜音楽会）	コウア オンガククヮイ	1
				広告		11
				表紙		1
				目次		0.5
				合計		32

153

第7章

『カウパアプ・タワンオーク』広告分析

　「大東亜戦争」期における日本の対外プロパガンダ誌には、実は多くの商業広告が掲載されている。この時期の対外プロパガンダ誌の主なものについて商業広告の有無を確認してみると、表7–1に示したとおりである。これまで、こうした対外プロパガンダ誌に掲載されている商業広告については、ほとんど研究がなされてきていない。

表7–1　主な対外プロパガンダ誌における商業広告掲載

誌名	出版	創刊	言語*	商業広告の有無
NIPPON	日本工房→国際報道工芸→国際報道	1934/10	欧米系多言語	○
カウパアプタワンオーク	国際報道工芸→国際報道	1941/12	タイ語	○
現代日本	鉄道省国際観光局	1941 ?	多言語	―
FRONT	東方社	1942/2	多言語	―
SAKURA	毎日新聞社	1942/7	多言語併記	○
太陽	朝日新聞社	1942/7	多言語併記	○
フジンアジア	大阪毎日新聞社・東京日日新聞社	1942/9	多言語併記	○
日本-フィリッピン	日本・フイリッピン社	1942/9?	英語	○
ヒカリ	大東亜出版	1942/12	多言語併記	○
ジャワ・バル	ジャワ新聞社	1943/1	インドネシア語	○

*この欄でいう「多言語」とは多くの言語別に発行されているものをいい、「多言語併記」とは一冊の冊子中に多言語が併記されているものをいう。

　このような対外プロパガンダ誌掲載の商業広告は、訴求対象として誰が想定され、どのような商品やサービスが対象地において提供されようとし、どのような企業がそこに介在しようとしたのかを知る上で、きわめて有益な資料になりうるものであり、「大東亜戦争」期における宣伝と広告との関係を

155

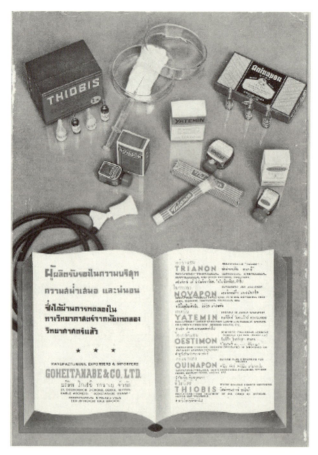

写真7-1　田辺製薬の広告例
(『カウパアプ・タワンオーク』第6号裏表紙)
タイ語で、「生産者は、化学実験室での科学的な検査を経て、正真正銘性と均質性、そして確実性を保証します」とある。綴り字が一部脱落している。

軸として、日本の対外関与のあり方の一端を浮かび上がらせるものである[1]。

「大東亜戦争」期の日本国内における雑誌広告については、加藤敬子による婦人雑誌広告に関する総合的研究や（加藤 1995）、竹内幸絵による情報局

---

[1] 本書でいう「広告」とは主に商業宣伝を、「宣伝」とは主に政治宣伝を意味する。

『写真週報』と広告との関係に関する研究（竹内 2011）、石田あゆうによる婦人雑誌における化粧品広告の研究などのような蓄積はあるが（石田 2015、2016）、対外宣伝メディアにおける商業広告に関する研究は、管見では行われてきていない[2]。難波功士や田島奈都子が描くように、商業広告技術者たちが国策プロパガンダに動員されていく流れについてはこれまでかなり注目されてきたが[3]、宣伝メディアにおける商業広告は逆に盲点になっていたともいえる[4]。

　本章は、対外プロパガンダ誌に掲載された商業広告を分析し、対外宣伝と商業広告との関係を通して「大東亜戦争」期における日本の対外関与の姿を捉え直す端緒を提供することを目的とする。そのため、まずは限定された地域を対象とし、商業広告の傾向を安定的に観察していくことを目指し、日本の対外プロパガンダ誌のうち、その訴求対象を一地域のみに指向し、かつ比較的に長期にわたって継続して刊行されたものとして、本章ではグラフ誌『カウパアプ・タワンオーク』を取り上げ、同誌に掲載された商業広告の概括的な分析を通して、「大東亜戦争」期の日本企業が、タイにどのように関与し、想定されるタイの同誌読者層に何をどのように伝えようとしていたかを、商業広告という媒体から浮かび上がらせ、「大東亜戦争」期における対外宣伝と商業広告との関係を考察しようとするものである。

1　『カウパアプ・タワンオーク』誌上の商業広告と日本企業のタイ進出

　『カウパアプ・タワンオーク』誌上においては、前章において見たとおり、広告面積が1号から26号までの総ページ数の37.7％を占めていた。当時の

---

[2]　海外において出版された日本のメディアにおける広告のあり方としては、カリフォルニア日系誌上の広告（山本武利『広告の社会史』（法政大学出版局、1984年））などとの比較も意味があるだろう。
[3]　難波は、戦時体制下において広告技術者が国策プロパガンダに動員されていく姿を描いている（難波 1998）。田島は、戦時下の商業ポスタが実質的に広告から宣伝へと変質していった様子を描き、広告と宣伝との関係を考えている（田島 2008）。
[4]　国内宣伝メディアにおける商業広告については、竹内が情報局の発行していた『写真週報』を「それ自体が、「報国」という商品を売る「写真広告」だった」と結論するとともに、写真を利用した商業広告についても言及している（竹内 2011: 359-368）。

一般の雑誌と比較しても、広告面積の割合はかなり高い[5]。対外宣伝メディアである『カウパアプ・タワンオーク』は、広告メディアとしても捉えることができよう。約3年間を通して、146社に及ぶ計614件の広告が掲載されている（本章末付表2参照）[6]。

まずは前提として、1940年代前半までの日本企業のタイ進出を、経済史の先行研究によって、再度概観しておきたい。第1次世界大戦前の日タイ両国間の経済関係の重要性はそれほど大きくなく、1930年代前半に世界恐慌によってタイにおけるイギリスの優越的地位が覆されて日本がタイ市場に対する最大の輸出国にのし上がっても、日本の東南アジア全体に対する総貿易額のなかでは、タイのシェアはわずかであった（バトソン 1990: 268-270）。三井物産は1906年にバンコク出張員を置き、1927年に出張所に、1935年にはバンコク支店に昇格させたが、バンコクは国際航路の幹線からはずれていたため、三井物産以外の日系大手商社の進出は遅れたという（疋田編 1995: 80）。

1926年に大阪商船が横浜－サイゴン－バンコク航路を、1928年に三井物産船舶部が名古屋－バンコク航路を開設し、日タイ間の直接輸送が可能になると、1930年代には伊藤忠商事や三菱商事がタイに進出した（疋田編 1995: 80-81）。また、1930年代後半にはタイが綿布のマーケットとして日系商社から注目され、繊維品を取り扱う日本綿花や大同貿易、東洋棉花、又一も進出した（疋田編 1995: 81）。とくに1939年に第2次世界大戦が勃発すると、「日系商社は活路を見出すために東南アジア唯一の自由市場であったタイに殺到」し（疋田編 1995: 81）、1941年までにはタイは東南アジアのなかで最大の対日輸出国となり、日本商品の輸入国としても蘭領東インドに次いで第

---

5 婦人雑誌以外の雑誌における広告紙面構成比は、1931年の調査を参照すると10％前後のものが多いようである（加藤 1995: 65-66）。「圧倒的な広告量」を誇った『主婦の友』では、昭和前期を通じて広告紙面構成比が29.5％に達しており、1939年まではほぼ毎年30％を超えているが、1942年以降には広告紙面構成比が10％以下に低下している（加藤 1995: 51-52）。

6 単一の広告に複数の企業名が記載されている場合は、より本質的と思われる方を計数した。たとえば、「横浜タイヤ」の広告には、生産者としての横浜ゴムの社名とともに「唯一の代理店」と記載されている三菱商事の社名が掲載されているが、横浜ゴムの広告として計数している。一方で、「カガシ化粧品」の広告には、輸入・販売業者としての丸善の社名とカガシ化粧品の社名とが掲載されているが、丸善の広告には他の商品に関する言及も存在するため、丸善の広告として計数している。

2位になった（バトソン 1990: 270）。日本商品としては、綿布の割合が高かった[7]。

1942年時点でのタイにおける日本人貿易会員については、『日本工業新聞』1942年5月26日の記事によれば、「株式会社安宅商会、大同貿易株式会社、伊藤洋行、滝定商店、岩井商店、田村駒商店、岩尾商店、豊島商店、梅原商店、東洋棉花株式会社、SK商会、西沢八三郎商店、江畑貿易商会、日本綿花株式会社、大倉商事、野村商店、木田商社、服部商店、大谷洋行、能多商会、加藤物産株式会社、橘商店、鐘紡サーヴィス株式会社、日高洋行、亀山商店、江商株式会社、佃田貿易会社、海陸物産株式会社、丸永商店、三興通商株式会社、三菱商事、三井物産、昭和通商、須田徳商店、シトラパラニット、大信貿易、八木商店、大南公司（,）山本顧弥太商店、泰日貿易株式会社、南洋商行」（（ ）は明確な脱字を補った部分）の41社であった[8]。ただし、日本人貿易会に加わっていない日系進出企業もあったと考えられる。1945年8月15日時点では、外務省の調査によれば、112社に及んでいる[9]。

表7-2　本社所在別掲載ページ数推移

(単位：ページ)

年	月	号	大阪	東京	日本内地	その他、	台北	バンコク	記載なし
1941	12	1	10.9	10.3	1.0	0.3	0.0	0.5
1942	1	2	7.9	5.6	0.0	0.0	0.0	0.0
	2	3	8.8	1.0	1.5	0.0	0.0	0.0
	3	4	7.8	2.3	0.0	0.0	0.0	0.0
	4	5	6.8	5.5	1.3	0.0	0.5	0.0
	5	5.5	10.9	1.0	0.0	0.0	0.0
	6	7	7.3	6.6	0.0	0.0	0.5	0.5
	7	8	6.8	5.3	0.0	0.0	0.0	0.0
	8	9	10.3	6.8	0.0	0.3	0.5	0.0
	9	10	5.8	5.9	0.3	0.0	0.0	0.0
	11	11	13.5	11.3	1.8	0.0	0.5	0.5
	12	12	11.0	7.0	1.0	0.0	0.0	0.0
1943	1	13	6.7	5.0	0.0	0.0	0.5	0.0
	4	14	9.5	5.5	0.0	0.0	0.5	0.0
	5	15	10.5	6.8	0.0	0.0	0.5	1.0
	6	16	8.5	8.5	0.5	0.0	0.5	0.0
	7	17	7.0	6.0	0.0	0.0	0.5	0.0
	8	18	6.5	4.3	0.0	0.0	0.5	0.0
	9	19	7.8	4.0	0.0	0.0	0.5	1.0
	10	20	5.3	4.3	0.0	0.0	0.5	1.0
	12	21	7.3	3.8	0.0	0.0	0.0	1.0
	12	22	5.8	3.0	0.0	0.0	0.0	0.0
1944	2	23	4.0	5.0	0.0	0.0	0.0	0.0
	4	24	5.5	2.5	0.0	0.0	0.0	0.0
	5	25	5.8	0.8	1.0	0.0	0.5	1.0
	8	26	5.5	3.5	1.0	0.0	0.0	1.0
構成比(%)			53.5	38.9	3.7	0.2	3.5	0.3

*各地域に本社・本店等を置く企業の広告のページ数合計を小数点第2位以下四捨五入で示している。

7　1939–1940年の統計では、タイにおける日本からの総輸入額の52.2％を綿織製品が占めている（台湾総督府外事部編 1943: 849–850）。
8　「泰に「日本人貿易会」」（『日本工業新聞』1942年5月26日、神戸大学附属図書館蔵）。
9　外務省管理局『シヤム国ニ於ケル邦人関係事業投資概要』（JACAR（アジア歴史資料センター）Ref.B05013068500（海Ⅲ-1-6、外務省外交史料館））。

2 広告企業所在地

　では、『カウパアプ・タワンオーク』に掲載された商業広告は、上で概観してきたような日タイ関係をどのように反映しているだろうか。まずは、広告に記載された企業所在地を見ていきたい。

　表7–2は、広告企業に記載されていた本社等の所在地を、ページ面積ベースで示したものである。全体として、大阪に本社等を置く企業の広告が、広告総ページ面積の53.5％を占めており、半数を超えている。これは、タイへの進出が多かった繊維・衣料系企業の広告主のほとんどが大阪に本社等を置いていることや[10]、広告面積の大きい薬品・化粧品系企業の半数以上が大阪に本社等を置いていることが影響しているといえよう。上掲の1942年時点での「日本人貿易会員」41社のうち、『カウパアプ・タワンオーク』誌上の広告主となっている企業は19社であり、そのうち14社が大阪に本社等を置いた企業であって、神戸に本社等を置く企業が2社、東京に本社等を置く企業が3社にすぎないことを見ると、タイ進出日系企業が大阪に本社・支店を置いていた比率は高かったことが推察される。大阪は、商工会議所自体も5回にわたって広告を掲載しており、日系企業のタイ進出において大阪に本社等を置く企業が果たした役割は大きかったといえよう。

　バンコクに本社等を置く企業の広告は、繊維・衣料業のオーロラおよび岩尾[11]と商社の丸善[12]のものが見られ、1942年4月発行の5号にはじめて出現し、それ以降はほぼ毎号、広告が掲載されている。全体としては広告総ページ面積の3.5％を占めるに過ぎないが、『カウパアプ・タワンオーク』が東京で制作されていたことを考えれば、現地化企業としての存在感を示してい

10　綿糸布の輸出に関する産業団体であった「日本綿糸布輸出組合」も、大阪に置かれていた（通商産業省編 1971: 313）。

11　「岩尾」は、広告の記載によれば、当初は所在地を大阪としていたが、1943年4月発行の14号以降は所在地をバンコクとしている。疋田らによれば、岩尾商店はタイに進出した日系の「小企業」の一つであった（疋田編 1995: 365）。

12　「丸善商店」は、バンコクにおける日系の「現地化企業」の一つであった（疋田編 1995: 366）。『カウパアプ・タワンオーク』誌上の広告には、「Z. P. M」の商標を用いており、「Maruzen Z. P. Maruya & Co.」と記されている。シーロム通りの所在地が記されているが、1943年1月発行の13号には、ニューロードに新規に日本語書籍と各種絵画を扱う部署を設置した旨がタイ語で広告されている。初出の第5号より基本的にタイ語を用いている点が特徴的である。化粧品のカガシを主力商品として広告していることが多い。

るといえよう。ただし、第5章でとりあげた『日泰文化』とは異なり、タイ資本と思われる企業の広告は掲載されていないことから、本誌は純然たる日本側の宣伝・広告媒体であったといわざるを得ない。また、表6-2に示すように、タイに支店・代理店等をもっていることが広告上に明記されている企業は、総件数の27.0％を占めた。とくに1942年3月に発行された4号では、50％の広告にタイ支店・代理店等が記載してある。増減はあるが、概ね30％前後を上下しており、最低の号で18％ほどであった。タイに進出している日系企業が、タイの人々に訴求しようと広告を出していたことがわかる。

3　広告企業業種

　次に、広告企業の業種を見ておきたい。広告主の業種を、広告内容から判断して分類してみると表7-3のようになる[13]。

　最も広告ページ面積が大きかったのは、薬品・化粧品・飲料の製造・販売広告（31.3％）であった。薬品・化粧品の広告は、1930年代の広告量においてトップであり[14]、『カウパアプ・タワンオーク』もその傾向を踏襲しているといえる。ただし、加藤による婦人雑誌広告の研究によれば、1940年代初頭の『主婦の友』や『婦人公論』における薬品・化粧品の広告件数は全広告件数の5割から6割程度を占めているので、それらに比べれば『カウパアプ・タワンオーク』における掲載広告の業種バリエーションは、より大きいといえるだろう[15]。

　薬品・化粧品広告に続いて、まとまって目立つのは、繊維関係企業14.2％

---

[13] 広告内容からの判断なので、企業史等の先行研究上の分類とは異なる部分がある。なお、「商社」に区分した企業には、三井物産や三興（1941年に伊藤忠商事・丸紅商店・岸本商店の合併により発足）のような総合商社のほか、複数分野の商品の輸入販売に横断的に関わる広告が掲載されている場合を含んでいる。
[14] 日本の新聞広告においては、化粧品広告が大正期にトップになり、その後、薬品広告と首位を争った（今泉1967: 35–38）。石田は、婦人雑誌では化粧品広告が強大な広告主となっていたといい、戦時下にあっても広告面積やフレーズの方向性を変化させながらも化粧品広告の優位が続いたことを豊富な事例を紹介しながら指摘している（石田2015、2016）。
[15] 加藤（1995: 50–51）による。ただし、加藤の研究は件数ベースであるのに対して、本稿はページ数ベースである点には注意が必要である。

表7-3 業種別広告掲載ページ数推移

(単位：ページ)

年	月	号	薬品・化粧品・飲食料	諸工業	繊維・衣類・装飾品	海運	商社	文房具	写真用品	観光	放送	保険	百貨店	出版	銀行	協会	玩具	種苗
1941	12	1	4.67	6.50	3.50	1.00	3.50	1.50	0.50	1.00	0.00	0.00	0.50	0.00	0.00	0.33	0.00	0.00
1942	1	2	2.83	2.00	3.25	0.00	2.33	0.25	0.00	1.00	0.00	0.50	1.00	0.00	0.00	0.33	0.00	0.00
	2	3	4.00	2.00	2.75	0.00	1.50	0.00	0.00	0.00	0.00	0.00	1.00	0.00	0.00	0.00	0.00	0.00
	3	4	2.25	2.00	3.50	0.00	1.00	0.25	0.00	0.50	0.00	0.00	0.00	0.00	0.00	0.00	0.00	0.00
	4	5	4.75	2.25	1.50	1.00	2.50	0.00	0.25	1.00	0.00	0.00	0.00	0.00	0.00	0.25	0.00	0.00
	5	6	3.75	10.50	1.50	1.00	0.50	0.25	0.00	0.00	0.13	0.00	0.50	0.00	0.00	0.25	0.00	0.00
	6	7	5.50	3.25	1.50	2.50	0.00	0.25	0.25	1.00	0.13	0.00	0.00	0.00	0.00	0.25	0.00	0.00
	7	8	5.75	2.00	0.00	1.00	1.25	1.25	0.00	0.00	0.00	0.25	0.00	0.00	0.00	0.00	0.00	0.00
	8	9	8.00	2.75	1.00	2.00	1.00	1.00	0.00	1.00	0.00	0.00	0.00	0.00	0.00	0.00	0.00	0.00
	9	10	3.75	2.75	1.00	0.00	0.50	2.00	0.25	0.00	0.13	0.00	0.00	0.00	0.00	0.00	0.00	0.00
	11	11	6.38	5.75	4.50	2.50	2.63	2.75	0.00	0.00	1.25	0.13	0.00	1.00	0.13	0.00	0.00	0.00
	12	12	6.25	3.75	2.00	1.00	1.50	2.50	0.25	0.00	0.00	0.00	0.00	1.00	0.00	0.25	0.00	0.00
1943	1	13	4.25	2.75	0.50	0.00	1.00	1.75	0.00	0.00	0.00	0.00	0.00	0.00	0.00	0.00	0.00	0.25
	4	14	5.00	2.50	1.50	1.00	2.00	1.25	1.25	1.00	0.00	0.00	0.00	0.00	0.00	0.00	0.00	0.00
	5	15	6.00	2.25	3.00	2.00	2.00	1.50	0.00	0.50	1.00	0.00	0.00	0.00	0.00	0.00	0.00	0.00
	6	16	4.75	7.00	1.50	2.00	0.00	1.50	0.00	0.00	0.25	0.00	0.00	0.00	0.00	0.00	0.00	0.00
	7	17	4.00	3.92	2.00	1.00	1.25	1.25	0.00	0.00	0.00	0.33	0.00	0.00	0.00	0.00	0.00	0.00
	8	18	5.25	1.25	1.50	2.00	0.00	0.50	0.00	0.50	0.00	0.00	0.00	0.00	0.00	0.00	0.00	0.00
	9	19	3.50	0.75	3.50	0.00	1.75	0.00	0.50	0.50	0.50	0.00	0.00	0.00	0.00	0.00	0.00	0.00
	10	20	2.75	2.00	2.50	2.00	1.00	0.50	0.00	0.50	0.00	0.00	0.00	0.00	0.00	0.00	0.00	0.00
	12	21	4.50	0.50	3.00	2.00	0.00	1.25	0.00	0.50	0.00	0.00	0.00	0.00	0.00	0.00	0.00	0.00
	12	22	4.75	0.00	1.00	1.00	1.25	0.75	0.50	0.50	0.00	0.00	0.00	0.00	0.00	0.00	0.00	0.00
1944	2	23	3.00	1.50	2.00	2.00	0.92	0.25	0.50	0.00	0.50	0.00	0.33	0.00	0.00	0.00	0.00	0.00
	4	24	4.25	0.00	1.00	2.00	1.00	0.25	0.00	0.50	0.00	0.00	0.00	0.00	0.00	0.00	0.00	0.00
	5	25	3.75	1.00	2.00	1.00	0.00	0.25	0.00	0.00	0.00	0.00	0.00	0.00	0.00	0.00	0.00	0.00
	8	26	3.50	2.00	2.00	3.00	0.50	0.50	0.00	0.00	0.00	0.00	0.00	0.00	0.00	0.00	0.00	0.00
構成比（％）			31.3	19.5	14.2	9.9	8.8	7.1	2.1	1.9	1.7	0.9	0.7	0.7	0.5	0.4	0.1	0.1

である。繊維関係企業広告の割合は、当時の婦人雑誌広告と比較して大きく[16]、このことは『カウパアプ・タワンオーク』の特徴ともいえるだろう。前述のとおり1930年代後半から繊維品を取り扱う企業が盛んにタイに進出していたことを反映していると考えられる。

---

16 加藤（1995: 50–60）によれば、当時の婦人雑誌において繊維関係広告は目立つ存在ではなかったようである。

そのほか、繊維・文房具等を除く諸工業の広告面積割合も19.5％と大きく、海運9.9％、商社8.8％と続く。これらは、当時の日本企業がタイ向けに訴求しようとしたものといえる。

一方で、当時の雑誌広告において大きな位置を占めていたという出版図書関係広告は、『カウパアプ・タワンオーク』にはほとんど見られない。銀行・百貨店の広告も非常に限定されている。これは、広告の受け手が広告の送り手と言語・国境を隔てていることによるだろう。

萬年社『広告年鑑』昭和16年版に掲載されている「主要広告主一覧」と比較してみると（山本編 1985: 第5篇7–28）、『カウパアプ・タワンオーク』誌上広告の掲載回数上位には『広告年鑑』の「主要広告主」である田辺製薬[17]や大阪商船、真崎大和鉛筆、山之内製薬といった企業が名を連ねており、広告の全体傾向は内地と軌を一にしていることがわかる。ただし、『広告年鑑』の「主要広告主」に挙げられた「薬品」関係企業のうち、東京の企業はほとんど『カウパアプ・タワンオーク』に広告を出していないのに対して（72社中3社のみ）、大阪の企業が数多く広告を出していることは特徴的である（52社中10社）。同様に、「化粧品」関係企業では、『広告年鑑』の「主要広告主」に挙げられた東京の企業34社中5社に対して大阪の企業は20社中5社が『カウパアプ・タワンオーク』に広告を出している[18]。大阪企業の優位が、とくに広告面積の大きい薬品・化粧品関係企業において顕著に見られたといえよう。『広告年鑑』の「主要広告主」に挙げられた企業では、その他、「飲食料品」48社中1社（森永製菓）、「百貨店・服装品」18社中1社（三越）、「機械器具」19社中5社、「文具・事務用品」12社中4社、「会社」37社中4社、「出版」23社中0社、「雑」18社中1社（大阪商船）が『カウパアプ・タワンオーク』に広告を出している。「飲食料品」では、酒造や醤油メーカーなどが『広告年鑑』の「主要広告主」に数多く名を連ねているものの、『カウパアプ・タワンオーク』には広告を出していない。飲食料品はタイには販路を期待せず、タイ人への訴求は考えていないものと推察され

17　田辺製薬は、1943年の社名変更まで「田辺五兵衛商店」として広告を出している。全号に1ページずつの広告を掲載しており、広告貢献度が非常に高い。

18　そのほか、大阪の「カガシ化粧品」については、バンコク所在の企業である丸善が主に扱っている。

る。「会社」では、生命保険4社のみが『カウパアプ・タワンオーク』に広告を出しているのに対して、信託や証券は広告を出していない。交通系企業は、大阪商船以外は『カウパアプ・タワンオーク』には広告を出していないが、日本国内の鉄道がタイ人読者に訴求する必要性は小さいことを考えれば当然といえる。映画や劇場系企業も広告を出していないのも同様の理由であろう。

　逆に、『カウパアプ・タワンオーク』に広告が多く見られる繊維関係企業や商社の多くは、『広告年鑑』の「主要広告主」に名が見当たらず、繊維や商社の広告の多さは、日本から見た綿布マーケットとしてのタイの位置付けが反映されたものであり、内地向けと比べたタイ向けの雑誌広告の特徴といえるだろう。

4　広告における使用言語

　次に、広告に使用される言語について見てみたい。タイ人に向けた宣伝メディアにあって、読者に訴求する広告の言語として何語が用いられたのであろうか。

　全体としては、前章第2節で見たとおり、広告総件数の88.8％は英語を使用しており、タイ語使用は43.3％、日本語使用は9.3％となっている（表7-4参照）。とくに当初は、記事自体も英語が中心であったことを見ても、広告における英語使用の割合が大きいことは自然である。英語が用いられたのは、英語を理解できる層のタイ人に訴求する意図もあったかもしれないが、それ以上に『カウパアプ・タワンオーク』の製作側や

表7-4　業種別言語使用率

(単位：％)

業種	広告数(件)	日本語	英語	タイ語
出版	3	-	33.3	100.0
協会	6	-	16.7	100.0
放送	15	-	20.0	80.0
海運	38	31.6	39.5	73.7
薬品・化粧品・飲食料	190	11.1	88.9	56.8
諸工業	122	2.5	95.9	38.5
繊維・衣類・装飾品	78	6.4	98.7	35.9
商社	47	2.1	100.0	29.8
観光	7	-	100.0	28.6
写真用品	18	-	100.0	27.8
文房具	70	20.0	100.0	18.6
保険	9	-	100.0	-
百貨店	7	-	100.0	-
銀行	2	-	100.0	-
種苗	1	100.0	100.0	-
玩具	1	-	100.0	-
全体	614	9.3	88.8	43.3

広告主側にタイ語を理解する人材が不足していたことが原因であったと考えられる[19]。しかし、経年変化を見れば、英語使用広告は次第に減少し、タイ語・日本語使用広告が増加していく。とくにタイ語使用の増加は顕著であり、1944年段階では、英語使用広告比率とタイ語使用広告比率はほぼ並ぶ。

使用言語を業種別に見てみると（表7-4参照）、広告件数が多い業種では、薬品・化粧品・飲食料品関係や工業関係、繊維関係の、高いタイ語化努力が認められる。また、広告件数はそれらの業種ほど多くないものの、海運の広告もタイ語化努力が高い。さらに協会については、大阪商工会議所と日タイ協会の広告があるが、とくに大阪商工会議所の広告は全てタイ語のみを用いていることは注目に値する。これらの業種では、タイ人読者に強く訴えかける必要があったと推察できる。そのほか、出版については『カウパアプ・タワンオーク』の出版元である日本報道工芸がタイ向けプロパガンダ誌の広告を、放送については日本放送協会がタイ向けプロパガンダ放送の広告を、それぞれタイ語で行っているのは当然といえよう。一方で、銀行・保険・百貨店の広告は、英語のみのものばかりで、タイ人読者に対する歩み寄りが弱いといえる。

5　小結

以上、観察してきたように、『カウパアプ・タワンオーク』誌においては、総ページ数の約4割を占める計614件146社の広告が掲載されており、当時の日本国内における一般の雑誌に比べても広告ページ比率は大きかった。

広告主に注目すると、大阪に本社等をもつ企業の広告面積が最も大きかったが、これはタイを重要なマーケットとして捉えていた繊維・衣料系の広告主が大阪に多かったことや、広告面積の大きい薬品・化粧品系企業の多くが大阪に本社等を置いていたことに起因している。タイに支店もしくは事務所や代理店等をもっていることが広告上に明記されている企業は、約3割で

---

[19] 前章でも見たように、タイ語への翻訳についてはタイ人留学生2名が動員されたが、その他には社内でも情報局や軍情報部でもタイ語を解するものはなかったので、内容や訳文のチェックのしようもなかったという（師岡 1980: 157-158）。時折、タイ文字が左右反転していたり上下逆だったりする部分も見られる。

あった。
　業種としては、当時の日本国内雑誌等掲載広告と同様に薬品・化粧品の製造・販売広告が広告全体の3割強に及んだ。繊維関係企業の広告も広告全体の1.5割程度と多く見られ、綿布マーケットとしてのタイの位置付けを反映していると考えられる。その一方、日本国内の広告には多く見られた出版図書関係広告は、タイ向けプロパガンダ誌の広告以外はほとんど見られず、飲食料品・銀行・百貨店・交通機関・劇場等の広告も非常に限定されているのは、広告の受け手が広告の送り手と言語と国境を隔てていることによると考えられる。
　広告の使用言語としては英語が最も多く、次いでタイ語を用いた広告が半数弱、日本語を用いたものは一割にも満たなかった。推移をみると、英語使用広告は次第に減少し、タイ語・日本語使用広告が増加し、1944年段階では、英語使用広告とタイ語使用広告の比率がほぼ並んでいくこともわかった。
　業種別に使用言語をみると、銀行や保険・百貨店は、使用言語も英語のみを用いており、タイ人読者に対する歩み寄りが弱いように思われる一方、タイ向けプロパガンダを扱う出版・放送関係のほか、薬品・化粧品関係や工業・繊維関係、海運の広告はより高いタイ語化努力が観察された。これらの商品を扱う企業が、とくに当該誌を手にするタイ人読者に強く訴えかける必要性を有していたことが読み取れる。
　以上のような意味で、商業広告も、日本の宣伝の一環であったと捉えることも可能である。これは、掲載記事の分析から『カウパアプ・タワンオーク』が日本人の近代的な日常生活をタイ人に紹介しようとしたものであったと結論した前章の見方を、商業広告の分析から裏付けるものであるともいえよう。あるいは逆の見方をすれば、前章で見たように化粧や服装に関する記事が広告に並んで掲載されていることから、宣伝も広告の一環であったと捉えることもできるかもしれない。タイ人に対して、『カウパアプ・タワンオーク』の商業広告のみではなく記事と商業広告との相乗効果を通して、日本の綿布や化粧品・薬品などを売り込もうとする意図を読み取ることも可能であると考える。この点、戦時下の商業ポスタが広告から宣伝へ変質したという田島（2008）の見方とは逆のベクトルから、商業広告の一環としての対

外宣伝のあり方として眺めることができる可能性もある。

　この点に関しては、たとえば1941年に刊行された『南方圏の経済的価値』に次のように「南方圏」の経済的位置付けが書かれていることと符合すると言えるだろう。

> 南洋諸国が戦時下の我国にとって、最も必要なゴム、錫、石油其の他の供給地として地理的にも最も重要な地位を占めてゐる。而して南洋諸国の重要性は之のみではない。我国輸出市場としても重要な地位を有してゐる。即ち南洋諸国は列強の植民地又は半植民地であり、此の地域に住む住民は何れも著しく生活水準が低い。それ故に欧米の高価な製品に比べて、比較的安価な我が軽工業品の重要な需要地の一つであることである。（緒方編 1941: 21）

　同書には、タイにおける日本との貿易の可能性として、「泰国人は一般に収入乏しく購買力低い為、廉価良好なる我国商品は彼等泰国人の生活に適応して」おり、「泰国に於ける日本商品の進出余地は未だ尚大いに残されてゐると言ふことが出来る」とも述べられている（緒方編 1941: 342）。『カウパアプ・タワンオーク』の商業広告を観察すると、日本にとって、タイを含む東南アジア地域が、緒方のいう「我国輸出市場」としての重要性をもっており、宣伝グラフ誌を商業広告にも活用したように捉えられるのである。

付表2 『カウパアプ・タワンオーク』に掲載された広告企業一覧（登場回数順）

企業名	本社等位置	『広告年鑑』主要広告主	登場回数	号（単位：ページ）							
				1	2	3	4	5	6	7	8
田辺製薬	大阪	○	26	1	1	1	1	1	1	1	1
大阪商船	大阪	○	20	1				1	1	1	1
真崎大和鉛筆	東京	○	19		0.25		0.25		0.25	0.25	0.25
山之内製薬	東京	○	19					1	1	1	1
桃谷順天館	大阪	○	15	0.5					0.5		0.5
武田薬品工業	大阪	○	15			1				0.5	1
日本放送協会	東京		15						0.125	0.125	
パイロット万年筆	東京	○	15								
サンエッチ	大阪		14					0.25		0.25	0.25
岡本ノート	大阪	○	13	1							1
三興	大阪		12	1	1	1	1				0.5
日本タイプライター	東京		12	1	1		1		1	1	1
ワカモト	東京	○	12	0.25				0.5		0.25	
福井商店	大阪	○	12								
丸善商店	東京	○	12								
日本郵船	東京		11							1	
塩野化工	大阪		11							0.5	0.25
東洋紡績	大阪		10	1		1					
丸永商店	大阪		10	0.25			0.5		0.5		
岩尾	大阪 → バンコク		10		0.5				0.5		
丸善	バンコク		10					0.5	0.5	0.5	0.5
日本タイル商会	東京		10					0.25	0.25	0.25	0.25
小西六写真工業	東京	○	9	0.5			0.5				
松下電器貿易	大阪		9			1	1				
オーロラ	バンコク		9								
鉄道省	東京		7	1	1			1		1	1
三越	東京	○	7	0.5	0.5						
三井船舶			7							0.5	
第一製薬	東京	○	7								
三井物産	東京		6	1	1			1			
塩野義製薬	大阪	○	6	1	1						
福田源商店	大阪	○	6			1	1		1		1
有馬研究所	大阪		6				0.25	0.25	0.25	0.25	0.25
Miki Shoten	東京		6					0.25			
芝浦工作機械	東京		6								
千代田組	東京		6								
田附	大阪		5	1							
藤倉電線	東京		5	0.5					0.5		
大阪商工会議所	大阪		5	0.33	0.33				0.25	0.25	
山田安民薬房	大阪	○	5	0.33	0.33					0.5	
大倉商事	東京		5			0.33				0.5	
日蓄工業	川崎		5				1				
資生堂	東京		5								
富士通信機製造	東京		4	0.5				0.5			

168

第7章 『カウパアプ・タワンオーク』広告分析

号 (単位：ページ)																		
9	10	11	12	13	14	15	16	17	18	19	20	21	22	23	24	25	26
1	1	1	1	1	1	1	1	1	1	1	1	1	1	1	1	1	1
1	1	1	1	1		1		1			1	1	1		1	1	1
0.25	0.25	0.5	0.5	0.5	0.5	0.5	0.5	0.5	0.25	0.5	0.25	0.25	0.25				
1	1	2	2	1	1	1	0.5	0.5	0.5	0.5	0.5	0.5	0.5	0.5			
0.5		1			0.5	0.5	0.5	0.5		0.5	0.5	0.5	0.5		0.5	0.5	
1			1		1	1	1		1			1	1	1	1	1	1
	0.125				0.5	0.5	0.5	0.5	0.5	0.5	0.5	0.5	0.5	0.5	0.5	0.5	0.5
	0.25	0.25	0.25	0.25	0.25	0.25	0.25	0.25	0.25	0.25	0.25	0.25	0.25	0.25			
0.25	0.25	1	0.25	0.25	0.25	0.25	0.25	0.25	0.25	0.25							
	0.5	1	1	0.5	0.5	0.5	0.5	0.5	0.5	1		0.5					
1		1			1		1			1		1		1			
1	1	1.125	1	1				0.67									
0.25		0.25		0.25		0.25		0.25		0.25		0.25		0.25		0.25	
0.5		0.5		0.5		0.25	0.25	0.25	0.25	0.25		0.25	0.25			0.25	0.5
0.25		0.25			0.25	0.25	0.25	0.25	0.25	0.25	0.25	0.25	0.25	0.25			
1		1		1		1	1		1		1	1			1		1
0.5	0.5		0.5	0.5	0.5	0.5	1	0.5	0.5								
		1			1		1			1	1			1		1	1
0.5			0.5	0.5		0.5	0.5		0.5		0.5						
	0.5	0.5			1	1	1	1	0.5	0.5							
0.5	0.5	0.5		0.5	0.5	0.5											
0.25	0.25	0.25	0.25	0.25	0.25												
		0.5			0.5				0.5	0.5			0.5	0.5			
		1				1	1	1				0.5					
									0.5	0.5	1	1	1	1	1	1	1
	1			1													
		0.125			0.5			0.33						0.33			
		0.5				1		1			1			1			1
									0.5	0.5	0.5	0.5	0.5		0.5		0.5
			1		1									0.67			
														1		1	1	1
1		1															
0.25																	
	0.25	0.25	0.25	0.25			0.25										
1		1				1		1		1			1				
		0.125						0.25		0.25			0.25	0.25			0.5
		0.5			0.5	0.5				0.5							
					0.5									0.5			0.5
		0.25															
					0.5							0.5					
		0.5				0.5				0.5							
		0.5			0.5		0.5			0.5							
		0.5		0.5		0.5		0.5		0.5							
		0.5					0.5										

企業名	本社等位置	『広告年鑑』主要広告主	登場回数	1	2	3	4	5	6	7	8
西沢八三郎商店	大阪		4		0.5	1					
山本顧弥太商店	大阪		4								
澤井商店	大阪		4								
日立	東京		4								
桑田商会	大阪		4								
古河電気	東京		3	1					0.5		
ヒシヒラ商会	大阪		3	0.5	0.5			0.5			
国際報道工芸	東京		3		1	1			0.5		
須田徳商店	大阪		3		0.33	0.25					
西岡貞商店	大阪		3			0.5				0.5	
三井生命保険	東京	○	3					0.25			0.25
帝国生命保険	東京	○	3					0.25			
Simamoto Machine Tool Works, Ltd.	東京		3					0.5	0.5		
横浜ゴム	東京		3						1		
荏原製作所	東京		3						0.5		
タカタモーター製作	東京		3						0.5		
中山太陽堂	東京	○	3								0.5
上田写真機店	大阪		3								
伊藤千太郎商会	大阪	○	3								
クレパス本舗株式会社桜商会	大阪		3								
日本農機具輸出組合	東京		2	0.5	0.5						
桜麦酒	大阪		2	0.5		0.5					
Kato Shoji Co., Ltd.			2	0.5					0.5		
花王石鹸		○	2	0.5					0.5		
高橋製帽所	大阪		2		0.25						
八木商店	大阪		2					0.5	0.5		
豊島商店	大阪		2					0.5		0.5	
神戸衛生実験所	神戸	○	2					1	0.5		
安宅産業	大阪		2					1			
森下仁丹	大阪	○	2					0.5		0.5	
東洋綿花	大阪		2					0.5			
日本タイヤ	東京		2						1		
日本自動車	東京		2						1		
安全自動車	東京		2						0.5		0.5
小西製作所	東京		2						0.25	0.25	
日本染料製造	大阪	○	2								
The Nippon S.P.C. Co., Ltd.	東京		2								
辻医科器械	大阪		2								
日本ペン先株式会社	大阪		2								
横浜正金銀行	横浜		2								
千代田生命保険	東京	○	2								
帝国社臓器薬研究所	川崎		2								
清水源商店	大阪		2								
日本薬品輸出	大阪		2								
鐘淵工業	神戸		2								

第7章 『カウパアプ・タワンオーク』広告分析

号（単位：ページ）																		
9	10	11	12	13	14	15	16	17	18	19	20	21	22	23	24	25	26
										1		1					
0.5				0.5	0.5				0.5								
0.25	0.25	0.25	0.25														
	1					1		1			1						
	0.25		0.25		0.25	0.5											
							0.5										
			0.5														
			1														
				0.25													
		0.125					0.25										
		0.5															
		0.125					1										
		0.5					0.5										
								0.5									0.5
	0.25		0.5														
0.5			0.5		0.5												
0.25	0.25		0.25														
	0.25	0.25	0.25														
	0.25																
			0.5														
												1					
							1										
							1										
0.5		0.5															
0.25		0.125															
0.25			0.25														
	0.25		0.25														
		1	1														
		1					1										
		0.25							0.5								
				1		1											
					0.5				1								
																1	1

企業名	本社等位置	『広告年鑑』主要広告主	登場回数	1	2	3	4	5	6	7	8
日本電気	東京		1	1							
三菱商事	東京		1	1							
東洋防水布	東京		1	1							
安藤電気	東京		1	0.5							
ローラ	大阪		1	0.5							
鐘淵紡績	神戸		1	0.5							
日本ノート学用品	大阪		1	0.5							
大日本製糖	台北		1	0.33							
東洋帆布	大阪		1	0.25							
安住大薬房	大阪	○	1	0.25							
S. Inoue & Co., Ltd.	大阪		1		0.5						
松本竹商店	大阪	○	1		0.5						
Kaneyama Shoten, Ltd.	大阪		1		0.33						
Ohta & Co. Ltd.	大阪		1		0.33						
出口レース店	大阪		1		0.25						
天野吉商事	大阪		1		0.25						
又一株式会社	大阪		1			1					
神戸海陸産貿易	神戸		1			0.5					
宇野達之助商会	大阪	○	1			0.5					
滝定商店	大阪		1				1				
日本綿花	大阪		1					1			
三葉商会	大阪		1					0.5			
ユニバーサル	大阪		1					0.25			
田嶋商店	神戸		1					0.25			
川崎車両	神戸		1						0.5		
自動車商工会社	東京		1						0.5		
車輪工業	東京		1						0.5		
トヨタ	愛知	○	1						0.5		
日産自動車販売	東京	○	1						0.5		
日本内燃機	東京		1						0.5		
田村駒商店	大阪		1							0.5	
木村徳兵衛商店	東京		1								0.25
森永製菓	東京	○	1								0.25
日本写真貿易	大阪		1								
小林商店	東京	○	1								
平尾賛平商店	東京	○	1								
高砂化学工業	台北		1								
高橋林三郎商店	東京		1								
三共	東京	○	1								
丸美屋商店	東京		1								
Fujii Otojiro Shoten, Ltd.	大阪		1								
大藪ペン先製造所	尼崎		1								
今村弥商店	大阪		1								
江商株式会社	大阪		1								
大日本紡績	大阪		1								

第 7 章 『カウパアプ・タワンオーク』広告分析

号（単位：ページ）																		
9	10	11	12	13	14	15	16	17	18	19	20	21	22	23	24	25	26
0.5																	
0.5																	
0.5																	
0.25																	
0.25																	
0.25																	
	0.5																
	0.25																
	0.25																
	0.25																
		1															
		1															

企業名	本社等位置	『広告年鑑』主要広告主	登場回数	号（単位：ページ）							
				1	2	3	4	5	6	7	8
帝国除虫菊	大阪	○	1								
三井	東京		1								
日タイ協会	東京		1								
万寿企業	東京		1								
三菱	東京		1								
有隣生命	東京	○	1								
Nippon Toshoku Kaisha Ltd.	大阪		1								
湯浅金物	東京		1								
松下電器	大阪	○	1								
タキイ種苗	京都		1								
会陽科学研究所	大阪		1								
長岡佐助商店	神戸	○	1								

*企業名は、原文に日本語があるものはそれを、英語・タイ語で記載されている場合は日本語名が判明した場合に日本語名で記した。
*「本社等位置」は、広告上に記載のある場合のみ本表に反映した。

第 7 章 『カウパアプ・タワンオーク』広告分析

号（単位：ページ）																	
9	10	11	12	13	14	15	16	17	18	19	20	21	22	23	24	25	26
		1															
		0.25															
		0.125															
		0.125															
		0.125															
		0.125															
			0.5														
			0.25														
				1													
				0.25													
							0.5										
								0.5									

第8章

『フジンアジア』分析

　前章までで見てきたとおり、タイ向けグラフ誌『カウパアプ・タワンオーク』の記事内容や商業広告を分析すると、その訴求対象として女性が重視されていたことが推測される。

　訴求対象として女性を重視する方向性が、タイ向けのみにとどまらず、大東亜共栄圏全体向けに対しても見られることは、日本による大東亜共栄圏多言語併記の対外グラフ誌の一種として、女性のみを訴求対象とした『フジンアジア』という雑誌が存在することからも明らかである。『フジンアジア』は、大阪毎日新聞・東京日日新聞によって1942年9月に創刊されたグラフ誌であり、1944年3月発行の14号までの存在が確認できる。しかし、『フジンアジア』は、これまで国会図書館を含む図書館における所蔵がほとんど見られず、そのためにその存在が知られていなかったためか、先行研究ではほとんど扱われてこなかった。

　本章は、大東亜共栄圏女性向けの多言語併記グラフ誌『フジンアジア』の内容分析を通じて、当時の日本が、どのような女性像を大東亜共栄圏に発信していたかを観察しようとするものである。

1　『フジンアジア』の書誌情報

　まずは、『フジンアジア』の書誌情報を確認しておきたい。
　『フジンアジア』は、大阪毎日新聞社と東京日日新聞社によって、1942年7月に創刊された。1943年1月発行の通巻3号（2巻2号。以下、巻号は

通巻で示す。）から、大阪毎日新聞社と東京毎日新聞社の発行となる。毎日新聞社においては、『ホームライフ海外版』を1942年に南方向けに変更し『SAKURA』と改名した、英語・フランス語・中国語・日本語の多言語B4判のグラフ誌も展開している[1]。

『フジンアジア』は、当初は隔月刊であったが、1943年7月発行の6号より月刊となった。通巻6号の目次ページには、次のような記載がある。

> TO THE READER From The Editor:
> Due to its overwhelming popularity, FUJIN ASIA, hitherto a bimonthly magazine, will be published monthly beginning with this issue.

タイ国立公文書館所蔵のタイ政府宣伝局文書によれば、日本のグラフ誌は現地の人々にも大いに浸透したようであるので（本書第3章参照）、「圧倒的な人気（its overwhelming popularity）」とあるのは誇張ではないかもしれない。

最終号としては、1944年3月発行の14号までの存在が確認できる。

誌面は、B4判のグラフ誌である。1943年7月発行の6号までは表紙や裏表紙も含めて24ページ、同年8月発行の7号以降は28ページとなった。

表紙は、日本語で大きく「フジンアジア」と誌名が記載されているほか、英語、フランス語、中国語、タイ語、マレー語が併記されている。記事は、大東亜共栄圏内の各言語として、日本語、英語、フランス語、中国語、タイ語、マレー語が併記されているが、目次は英語のみで記載されている。1942年創刊当初の『FRONT』のようなビルマ語やモンゴル語を含む14言語展開や、同じく1942年創刊当初の朝日新聞社『太陽』のようなビルマ語などを含む7言語展開に比べると、言語数は絞られており、とくにビルマ語には対応していない[2]。

価格については、日本国内定価としては1部につき30銭、送料は8銭である。1年の定期購読の場合、隔月刊の時期には1円80銭、送料は48銭な

---

1 『SAKURA』は、基本的には月刊の60ページ前後の冊子で、60銭で販売されていた（井上2009: 217–219）。
2 ただし、『FRONT』も『太陽』も、次第に対応言語数は減少していき、『太陽』の場合はマレー語、日本語、中国語、英語の4言語展開となる。

ので、定期購読の割引はとくに設定されていない。

　定期予約所としては、上海の毎日新聞社分館のほか、満洲国・中国の毎日新聞社代理店と、ハノイ、サイゴン、バンコクの各支局が挙げられている。大東亜共栄圏全体を考えると、上述の言語展開を含め、フィリピンや蘭領東インド、マレー半島、シンガポール、ビルマといった地域の読者に関しては訴求力が弱かった可能性があるが、フィリピンやビルマ、マレー半島、蘭領東インドに対しては主に朝日新聞社が『太陽』による宣伝を展開していたようである（井上 2009: 220）。

2　『フジンアジア』の表紙

　『フジンアジア』の表紙は、全て絵画が使われているのが特徴である。同時期に日本が発行していた他の対外グラフ誌においては表紙に写真が使用されていることが多いのに対して、特徴的である。画家は、全て日本人男性であり、著名な画家も含まれている。

写真8-1　『フジンアジア』第1〜4号表紙

　表紙の内容を整理すると、表8-1のとおりになる。画題は、全て女性であり、胸像が描かれていることが多い。通巻3号において台湾か南洋の民俗服飾を着装した女性が描かれ、4号において洋服を着装した女児[3]が描かれ

3　この絵は、『宮本三郎南方従軍画集』に掲載されている「マレイの少女」に類似している（宮本 1943）。

表8-1 『フジンアジア』各号表紙

通巻	発行年月日	主題	画家	地域	人物	服装・主題
1	1942/9/1	日本女性洋装姿	木下孝則	日本	女性	洋装
2	1942/11/1	日本女性着物姿	n.d.	日本	女性	着物
3	1943/1/1	南洋？台湾？女性民俗服	小磯良平	大東亜	女性	南方民俗服
4	1943/3/1	マレー女児	宮本三郎	大東亜	女児	洋装
5	1943/5/1	日本女性着物姿	小磯良平	日本	女性	着物
6	1943/7/1	日本女性洋装姿	小磯良平	日本？	女性	洋装
7	1943/8/1	日本女児洋装姿（音楽演奏）	上田珪草？	日本	女児	洋装・音楽
8	1943/9/1	日本赤十字看護婦	Kamesaburo Kido	日本	女性	看護婦
9	1943/10/1	日本女性洋装姿	Kosaku Kinoshita	日本	女性	洋装
10	1943/11/1	日本女性洋装姿	Koki Kondo	日本	女性	洋装
11	1943/12/1	日本女性着物姿	田村孝之介	日本	女性	着物
12	1944/1/1	日本女性着物姿	山川秀峰	日本	女性	着物
13	1944/2/1	日本女性洋装姿	山口蓬春	日本	女性	洋装
14	1944/3/1	日本女性着物姿	伊東深水	日本	女性	着物

出所：『フジンアジア』各号の表紙と目次に記載された情報より作成。

ているのを除けば[4]、その他は全て日本女性であると思われる。着装については、和装と洋装は同程度である。タイ向け対外グラフ誌『カウパアプ・タワンオーク』の表紙の場合には、和装女性が登場することはなかったことを考えると、着物を着装した女性が表紙に登場することも『フジンアジア』の一つの特徴として捉えられるかもしれない。

表紙からすれば、刊行の初期にあたる3号から4号にかけての1943年初頭に方針の揺れがあることを除けば、日本女性の姿を大東亜共栄圏の女性に向けて宣伝しようとした意図があるように見える。

3　『フジンアジア』の記事内容

『フジンアジア』の記事内容については、表8-2のとおりである。これを、登場人物に着目して整理すると、表8-3のとおりになる。

登場人物としては、日本人女性の比率が高く、ページ数ベースで全体の29.3％を占める。これは、『フジンアジア』が、第一義的には大東亜共栄圏の女性に向けて日本女性の姿を発信しようとしていることを意味している。

---

[4] 通巻第2号の裏表紙には、旗袍を着装した2人の中国女性像が描かれているが、これは「在華日本紡績同業会」の広告である。

第 8 章 『フジンアジア』分析

表8-2 『フジンアジア』各号記事一覧

通号	発行年月日	記事*	ページ数
1	1942/9/1	Children Today: the Nation's Leaders Tomorrow	8
		Drawings and Song for New Friends	4
		A Sky-Conscious Nation	2
		Dancing in the South	2
		The Reawakening of the Women of Asia	2
		（日本語コーナー等）	1
2	1942/11/1	High School Girls of Nippon	7
		Toys	5
		Boating	2
		Setsuko Hara's Expressions	2
		Brides' School in Batavia	2
		（姉妹誌 SAKURA 宣伝、日本語コーナー等）	1
3	1943/1/1	Air Travel	8
		Costumes in the Great East Asia Co-prosperity Sphere	4
		Skiing	2
		An Unusual School in Peking	2
		"Jan-ken-pon" "mekakushi oni"	2
		ラジオタイソーノウタ（日本語コーナー）	1
4	1943/3/1	The Joy of Working	8
		ゾーサンノニッポンケンブツ	4
		At a Malai Primary School	2
		Simple Beauty Treatment	1
		Ironing	1
		Correct Dimensions for the Nippon Flag	1
		Letter by the Mother of a Young Naval Flier	2
		アカチャン　バンザイ（日本語コーナー）	1
5	1943/5/1	Physical Culture for Women	5
		Scientific Study of Rice	3
		From Friends in the Co-Prosperity Sphere	4
		An Evening of Southern Music	2
		Growing Cotton in the Philippines	2
		Study of the Japanese Language（教室）	2
		Impressions by the 'Mother of Burma'	1
6	1943/7/1	Electrification of the Home	8
		The 4 Seasons in Nippon and Children	4
		Bataan Peninsula's Reconstruction	2
		Students of the Nippon Language	2
		Study of the Japanese Language（買い物）	2
		"Thank You for Model Planes" Says Ba Maw's Son	1
7	1943/8/1	Music Education for Children	8
		Nippon Dwelling-Houses	4
		Concert by 50,000	2
		Djakarta Girls' Schools	2
		Study of the Nippon Language	2
		Tea Party Held for Students from Southern Lands by the Catholic Women's Society	1
8	1943/9/1	Nippon Red Cross	8
		The Little Squirrel	2
		Moonlit Night	2
		Sunset Glow	2
		Schools in Celebes and New Guinea	2
		From Southern Students in Nippon to their Mothers at Home	2
		Study of Nippon Language	2
		Nippon Actress Hideko Takamine, at Home	1
9	1943/10/1	Physical Training for Young Working Women	7
		Culled from the News（南方からの日本留学）	1
		God's Warriors	6
		Rhythm	2
		Shonan Medical University	2
		Study of Nippon Language（乗り物、旅行）	2
		Unique Magazines for EastAsiatics	1
10	1943/11/1	Women and Gliders	8
		Art Links Nippon and French Indo-China	3
		Nippon as Seen by a Thai Artist	3
		Diligently Studying Young People from the Southern Regions	2
		Culled from the News	2
		Study of the Nippon Language タチアガル　ミナミノコドモ	2
		ゲンキ デ オヨギマセウ	1
11	1943/12/1	Women and Air Defense	5
		Chinese Girl Students	3
		Asia Awakens	6
		Military Training for Indian Women	2
		Culled from the News	2
		Study of the Nippon Language アイサツ	2
		America, the Liar	1
12	1944/1/1	National Primary Schools of Nippon	8
		Verses and Drawings (East Asia's Children by Hakushu Kitahara & Tadaichi Hayashi)	6
		Greater East Asia Day in the Philippines	2

181

通号	発行年月日	記事*	ページ数
13	1944/2/1	Culled from the News (One Billion Hearts that Beat as One)	2
		Study of the Nippon Language	2
		Thai Beauty Contest/ Rubber Balls from Friends in the South	1
		Heroines of the War of Electric Waves	5
		Celebration Concerts for Burmese and Philippine Independence	3
		Greater East Asia in Drawings	6
		Celebes Salt Fields	2
		Culled from the News（インド国民軍女性将校）	2
		Study of the Nippon Language（写真帳）	2
		Rising Shonan City	1

通号	発行年月日	記事*	ページ数
14	1944/3/1	Sea Scouts	5
		At Work on a Mural Painting	3
		Cartoons	6
		The Joy of Harvest	2
		Culled from the News（戦果、ラマ僧）	4
		Sacred War Commented on by High Lama Priests	2
		Study of the Nippon Language（お断りとお詫び）	2
		スキー	1

*（ ）内の日本語は、筆者による補足説明。
出所：『フジンアジア』各号の目次と各記事より作成。

扱われている女性像としては、看護師や、軍部隊や軍需工場において勤労する女性が多い（ページ数ベースで全体の12.4%）。この点、上野や若桑などによって指摘されてきたように、戦時の女性政策において「子どもを兵士としてオクニに捧げるという母性をつうじての国策協力だけでなく、砲弾や航空機を作るという男性的な職域に進出するという戦争協力に至るまで、女性を伝統的な家庭領域から引っ張り出すことをアピール」し（上野 2009: 235-236）、「母性の管理」に並んで「労働力の管理」を指向したという方向性が（若桑 2000: 91）、『フジンアジア』の記事構成にも反映されていると言えよう。なお、若桑は、「労働力の管理」について、「補助的軍事力（兵隊、軍属その他の軍事要員）」、「補助的軍事労働力（軍需産業）」、「従軍看護婦」、「家庭内労働（男の働き手がいなくなったあとの労働および戦時生活）」の4項目に整理しているが（若桑 2000: 91-92）、このほとんどが『フジンアジア』の記事にも見られる[5]。

『フジンアジア』においては、日本の女子学童や生徒が登場する比率も高い。日本の女子教育を、大東亜共栄圏の女性に向けて宣伝しようという意図があったと考えられる。

5　若桑のいう「家庭内労働」については、男性の代替労働力と理解するならば、14号に登場するような「ニッポン　ノ　フジン　グヮカ」（日本の婦人画家）というような内容も含まれるだろう。なお、この記事に扱われている、女性画家たちの共同制作『大東亜戦皇国婦女皆働之図』については、吉良（2013、2015）に詳しい。

第8章 『フジンアジア』分析

表8-3 『フジンアジア』記事において登場する人物（単位：ページ数）

通巻	発行年月日	勤労女性 看護婦	勤労	美術家・舞踊家・スポーツ・画家	女性 母親	女子生徒	女児	子ども（男女）	家族	軍人（ニュース）	子ども・芸術家の留学生・南方から来日中	動物	その他	計	指導的人物とその親族・歴史	女性軍人	政治集会	民俗服飾	大東亜 女性 コンテスト	女子生徒	子ども（男女）	学生	音楽家	人びと一般	動物	その他	計	総計
1	1942/9/1													17	17		2											2	19
2	1942/11/1			2		9		5			1			17							2						2	19
3	1943/1/1							3	8				2	13				4		2	2						6	19
4	1943/3/1		8	1	2				1		4		2	18							2						2	20
5	1943/5/1					5	2	4		2				7	1						4		2	2		3	12	19
6	1943/7/1	2						8	8		1		4	14	1									4			5	19
7	1943/8/1					2	2	4					2	17			2			2							2	19
8	1943/9/1	8	1			2	2	8			2		2	19							2						2	21
9	1943/10/1		7	2							2			12	1							2		6			9	21
10	1943/11/1					8		1			8		2	19													2	21
11	1943/12/1	5								2	2			9		2				3				6	1		12	21
12	1944/1/1						2	8						10	2		2		0.5		6.5			2			11	21
13	1944/2/1	5					2							7				6						6			14	21
14	1944/3/1			4		8		5		4			1	14	1					7	17	2	2	8		3	9	23
	計	8	27	12	2	24	10	52	17	6	15	5	15	193	8	4	2	10	1	7	17	2	2	34	1	3	90	283
	%	2.8	9.5	4.2	0.7	8.5	3.5	18.4	6.0	2.1	5.3	1.8	5.3	68.2	2.8	1.4	0.7	3.5	0.2	2.5	5.8	0.7	0.7	12.0	0.4	1.1	31.8	100.0

*『フジンアジア』各号の記事において人物が扱われている場合合計数として作成した。日本語学習コーナーやニュースのページについても、当該場面に登場する人物によって分類している。

183

一方、同時期の『主婦之友』において「軍国の母」というようなかたちで頻出する日本における「母」については、『フジンアジア』には中心的に扱った記事は少ない。1943年3月発行の4号に登場する「若き海軍飛行兵の母の手紙」のような記事は[6]、『フジンアジア』ではこの1回のみ掲載されているのみである。

　『フジンアジア』においては、日本の幼い子ども関係の記事が非常に多く全体の18.4％を占めることから、幼い子どもをもつ若い母親を主な訴求対象としていたことが窺えるが、「軍国の母」のような姿は求められていないといえる。

　また、『主婦之友』において「傷痍軍人の妻」などとして頻出する「妻」としての日本女性の情報も、『フジンアジア』においてはきわめて少ない。むしろ、『フジンアジア』の誌面においては、夫の存在自体がきわめて希薄である。夫らしき人物が記事において登場するのは、3号と6号の日本の家庭の情景に限定されているが[7]、母・主婦としての女性の写真に比して夫が登場する写真は少数であり、影が薄い。

　若桑は、『主婦之友』などの雑誌に現れた図像を分析し、視覚化された戦時中の女性イメージを、「子を生み育てる母」「補助労働力」「戦争を応援するチアリーダー」の3つの役割に注目しながら①母子像、②家族像、③勤労女性像、④従軍看護婦像、⑤皇室（皇后）像の5類型にまとめているが（若桑 2000: 245-246）[8]、これと比較するならば、『フジンアジア』においては、②家族像が希薄であり、さらに⑤皇室像については全く現れてこないこと

---

[6] この記事の内容は、簡単な日本語の紹介文を除けば、英語のみで2ページにわたって掲載されている。内容は、43歳の母親が、予科練に入隊した息子アキラに対して、家のことは忘れ強く勇敢な武人になるように諭した、血で署名した手紙と、その背景情報である。

[7] 3号では旅客機による家族旅行が、6号では電化した近代的家庭の様子が、それぞれ扱われている。相当に裕福な家庭の情景であるといえる。このほか、夫らしき人物が登場するのは、1号の「愛育研究会」に関する8ページに及ぶ記事の最後の写真に父・母・幼児の3人が歩む後ろ姿が掲載されている場面や、4号においてラングーンで大東亜戦争勃発後はじめて生まれた日本の男児を紹介する「アカチャン　バンザイ」という記事に付された写真の左側に新生児を抱いた看護師に対置するように立っている姿であり、夫の姿は常に副次的に登場するに過ぎない。

[8] なお、若桑は、1936年から1945年までの『主婦之友』の記事の特色を、①母性賛美、②家族制度の擁護、③家事、家政の知恵、④皇室崇拝、⑤時局への関心、⑥戦争応援、⑦性的記事の7点にまとめている（若桑 2000: 157）。これらは、視覚化された女性イメージとも重なるところが多い。

が指摘できる。その一方で、『主婦之友』などでは注目されていないが『フジンアジア』には登場する要素としては、美容家や女優、舞踊家といった女性への注目が挙げられる。美容や服装への関心は、4号の「Simple Beauty Treatment」や、11号の「婦人と防空」などにも現れている（写真8-2参照）。

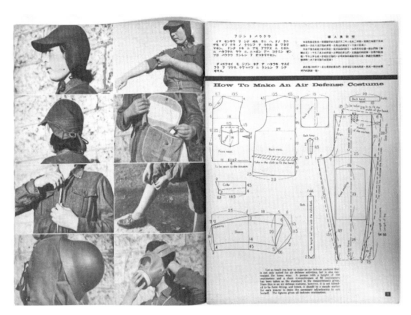

写真8-2 「フジン　ト　バウクウ」（婦人と防空）
（『フジンアジア』第11号 pp. 2-3）

　大東亜共栄圏の女性については、個人としては、ビルマの国家代表であったバ・モウの妻などといった共栄圏内の政治指導者の親族や、インド国民軍のラクシュミ大尉といった女性軍人が扱われることが多い（写真8-3参照）。日本以外の地域に言及している44件の記事が扱っている内容を地域別に分類すると（図8-1参照）[9]、中国や東南アジア、インド、南太平洋（ニューギニア付近）に満遍なく分布していることがわかり、本誌が特定の地域に重点

---

9 「大東亜共栄圏」各地の話題が総体的に含まれている場合は「大東亜全体」に、同様に「南方圏」各地の話題が総体的に含まれている場合は「南方圏全体」に区分した。また、一つの記事に二つ以上の地域が含まれている場合は、各地域に計数したため、44件の記事ではあるが地域別分類は46件となっている。

185

を置かずに編集されていることが読み取れる。ただし、東南アジア地域を扱った記事が多いことから、中国よりも東南アジア地域に重点を置いているという見方はできるかもしれない。また、東南アジア地域においても、マレー半島の比率は小さい一方でフィリピンの比率がやや大きいということはいえる。個別の記事を見ていくと、1号では、バタビアで開催された「婦人大会」の模様や、バンコクで開催されたインド独立大会における女性の様子が紹介されており、共栄圏内の政治的場面における女性の重要性を強調しているように見える。また、大東亜共栄圏各地の女子生徒や女子教育についての記事も複数回登場し、共栄圏各地の女子教育については一定の関心が向けられていることがわかる。

写真8-3 『フジンアジア』記事・広告例
左上:「インド フジン ノ グンジクンレン」(『フジンアジア』第11号 pp. 18–19)
左下: 日本語学習ページ (『フジンアジア』第11号 pp. 22–23)
右上:「ジフ (十) オク ノ ココロ ハ ヒト (一) ツ」(『フジンアジア』第12号 pp. 20–21)
右下: 薬品・化粧品広告 (『フジンアジア』第11号 pp. 16–17)

186

一方で、集合的表象としては、大東亜共栄圏の女性については民俗服飾をまとった姿で表わされることが多い。また、大東亜共栄圏の「人びと」一般として表象されることも多いが、これは日本女性が登場する場合には何らかの属性を持つことと対照的であると言えるかもしれない。

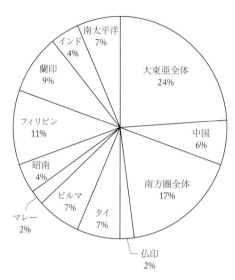

図8-1　記事等地域別分類
各記事が対象としている地域別に分類し、各地域比率を表示した。

　日本語学習コーナーについては、当時の大東亜共栄圏向け対外グラフ誌の通例で、各号に掲載されている（写真8-3左下参照）。1943年7月発行の6号までは "Study of the Japanese Language" となっているが、6号においては、日本語を学ぶ共栄圏の学習者を扱っている記事においては "Students of the Nippon Language" とされており、"the Japanese Language" と "the Nippon Language" が並立し、翌月発行の7号からは "Study of the Nippon Language" と改められている。

4 『フジンアジア』の商業広告内容

『フジンアジア』の商業広告は、6号まで全24ページのうち4ページ、7号からは全28ページのうち6ページを占めており、誌面全体の20％程度を占めている。特徴は、ページ全体を使用した全面広告ばかりであることである。そのため、掲載されている広告内容は、それほど多様性を持たない。この点は、前章で観察したタイ向け対外グラフ誌『カウパアプ・タワンオーク』において商業広告が総ページ数の40％ほどを占めており、小面積の広告も多いために広告の多様性が大きいこととは、傾向が異なっている。

『フジンアジア』に掲載された商業広告の内容を整理すると、表8-4のとおりになる。

薬品・化粧品広告が多く半数以上を占めるのは、当時の日本国内雑誌の傾向と同じであるが[10]、その比率が7割を超え、非常に高い。とくに1943年上半期までは、その傾向が強い。特定の地域に限定されない広域の大東亜共栄圏の女性に対して日本が経済的に売り込もうとしたのは、薬品と化粧品であったと見ることができるかもしれない。一方で、これは、広告面積が全面広告に限定されているために、それ以外の業種の商業広告がそれだけの大面積を独占できるほどではなかったことによることの、相対的な結果であるのかもしれない。

一方、繊維製品の広告は、広告面積の14.2％を占めたタイ向けグラフ誌『カウパアプ・タワンオーク』に比べ、はるかに少ない。これは、特定のタイという地域に対する繊維製品売込の必要性に比べて、広域の大東亜共栄圏全体に対する繊維製品売込は魅力が低かったことを示している可能性がある。ただし、広告面積の相対的比率から見れば、やはり薬品・化粧品を主にしながら繊維製品に対する購買意欲も高めようとしていたと見てもよいであろう。

---

10 加藤による1940年代初頭の「婦人雑誌」広告に関する研究によれば、薬品・化粧品広告件数は全広告件数の5〜6割程度を占めたという（加藤1995: 50-51）。

表8-4 『フジンアジア』各号掲載広告（ページ数ベース）

通巻	発行年月日	薬品	化粧品	繊維	製紙	その他製品	ホテル	放送	海運	計
1	1942/9/1		3				1			4
2	1942/11/1	2	1	1						4
3	1943/1/1	3	1							4
4	1943/3/1	4								4
5	1943/5/1	3	1							4
6	1943/7/1	4								4
7	1943/8/1	1	2		1	1		1		6
8	1943/9/1	4				1				6
9	1943/10/1	1	2	1	1				1	6
10	1943/11/1	3	1	1		1				6
11	1943/12/1	3	2			1				6
12	1944/1/1	5			1					6
13	1944/2/1	1	2	2		1				6
14	1944/3/1	3			1	2				6
	計	37	16	5	4	7	1	1	1	72
	%	51.4	22.2	6.9	5.6	9.7	1.4	1.4	1.4	100

出所：『フジンアジア』各号の各広告より作成。

5　小結

　以上、大東亜共栄圏の女性に向けて日本が刊行していたグラフ誌『フジンアジア』について、その内容の特徴を分析してきた。

　『フジンアジア』は、記事内容から判断するに、とくに東南アジアを中心とした大東亜共栄圏の「南方圏」において、豪華グラフ誌や薬品・化粧品等を購買する経済的余裕を有する女性のうち、女学生から若い（幼い子どもを養育する）母親にかけての年代層が訴求対象として想定されていたことが読み取れる。その目的については、表紙や記事内容の構成から考えるに、第一義的には、大東亜共栄圏の女性に向けて日本女性の姿を紹介するものであり、第二義的に大東亜共栄圏各地の女性像を相互に紹介するものであったと言えよう。とくに、日本の近代的で裕福な家庭の若い母親や、勤労女性、女学生の姿を示そうとしていたと考えられる。その一方で、当時の日本国内の「婦人雑誌」に頻出するような「軍国の母」や「傷痍軍人の妻」といった女性像は、ほとんど現れてこない。これは、日本が、大東亜共栄圏の女性たちに対しては、必ずしも「軍国の母」や「夫に献身する妻」のような役割を期待しておらず、看護師や軍需産業での働き手のような「労働力」や、幼い子

どもを養育する母性、そしてそれらの予備軍としての役割を期待していたであろうことが読み取れる。さらには、インド国民軍のラクシュミ大尉を称揚するように、枢軸国側において軍務に服する姿も期待していたと言えるだろう。また、日本国内のメディアには頻出してきている皇室像が『フジンアジア』においては現れてこないのも、日本の皇室に対する忠誠心のようなものは共栄圏の女性に対しては必ずしも求めていなかったことを反映しているように考えられる。それに対して、当時の日本国内向けの「婦人雑誌」では称揚対象としてはそれほど取り上げられない美容家や女優、舞踊家といった女性への注目は、商業広告の傾向と並んで、美容や服装によって日本のスタイルへの関心を高めようとした工夫であると言えるだろう。

　すなわち、大東亜共栄圏の女性に対して、日本の近代的な生活や美容・服装の紹介によって日本への関心を高め、日本製品への購買意欲を刺激するとともに、幼い子どもを養育する母親の姿を投影して「母性の管理」と、また看護師、軍需産業労働者や軍務従事者等としての「労働力の管理」とに誘導していこうとする志向が、『フジンアジア』の誌面から浮かび上がっていると見ることができよう。

第 8 章 『フジンアジア』分析

コラム 2
タイ語冊子『マハーミット』

　このコラムでは、これまでその存在自体がほとんど知られていなかった日本のタイ向けプロパガンダ誌の一例として、タイ語冊子『マハーミット（มหามิตร์）』を紹介したい。この冊子は、中部大学におられた青木澄夫氏に御教示をいただいて入手したものである。この冊子には、京都大学東南アジア研究所所蔵の第 2 号が現存し、タムマサート大学（Thammasat University Digital Collections）にてデジタル版が公開されている。

　『マハーミット』は、「偉大なる友」を意味する。どの機関が出版したかについては記載されていないが、裏表紙に印刷所として「バンコク・タイムス印刷所（โรงพิมพ์บางกอกไตมส์）」と記されている。バンコク・タイムスは、イギリスによって運営されていた19世紀から続くタイの英字新聞であり、1941年12月以降は日本の体制下に置かれ、経営陣が刷新され、1942年9月30日に廃刊となった（Batson 1974: 97）。

　出版された時期については、裏表紙に「2485年3月」（西暦1942年3月）と記されており、この時期に出版されたと推測される。表紙右下に「-/10」と記載があり、10サターンで頒布されていたと考えられる。

　判型は B5 判で、表紙と裏表紙を含めて24ページである。表紙と裏表紙に赤が使われているのを除けば、白黒印刷である。表紙には、書名として「マハーミッ

写真 C2-1　『マハーミット』表紙
（筆者所蔵）

ト（มหามิตร์）」と記されているが、号数は記載されていない。その一方で、京都大学東南アジア研究所所蔵の第 2 号には、表紙に書名として「マハーミット第 2 号（มหามิตร์ เล่ม 2）」と記されており、当初は続号を出すことが決まっていなかったのかもしれない。以後、本書においては、便宜上、号数の記載されていない先行誌を「第 1 号」と呼ぶ。

　第 1 号の内容としては、表紙には日本海軍航空隊の兵士の写真が掲載されており、表紙を含めて 14 ページ分が海軍航空隊の養成課程に割かれている。表紙をめくると見返しに「日本海軍航空隊の建設（การสร้างกองบินนาวีญี่ปุ่น）」と題された文章が掲載されており、日本海軍航空隊がいかに精強な操縦士を養成しているかが説明されている。ただし、その次のページからは、ディレーク・チャイヤナーム日本大使から日本政府要人に対するタイの勲章授与や、日本でのディレーク大使の歓迎会に関する写真記事、さらに日本に対するラジオ演説の内容が続き、そのあとでようやく海軍航空隊の訓練課程の写真となるので*、編集の一貫性を欠くように思われる。海軍航空隊写真が 11 ページ分続い

　　　写真 C2-2　『マハーミット』におけるディレーク駐日大使
　日本の政府要人にタイの勲章を授与している場面であるが、タイ大使が卑屈に見えるような構図が使用されている。

第8章 『フジンアジア』分析

た後は、代々木練兵場における戦車や火砲、高射砲、近衛騎兵隊の行進の写真記事となり、正月の代々木練兵場における航空隊の訓練についてや、マニラやマレー半島攻撃にも言及されている。裏表紙は大阪商船の全ページ広告となっている。

　内容としては、あまり統一感がなく、唐突な印象を受ける。扱われている内容も、外交と軍事であり、本書で見てきた『カウパアプ・タワンオーク』や『フジンアジア』の様相とはかなり異なると言える。また、表記の揺れが観察され、校正等にあまり時間や慎重さをかけていないと推察される。

　一方、第2号は、同じく24ページ分であるが、目次が付けられるなど、はるかに秩序だった趣がある。印刷所については第1号と同様にバンコク・タイムス印刷所である。発行年月は目次下部に「2485年4月」（西暦1942年4月）と記載されており、第1号の翌月に刊行されたであろうことが読み取れる。表紙は、第1号の赤ではなく、緑を使用しており、第1号より落ち着いた印象である。表紙写真も、第1号の海軍航空兵とは異なり、学校の校門から整然と出てくる子どもたちとなっている。見返しは、バンコクのシープラヤーに所在する写真店とバンコク・タイムスの広告となっている。

　第2号の記事の内容は、次のとおりである**。
　　　日本国におけるタイ人留学生（นักเรียนไทยในประเทศญี่ปุ่น）
　　　節分行事（พิธีเซตซุเบน）
　　　戦時における日本女性（สตรีญี่ปุ่นในยามสงคราม）
　　　シンガポールが白旗を掲げた時（เมื่อสิงคโปร์ยกธงขาว）
　　　落下傘が攻撃した時（เมื่อพลร่มทำการโจมตี）
　裏表紙は、浅野物産の全面商業広告となっている。

　記事の内容としては、日本におけるタイ人留学生と、彼らが参加した節分行事について記し、ピブーン首相の甥であるソムバット・キータサンカ（สมบัติ ขีตตะสังคะ）の紹介をしている。ここには、タイの政治的指導者と日本とを結びつけようとする意図が感じられる。

　戦時における日本女性の紹介記事では、看護師、旅客機の客室乗務員、工員、そしてデパートの洋服デザイナーや衣服販売員の写真が掲載されている。

　戦争ニュースについては、シンガポール陥落と、メナドやパレンバンにおける空挺攻撃が取り上げられ、日本陸海軍の精強さが謳われる。

　第2号の構成は、第1号とは異なり、軍事に関しても言及はされる一方で、

193

本書で紹介してきたような宣伝誌と同様に子どもたちや女性の記事の比率が高くなっているのが特徴であると言える。

　こうした宣伝誌や小冊子は、今後も発見される可能性はあるだろう。既に知られているものの分析を進めるとともに、さらなる新発見にも期待したいところである。

* なお、これらの海軍航空隊の訓練課程の写真の一部は、『RADIO TOKYO』69号（1943年6月25日発行）にも見られるものである。こうした写真は、海外宣伝用に保存・活用されていたものと推測され、ほかの媒体においても発見される可能性が高いと考える。

**目次はタイ語で記されており、本コラムにおける日本語は筆者の参考訳である。なお、目次はより詳細に記されているが、本コラムでは、本文中において大見出しとして使用されているものだけを抜き出した。

結章

宣伝からみた日タイ関係

　結章では、これまで観察してきた「大東亜戦争」期における日本の対タイ宣伝の諸相について総括し、全体に関わる論点についていくつかの考察を提示していきたい。
　第１章においては、「大東亜戦争」にいたる時期の日タイ関係を概観した。そもそも第１次世界大戦までは密ではなかった日タイ関係は、とくに経済面において第１次世界大戦期頃から拡大し、1930年代には多くの日本企業がタイに進出していった。政治的にも、アジアに数少ない独立国として、満洲国問題に関するタイの態度のように、（タイ側の真意は別として）タイが日本と協調してくれることは日本にとってありがたいことであった。さらに「大東亜戦争」期の日本にとっては、タイは米や錫、ゴムといった物資の供給元として重要であるとともに、マレー半島やビルマ・インドに対する軍事的通過経路としても軍事基地としても重要であった。ただし、「同盟国」となってからも、日本もタイも相互に信頼しあっていたわけでは全くなかった。
　第２章では、1942年日泰文化協定を舞台として、両国の国内・対外文化政策がどのように切り結ばれていったかを観察した。日本は、国内文化政策に重点を置いておらず、国民の文化的統合というような理念はあまり意識されなかった一方で、対外文化政策には、貧困な国内文化政策に比べれば体系的な枠組みの下、積極的に取り組みを進めていった。それに対してタイでは、ピブーン政権の国民形成政策の下、文化政策が国家の中心的主題とされ、国民の文化的統合に強引に取り組んでいった一方で、対外文化政策に関

しては積極的な政策を展開していなかった。この両国が締結した1942年日泰文化協定には、次のような特徴があった。①文化協定締結を発案したのは日本側であり、日本側は協定の表面上はタイの体面を考えて双務的協定としたが、実際に想定していたのは日本のタイに対する一方的活動を主目的としたものであった。②タイは自国が南部アジアの中心であることを日本に認めさせる目的もあって協定締結に合意した。③しかしタイ側の②の意向は、日本側協定原案には反映されておらず、タイ側は不満を募らせるが、日本における大東亜省新設に伴う焦燥感に煽られる形で消極的に協定を締結した。④結局、戦局の悪化もあって、文化協定も日本文化会館もそれほどの効果を挙げることはできないまま、日本の敗戦によって文化協定は廃棄されてしまった。国内文化政策、対外文化政策を総合的に捉えて分析してみると、対外文化政策をより重視した日本と、国内文化政策をより重視していたタイとは、政府主導の文化交流を実施しても、結局のところ相互に噛み合わなかったことがわかる。

　第3章では、日本からタイへの宣伝組織の展開と宣伝活動について分析を行った。日本国内にあって日本の宣伝活動の中心的役割を果たした国際文化振興会の対タイ事業は1939年度には始まり、1941年度にピークを迎えていく。タイにおける日本の宣伝活動は、タイにおけるイギリスのプレゼンスに対抗する形で1941年頃から盛んになっていった。タイにおいて日本の宣伝活動の中心となった組織としては、日泰文化研究所や、その実質上の後継機関である日泰文化会館があった。日泰文化研究所は、日本公使館や駐在武官との調整のもとに1938年から活動を開始し、とくに1940年から41年にかけて、タイ語による印刷物宣伝を活発化させた。1942年になると、日泰文化会館の設置準備が急ピッチで進んだが、その運用も、日本文化を「高い文化」、タイ文化を「低い文化」とする考え方から自由ではなく、結局、日泰文化会館は、戦局の悪化にともない、ほとんど業績を残さないまま、その幕を閉じたのであった。

　第4章では、タイ政府宣伝局による監視報告書を通して、1942年から翌年にかけての日本の各種メディアを用いた対タイ宣伝活動展開について分析した。映画宣伝も印刷物宣伝も、写真宣伝も、タイの人々への日本宣伝としてそれなりの成果を上げたが、一方でタイ政府を無視した日本側の傍若無人

な態度は、タイ政府からの不信を増大させ、日本の宣伝活動はタイ政府からは主要な監視・警戒の対象となった。これは、日本の「同盟国」としてのタイが、日本への不信感を高めていくなかで、表面上は日本に対する従属的とも見える姿勢をとりながら、日本の傍若無人な宣伝活動に対して強く警戒し、隠然と消極的に、しかし懸命かつ効果的に抵抗していた姿として見ることができよう。

第2部では、このように日本がタイに対して展開した宣伝の内容が、具体的にはどのようなものであり、日本はタイにどのような姿を見せようとしていたのかについて、とくに宣伝誌の内容に焦点を当てながら、分析した。

第5章では、文化宣伝誌『日泰文化』の刊行をめぐる状況と内容を分析し、日タイ間の「文化」をめぐる緊張関係を浮かび上がらせた。日本の対タイ文化宣伝誌『日泰文化』は、一見、対等で相互主義的な誌面でありながら、しかし仔細に観察していくと日タイ間の微妙な駆引きが繰り広げられ、また日本の対タイ文化宣伝の矛盾も露呈していることが明らかになった。

第6章では、タイのみに指向された宣伝誌である『カウパアプ・タワンオーク』の記事内容を分析することによって、日本はタイのどのような人々に何をアピールしたかったのかを考察した。その結果、『カウパアプ・タワンオーク』は、経済的にある程度余裕があり英語もある程度解することができる層の女性を中心としたタイの人々に対する宣伝を指向したであろうことがわかってきた。また、日本からタイへの一方向の宣伝が展開されていることもわかった。内容としては、日本の軍事・科学・産業の先進性といった面をそれなりにアピールしようとしつつ、家庭・日常生活密着型のテーマや記事が好んで取り上げられていた。その一方、「大東亜共栄圏建設」の理念といったことについては、写真構成上の工夫は見られるにせよ、日本語記事で書かれた意図がタイ語翻訳文では必ずしも反映されなかった部分も観察された。さらに、天皇や日本の伝統的文化はほとんど紹介されていなかったことも明らかになった。逆に、タイ人や大東亜共栄圏からの留学生については、日本人女性の場合と同様に、日本の伝統的文化に親しむ様子が時折登場した。ここからは、自らを「白人化」して支配側に位置付け、日本人女性と並んでタイ人を含むアジア人を「日本化」させて従属させようとする構造が垣間見えるように思われた。日本は、欧米に対する虚像とは別個の虚像をタイ

向けに描き出すことによって、タイの中間層以上の女性を中心にそのような姿をアピールし、タイに日本の「魅力」を伝え、従属させようとしたと考えられる。

　第7章では、『カウパアプ・タワンオーク』誌において総ページ数の約4割を占める商業広告の分析を行った。『カウパアプ・タワンオーク』誌の商業広告ページ比率は、当時の日本国内における一般の雑誌に比べても大きいものであった。広告主の業種や広告の使用言語の分析からは、『カウパアプ・タワンオーク』が日本人の近代的な日常生活をタイ人に紹介しようとしたものであった点が窺われ、とくに薬品・化粧品関係や工業・繊維関係、海運に関わる企業が、とくにタイ人読者に強く訴えかける必要性を有していたことが読み取れる。その点で、商業広告も、日本の宣伝の一環であったと捉えることも可能であると考えられ、それは逆の見方をすれば、化粧や服装に関する記事が広告に並んで掲載されていることから、宣伝も広告の一環であったという見方も可能であると考えられた。日本にとって、タイを含む東南アジア地域が輸出市場としての重要性をもっており、宣伝グラフ誌を商業広告にも活用したようにも捉えられるのである。

　第8章では、大東亜共栄圏の女性に向けて日本が刊行していたグラフ誌『フジンアジア』について、その内容の特徴を観察してきた。『フジンアジア』は、記事内容から判断するに、とくに東南アジアを中心とした大東亜共栄圏の「南方圏」において、豪華グラフ誌や薬品・化粧品等を購買する経済的余裕を有する女性のうち、女学生から若い（幼い子どもを養育する）母親にかけての年代層が訴求対象として想定されていたことが読み取れた。その目的は、第一義的には、大東亜共栄圏の女性に向けて日本女性の姿を紹介するものであり、第二義的に大東亜共栄圏各地の女性像を相互に紹介するものであった。とくに日本の近代的で裕福な家庭の若い母親や勤労女性、女学生の姿を示そうとしていたと考えられる。その一方で、当時の日本国内の「婦人雑誌」に頻出するような「軍国の母」や「傷痍軍人の妻」といった女性像は、ほとんど現れてこない。これは、日本が、大東亜共栄圏の女性たちに対しては、必ずしも「軍国の母」や「夫に献身する妻」のような役割を期待しておらず、看護師や軍需産業での働き手のような「労働力」や、幼い子どもを養育する母性、そしてそれらの予備軍としての役割を期待していたであろ

うことが読み取れる。すなわち、大東亜共栄圏の女性に対して、日本の近代的な生活や美容・服装の紹介によって日本への関心を高め、日本製品への購買意欲を刺激するとともに、幼い子どもを養育する母親の姿を投影した「母性の管理」と、また看護師、軍需産業労働者や軍務従事者等としての「労働力の管理」とに誘導していこうとする志向が、『フジンアジア』の誌面から浮かび上がっていると見ることができよう。

　これらの結果から、全体として浮かび上がってくる「大東亜戦争」期の日タイ関係とは、どのようなものだろうか。

　まず、日本のタイに対する宣伝は、一方向的なものであり、タイ側が望んだ双方向的なものにはならなかった。「同盟国」とは言いながらも、日本は実質的にはタイを対等のパートナーとはみなしておらず、日本の影響力を一方的におしつける対象として認識し、それにそって宣伝活動を展開していたことは明らかである。その際、日本としては、タイがこれまでイギリスの強い影響下にあったという認識から、イギリスの影響を減殺し、日本の影響力を増大させ、タイを、日本を盟主とする「大東亜共栄圏」の南の拠点として機能させようとしていたことが窺われる。

　このような一方的かつ強引な宣伝は、タイ側においてどのような効果をもたらしたであろうか。タイ政府の文書から見ていくと、まず、華僑を含む一般の人々に対しては、その宣伝媒体の魅力から、それなりの効果をもたらしたと考えてもよいであろう。それによって、タイ政府側が焦燥し警戒感を覚える程度には、日本の宣伝活動は効果があったといえる。一方で、それは、国家間の関係においては緊張を高めるものでもあった。日本側が、タイ国内における宣伝活動についてタイ政府の意向をより慎重に確認し取り入れるようにし、またタイ政府にも日本に対する宣伝の機会を（効果の有無は別として）より十分に担保したとすれば、両国間の緊張は多少は緩和したであろう。しかし、そもそも、日本側のこのような傍若無人さが、宣伝活動のみならず様々な局面で顕在化し、両国間の緊張を高めていったことを考えるならば[1]、ことは必ずしも宣伝の側面に限ったことではなく、日本側からタイ側に対する根本的な姿勢そのものに起因する問題であったということもできる。

1　政府間の緊張については、これまでの日タイ関係研究において十分に指摘されているとおりである。また、「草の根」における緊張についても、柿崎（2022）が活写している。

その点で、本書は、これまでの研究によって明らかにされてきた「大東亜戦争」期の日タイ関係について、日タイ両国側の史料に依拠しながらも、宣伝の面においても同様のことが言えることを指摘したに過ぎない。
　次に、日本側はタイに対する宣伝を通じて、どのような日本像を誰に見せようとしたのかについては、新たな発見といえるものがあったように考える。
　まず、本書で紹介した日本の宣伝に登場する日本の姿は、欧米向けの宣伝において示された「伝統」と「躍進」の対極的なイメージからなる日本像とは、異なるものであったことを指摘しておきたい。タイに対する宣伝において示されているのは、日本の「躍進」に重点があるものであり、日本が欧米に見せようとした自画像と、タイを含む「大東亜共栄圏」に見せようとした自画像には大きな乖離があった。これは、欧米に対しては価値を有する日本独自の「伝統」という側面が、「大東亜共栄圏」に対してはそれほど価値を持たないことを意味する。「伝統」を強調することは、日本のみならずアジア各地にも存在している欧米とは異なる「伝統」を、日本を含めて横並びに示すことになり、日本の「盟主」としての地位を強調するのには相応しくなかったのではないだろうか。むしろ「大東亜共栄圏」に向けては、日本の著しい「躍進」を見せることによって、それに追随させようとする意図があったと考えられる。
　次に、日本側は、タイに対する宣伝において、女性を訴求対象として重視していたことが明らかになった。そこでは、女性たちに対して、日本の近代的な生活や美容・服装を紹介することによって日本への関心を高め、日本製品への購買意欲を刺激するとともに、幼い子どもを養育する母親の姿を投影した「母性の管理」と、また看護師、軍需産業労働者や軍務従事者等としての「労働力の管理」とに誘導していこうとする志向が窺われた。それは、日本国内における女性に対する役割期待と重なる部分もあったが、一方で日本人女性には期待されたであろう日本の天皇や皇室に対する忠誠も「軍国の母」や「夫に献身する妻」というような役割も期待されてはいなかったといえるだろう。「大東亜共栄圏」の女性たちに対しては、日本や天皇のために母性などを犠牲にしていくような姿は想定されず、ポリティックスとしては、よりソフトなかたちでの「同盟」や「大東亜共栄圏」の姿が志向されて

いたのではないか、というのが現段階における一応の見解である。

　さらに三つ目の発見としては、宣伝雑誌における商業広告の豊富さに関するものである。宣伝雑誌を見ていくと、その商業広告の多さに驚かされるが、これはこれまでほとんど分析対象にされてこなかったものであった。商業広告からは、日本がタイを含む「大東亜共栄圏」を、日本製品のマーケットとしても重要視していたことは、明らかにできたと考える。むしろ、商業広告以外の記事も、全体として日本製品に対する購買欲をかきたてるものが多いことを考えると、日本の「大東亜共栄圏」に対する宣伝は、一方で商業広告としての一面も有すると考えることもできるのではないだろうか。

　そのように考えてみると、「大東亜戦争」期における日タイ関係は、日本側から見た場合に、もちろん政治的にも軍事的にも重要であった一方で、これまでよく言われてきたような米やゴム、錫、石油などの戦略物資の供給地としての側面だけでなく、日本の産業の輸出市場としての性格をも併せもつ経済圏の確立の一端としての意味も大きかったのではないかと考える次第である[2]。

　今後、さらに「大東亜共栄圏」に対する日本の宣伝と広告との関係を考えていくためには、広告表現や広告デザインの観点からの分析によって、対外プロパガンダ誌上の商業広告に表象された意図や意味についての理解を深めていく努力も必要であろう。また、「大東亜戦争」期の日本がフィリピンやジャワなど他地域向けに発行したプロパガンダ誌の広告とも比較していくことで、対タイ宣伝の特色をより相対的に捉え、それぞれの地域への関わりの同質性と異質性をより大きな視角から明らかにすることも今後の課題である。

2　先行研究によれば、戦前・戦中の日タイ間の経済関係は「ほとんどすべて貿易関係に限定されて」おり、フィリピンや蘭領東インドとは対照的に重要な資本投下をおこなわなかったという（バトソン 1990: 270–271）。宣伝メディアにおける広告には、こうした経済関係上の差異などが反映されている可能性がある。

あとがき

　世界各地において紛争が多発している今日、様々な形での戦争や軋轢への注目もより高まってきています。今日の戦争の姿については、「総力戦」といった概念に加えて、「超限戦」とか「ハイブリッド戦争」とかいった言葉も現れ、戦争における武力と非武力、軍事と非軍事の境界が超越されてきているとの見方も強くなってきました。たしかに、そうした傾向は、宇宙空間やサイバー空間、電磁波領域などをも含むような作戦領域の広まりのなかで一層高まってきていることも事実と思われますが、歴史研究者の視点からは、「すべての手段を用いて」展開される戦争という基本的な構造自体は（具体的な領域や程度を別とすれば）21世紀の今日に限ったことではなく、かつてから存在していたもののように見えます。本書で扱っているような内容も、戦争の一局面において、その真意や行動に不安もある「同盟国」に対する、必ずしも軍事力によらない形での影響力の行使のあり方であると言えましょう。

　本書は、この十数年ほどの間、科学研究費補助金をいただきながら進めてまいりました「大東亜戦争」期日本のタイに対するプロパガンダに関する研究の成果の一部を、愛知大学出版助成をいただいて、まとめてみたものです。本書に関係する科学研究費補助金は、次の通りです。

「「盟邦」タイからみた「大東亜文化建設」の理念と具体像」（基盤研究Ｃ：
　　24K04210）、2024〜2027
「戦時期タイにおける日本の宣伝機関の進出と活動：タイ・日・英語史料か
　　らのアプローチ」（基盤研究Ｃ：18K00975）、2018〜2024
「対タイ宣伝活動の諸相とタイ側の反応：戦時期日本の東南アジア関与とそ

の変化」（基盤研究Ｃ：15K02876）、2015～2018
「タイ語プロパガンダ誌からみた戦時期日本の東南アジア関与とその変化」（基盤研究Ｃ：24520776）、2012～2015

　各章は、次の各既発表論文に大幅に加筆修正を加え、配置し直したものになります。

序　章：「戦時期日本の対タイ宣伝に関する研究の現状と課題」（新世紀人文学研究会『新世紀人文学論究』第 4 号、pp. 281-294、2021）

第 1 章：「日本軍が見たタイ：『泰国兵要地誌』（義部隊司令部、1945）を手がかりに」（日タイ言語文化研究所『日タイ言語文化研究』第 5 号、pp. 5-16、2018）

第 2 章：「1942年日泰文化協定をめぐる文化交流と文化政策」（愛知大学国際問題研究所『国際問題研究所紀要』第 115 号、pp. 167-202、2001）

第 3 章：「戦時期バンコクにおける日本側活動の空間的特性：1942～43年の宣伝活動を中心に」（日タイ言語文化研究所『日タイ言語文化研究』第 2 号、pp. 27-41、2014）

第 4 章：「日本の宣伝活動に対するタイの反応：1942-43」（中国現代史研究会『現代中国研究』第 33 号、pp. 56-74、2013）

第 5 章：「戦時下日本による対タイ文化宣伝の一断面：『日泰文化』刊行をめぐって」（愛知大学現代中国学会『中国 21』第 31 号、pp. 307-332、2009）

第 6 章：「「大東亜」戦争期日本はタイに何をアピールしたかったのか：タイ語プロパガンダ誌『カウパアプ・タワンオーク』を中心に」（日本タイ学会『年報タイ研究』第 16 号、pp. 19-37、2016）

第 7 章：「広告メディアとしての対外宣伝メディア：戦時期日本のタイ語プロパガンダ誌における商業広告」（20世紀メディア研究所『Intelligence』第 21 号、pp. 156-167、2021）

第 8 章：「戦時期日本は大東亜共栄圏の女性たちに何を期待したか：対外グラフ誌『フジンアジア』の内容分析から」（愛知大学国際問題研究所『国際問題研究所紀要』第 161 号、pp. 1-19、2023）

あとがき

　これまでの研究を資金面からバックアップいただいた日本学術振興会、出版助成をいただいた愛知大学、出版を快くお引き受けくださったあるむの皆様、これまで拙論発表の機会をいただいた学会・研究会等とその関係の皆様方に篤く御礼申し上げる次第です。また、森正夫先生を中心とする名古屋大学文学部東洋史研究室の先生方や先輩方、指導教官として懇切な御指導をくださった重松伸司先生や加藤久美子先生、文部省アジア諸国等派遣留学生としてお世話になったピヤナート・ブンナーク先生をはじめとするチュラーロンコーン大学の先生方、研究に対する興味と方向性を与えてくれた父・加納直人と母・加納禮子、大伯父・斎藤忠（考古学者）は、筆者のこれまでの研究の基盤を整えてくださいました。とくに、拙論を発表するなかで、学会の大会等において一緒にシンポジウムを組んだりして貴重な御意見をいただいた柿崎一郎先生（横浜市立大学）や田中寛先生（大東文化大学）には、深く感謝申し上げます。もともとはフィールドワークを主体とする研究を展開していた私に、タイ国立公文書館等に所蔵されている史料の利用法を伝授くださったのも、同世代の畏友・柿崎氏であり、今に至るまで常に大きな刺激を与えてくださっています。村嶋英治先生（早稲田大学）にも、タイ国立公文書館での作業中における昼食休憩等に美味しい料理を御馳走になりつつ御教示を賜りました。本書で取り上げたタイ語資料については、コラムでも触れた青木澄夫先生（中部大学）や千住一先生（立教大学）、ナパット・チャルーンスック氏（ナレースワン大学卒業生）からも貴重な資料の提供や情報をいただきました。プロパガンダ研究の先達として、白山眞理先生（日本カメラ博物館）や土屋礼子先生（早稲田大学）にも貴重な御教示をいただきました。つたない口頭発表等をさせていただいた東南アジア学会やタイ学会では、多くの先生方から貴重なコメントをいただきました。筆者が科研費等によって購入希望を出させていただいた貴重な史資料を、整理・登録・保管をくださっている愛知大学図書館の皆様や、所蔵史資料を快く研究者に利用させてくださった日本カメラ博物館や国立国会図書館、防衛研究所、外交史料館、国内外の様々な大学図書館、タイ国立公文書館、タイ国立図書館、アメリカ議会図書館、イギリス国立公文書館、大英図書館の皆様にも、たいへん御面倒をおかけするとともにお世話になりました。愛知大学において収蔵いただいた資料については、塩山正純先生を代表者とするプロジェクト

により、順次デジタル化を施し、「愛知大学貴重資料デジタルギャラリー」（https://arcau.iri-project.org/「詳細検索」のページから、「時代」を「昭和」として検索いただくと、効率的にプロパガンダ誌を閲覧いただくことができます）において、電子公開をさせていただいておりますが、デジタル化と電子公開の基盤を提供いただいた愛知大学と、その作業を非常な精度で提供いただいた株式会社寿限無と社長の岡本明氏にも、感謝申し上げております。さらに、愛知大学国際コミュニケーション学部の同僚たちは、常に筆者の研究を支え、ともに大笑いしながら刺激を与えてくれました。筆者の直接の上司である愛知大学の広瀬裕樹理事長・学長は、大らかな姿勢と視線で、副学長が研究に従事する時間や心理的余裕を与えてくださいました。妻アモンも、家庭内のスペースを圧迫しながら増え続ける文献資料の山々には文句を言いつつも、研究や校務に没頭しがちでほとんど家にはいない筆者を放置して、研究の自由を与えてくれました。ほかにも多くの方々の御恩によって、本書はできております。

　本書が、これまであまり光が当たってこなかった、宣伝の受け手側の言語や情報、史資料を、まだまだ十分とはいえないまでも活用していることによって、「大東亜戦争」期の国際関係のあり方の解明に、それなりに貢献できる部分があればと祈る次第です。

参考文献

未公刊史料
日本国外務省外交史料館所蔵史料
A'1.2.1.1 『日本・タイ間外交関係雑集』
B1.0.0.J/SI2 『日タイ文化協定関係一件』
B'5.6.0.J/TH1 『日本・タイ文化協定関係一件』
外務省管理局『シヤム国ニ於ケル邦人関係事業投資概要』（JACAR（アジア歴史資料センター）Ref.B05013068500（海Ⅲ-1-6、外務省外交史料館））

日本国防衛省防衛研究所所蔵史料
南西-泰仏印-5〜12　　中村明人（1957）『駐泰四年回想録』

イギリス国立公文書館所蔵史料
BW54/1　　Siam-British Cultural Propaganda

大英図書館所蔵資料
IOR/L/PS/12/653 Ext 6348/41　　British and German Propaganda in Thailand

タイ国立公文書館史料
(2) สร0201.18/26　　การตั้งเจ้าหน้าที่โฆษณาประจำกรุงโตเกียว（東京駐在宣伝職員設置）
(2) สร0201.18.1　　บทสนทนาระหว่างนายมั่น ชูชาติ-นายคง รักไทย
　　　　　　　　（マン・チューチャート氏とコン・ラックタイ氏の会話台本）
(2) สร0201.98.1/8　　การเผยแพร่ภาพโฆษณาของญี่ปุ่นในประเทศไทย
　　　　　　　　（タイ国内における日本の宣伝写真広報）
(2) สร0201.98.1/14　　รายงานเหตุการณ์ต่าง ๆ ของอธิบดีกรมโฆษณาการ
　　　　　　　　（宣伝局長各種状況報告）
(3) สร0201.55/10　　การส่งเสริมวัฒนธรรมไทย ญี่ปุ่น（タイ日文化促進）
(3) สร0201.55/21　　ความตกลงทางวัฒนธรรมระหว่างประเทศไทยกับประเทศญี่ปุ่น
　　　　　　　　（タイ国日本国間文化協定）
(3) สร0201.55/29　　สถานศึกสาววัฒนธรรมญี่ปุ่น - ไทย（日タイ文化研究所）

雑誌・新聞
『朝日新聞』
『大阪朝日新聞』
『カウパアプ・タワンオーク』

『観光』
『国際文化』国際文化振興会
『SAKURA』毎日新聞社
『写真週報』情報局
『すばる』集英社
『太陽』朝日新聞社
『東亜文化圏：文化政策研究雑誌』東亜文化圏社
『南方語雑誌』蛍雪書院
『日泰文化』日泰文化会館
『NIPPON』国際報道（『NIPPON（復刻版）』国書刊行会2002–2005）
『日本工業新聞』（神戸大学附属図書館蔵）
『日本タイ協会会報』財団法人日本タイ協会
『フジンアジア』大阪毎日新聞社・東京日日新聞社（東京毎日新聞社）
『FRONT』東方社（『FRONT（復刻版）』平凡社1989–1990、2024）
『文化日本』日本文化中央連盟
『報道写真』写真協会
ข่าวโฆษณาการ（宣伝時報）　กรมโฆษณาการ（宣伝局）
มหามิตร（マハーミット）
ราชกิจจานุเบกษา（官報）
วัฒนธรรมญี่ปุ่น-ไทย（日泰文化）หอวัฒนธรรมญี่ปุ่น（日本文化会館）

（日本語）
赤木攻（1992）『タイの永住日本人』めこん
赤澤史朗（2020）『戦中・戦後文化論：転換期日本の文化統合』法律文化社
朝海浩一郎（1942）「泰国に於ける写真宣伝」『報道写真』2-10
朝日新聞社編（1987）『写真集友好の世紀：日・タイ交流の100年』朝日新聞社
明石陽至（1997）「日本軍政下のマラヤ・シンガポールにおける文教政策」倉沢愛子編『東南アジア史のなかの日本占領』早稲田大学出版部
安達宏昭（2022）『大東亜共栄圏：帝国日本のアジア支配構想』中央公論社
熱田見子（1999）「日中戦争初期における対外宣伝活動」『法学政治学論究』42
粟屋義純（1939）『戦争と宣伝』時代社
アンダーソン、ベネディクト（1987）（白石隆ほか訳）『想像の共同体』リブロポート
池田徳眞（1981）『プロパガンダ戦史』中央公論社
池田浩士（2007）「「大東亜共栄圏文化」とその担い手たち」池田浩士編『大東亜共栄圏の文化建設』人文書院
井沢実（1943）「対外グラフの使命」『報道写真』3-10
石田あゆう（2015）『戦時婦人雑誌の広告メディア論』青弓社
―――（2016）『図説戦時下の化粧品広告〈1931–1943〉』創元社
石井米雄・吉川利治（1987）『日・タイ交流六〇〇年史』講談社

石丸優三（1943）「泰国に於ける文化事業」『観光』3-4
市川健二郎（1987）『日本占領下タイの抗日運動：自由タイの指導者たち』勁草房
─────（1991）「日泰同盟の権力構造」『大正大学大学院研究論集』15
─────（1994）「日泰文化協定をめぐる異文化摩擦」『大正大学研究紀要』79
市川房枝編（1944）『婦人界の動向』（『近代婦人問題名著選集』12（日本図書センター 1983）所収）
伊藤孝行（2014）「『暹羅協会会報』『日本タイ協会会報』にみるタイ人への日本語教育」『日タイ言語文化研究』2
稲宮康人・中島三千男（2019）『「神国」の残影：海外神社跡地写真記録』国書刊行会
井上治（2005）「『FRONT』モンゴル語版をめぐって」江口真理子編『「戦時下、対東アジア戦略と広告宣伝」研究成果報告書』島根県立大学総合政策学部
井上祐子（2009）『戦時グラフ雑誌の宣伝戦：十五年戦争下の「日本」イメージ』青弓社
今泉武治（1967）「新聞広告100年」『日本の広告美術：明治・大正・昭和 2　新聞広告・雑誌広告』美術出版社
今村忠助（1935）「南から北へ千八百粁シャム縦断旅行記」『満州日報』1935.4.29（神戸大学電子図書館システム「新聞記事文庫」）
岩上隆安（2019）「日本陸軍の「宣伝戦」とその実際：北部スマトラにおけるF機関の活動を中心に」『軍事史学』55-2
岩畔豪雄（2000）『シンガポール総攻撃』光人社
─────（2015）『昭和陸軍　謀略秘史』日本経済新聞出版社
上野千鶴子（2009）『家父長制と資本制：マルクス主義フェミニズムの地平』岩波書店
─────（2012）『ナショナリズムとジェンダー新版』岩波書店
梅本左馬次（1943）「泰国より帰りて」『報道写真』3-10
王志松（2022）「「外地」の大衆文化：雑誌『女性満洲』に見られるファッション」劉建輝・石川肇編『戦時下の大衆文化：統制・拡張・東アジア』KADOKAWA
大阪市見本市協会（1941）『泰国憲法発布記念博覧会に於る国際優良商品見本市報告』大阪市見本市協会
大澤広嗣（2015）『戦時下の日本仏教と南方地域』法藏館
太田一郎（1971）『日本外交史第24巻　大東亜戦争・戦時外交』鹿島平和研修所
大竹新（1943）「グラフ雑誌の展望」『報道写真』3-4
大谷正（1994）『近代日本の対外宣伝』研文出版
大塚英志（2022）『大東亜共栄圏のクールジャパン：「協働」する文化工作』集英社
岡田秀則（2004）「南方における映画工作：《鏡》を前にした「日本映画」」岩本憲児編『映画と「大東亜共栄圏」』森話社
緒方正（1941）『南方圏の経済的価値』南洋協会台湾支部
沖田秀詞（2014）「タイ国留学生と日本語教育：戦前の協会会報『解題』編集こぼれ話」『日タイ言語文化研究』2
─────（2015a）「戦前の日本タイ協会会報に見るタイ語と日本語教育」『日タイ言語文化研究』3

─────（2015b）「戦時下の日本タイ協会と日本語教育記事」『タイ国情報』49-6
奥村賢（2004）「戦時下のニュース映画：『同盟ニュース』再考」岩本憲児編『日本映画とナショナリズム 1931-1945』森話社
小田義幸（2015）「日本の南方進出と戦時プロパガンダ：日米開戦以前の『写真週報』にみる南方進出」『法学研究：法律・政治・社会』88-10
小田切秀雄（1963）「戦時体制化の文化」『岩波講座日本の歴史20』岩波書店
外務省（1957）『我が外交の近況』
─────（1995）『外務省執務報告　情報部　昭和11年～13年』クレス出版
外務省外交史料館日本外交史辞典編纂委員会（1992）『新版日本外交史辞典』山川出版社
外務省情報文化局（1956）『現下の重要外交問題』
外務省百年史編纂委員会（1969）『外務省の百年（上・下）』原書房
外務省文化事業部（1934）『文化事業部概要』
外務省文化事業部（1938）『外交の新しき指標：文化協定の話』
外務省文化事業部（1972）『国際交流の現状と展望』大蔵省印刷局
鏡味治也（2000）『政策文化の人類学：せめぎあうインドネシア国家とバリ地域住民』世界思想社
柿崎一郎（2018）『タイ鉄道と日本軍：鉄道の戦時動員の実像1941～1945年』京都大学学術出版会
─────（2020）「第二次世界大戦中のバンコクにおける日本軍駐屯地の変遷：タイ軍最高司令部文書を中心として」『東南アジア：歴史と文化』49
─────（2022）『草の根の日タイ同盟：事件史から見る戦時下の日本人とタイ人』京都大学学術出版会
─────（2024）「第2次世界大戦中のタイにおける日本軍の建物使用」『年報タイ研究』24
柏木博（1998）『ファッションの20世紀：都市・消費・性』日本放送出版協会
─────（2000）『肖像のなかの権力：近代日本のグラフィズムを読む』講談社
加藤敬子（1995）「婦人雑誌広告：昭和前期」『慶應義塾大学新聞研究所年報』44
加藤聖文（2002）『海外引揚関係史料集成（国外篇）』33、ゆまに書房
加納寛（1999）「日本人の記録にみるバンコク女性服飾変化：1930-1944」『文明21』2
─────（2012）「1941年タイにおける服飾政策の展開と国民の反応」『名古屋大学東洋史研究報告』36
─────（2017a）「タイ」早瀬晋三・白石昌也編『朝日新聞大阪本社所蔵「富士倉庫資料」（写真）東南アジア関係一覧』早稲田大学アジア太平洋研究センター
─────（2017b）「書院生、東南アジアを行く!!：東亜同文書院生が見た在留日本人」加納寛編『書院生、アジアを行く：東亜同文書院生が見た20世紀前半のアジア』あるむ
─────（2017c）「タイ近代服飾史にみるジェンダー」服部早苗・新實五穂編『歴史のなかの異性装』勉誠出版
─────（2018）「日本軍が見たタイ：『泰国兵要地誌』（義部隊司令部、1945）を手がか

りに」『日タイ言語文化研究』5
上坂冬子（1998）『揚輝荘、アジアに開いた窓：選ばれた留学生の館』講談社
神谷誠編（1995）『南方軍総司令部参謀部兵要地誌班回顧録』創栄出版
亀倉雄策（1942）「グラフィックと組写真」『報道写真』2-5
カモン・ペンスリヌクン（1988）「太平洋戦時中タイの外交（一、二）」『法学論叢』123-4、124-1
川崎賢子（2000）「戦時下対外宣伝における日本語と日本紹介：雑誌『FRONT』とその周辺から」『昭和文学研究』41
河路由佳（2003）「国際学友会の設立と在日タイ人留学生：1932-1945の日タイ関係とその日本における留学生教育への反映」『一橋論叢』129-3
河西晃祐（2016）『大東亜共栄圏：帝国日本の南方体験』講談社
河村一夫（1967）「対支文化事業関係史：官制上より見たる」『歴史教育』15-8
川村邦光（2007）『聖戦のイコノグラフィ：天皇と兵士・戦死者の図像・表象』青弓社
神田孝一（1937）『思想戦と宣伝』橘書店
菊池道男（1992）「太平洋戦争期の横浜正金銀行」『中央学院大学商経論叢』7-1
貴志俊彦（2022）『帝国日本のプロパガンダ：「戦争熱」を煽った宣伝と報道』中央公論新社
岸田国士（1940）『文化の新体制』大政翼賛会宣伝部
岸本昌也（1995）「日タイ『宗教』外交の展開：昭和18年仏舎利奉還をめぐつて」『政府と民間：対外政策の創出』山川出版社
北島昇編（1977）『日本ニュース映画史』毎日新聞社
北村武士（2014）「1943年にタイの新聞に紹介された日本語入門連載記事：『中原報』の富田竹二郎執筆「三箇月的日本語」」『日タイ言語文化研究』2
─── （2015）「戦前バンコクの日本タイ文化研究所の活動実態：「日本－タイ文化研究所事業年報」及び「日泰文化研究所昭和十五年十月以降事業報告の件」について」『日タイ言語文化研究』3
北山節郎（1987-88）『ラジオ・トウキョウ：戦時体制下日本の対外放送』全3巻、田畑書店
─── 編（2005）『続太平洋戦争メディア資料Ⅰ　外務省と対外放送／ラジオ・トウキョウ小史』緑蔭書房
木村涼子（2010）『〈主婦〉の誕生：婦人雑誌と女性たちの近代』吉川弘文館
吉良智子（2013）『戦争と女性画家：もうひとつの近代「美術」』ブリュケ
─── （2015）『女性画家たちの戦争』平凡社
近代女性文化史研究会（2001）『戦争と女性雑誌：1931年～1945年』ドメス出版
クシュナー、バラク（2016）（井形彬訳）『思想戦：大日本帝国のプロパガンダ』明石書店
倉沢愛子（1992）「解題」『復刻版ジャワ・バル』龍渓書舎
─── （2002）『「大東亜」戦争を知っていますか』講談社
─── （2009）「宣伝メディアとしての映画：日本軍占領下のジャワにおける映画制作と上映」奥村賢編『映画と戦争：撮る欲望／見る欲望』森話社

―――編（1997）『東南アジア史のなかの日本占領』早稲田大学出版部
黒田清（1944）「日泰文化関係」『日泰文化』1
黒野耐（2002）『日本を滅ぼした国防方針』文芸春秋
桑原長（1996）『一武人の生涯：燃えた情熱と戦後の反省』（私家版）
桑原規子（2010）「国際文化事業から対外文化工作へ：1941年の国際文化振興会主催「仏印巡回現代日本画展覧会」」五十殿利治編『「帝国」と美術：1930年代日本の対外美術戦略』国書刊行会
桑原ヒサ子（2020）『ナチス機関誌「女性展望」を読む：女性表象、日常生活、戦時動員』青弓社
軍事史学会編（1998）『大本営陸軍部戦争指導班機密戦争日誌（上・下）』錦正社
国際観光局（n.d.）『観光・文化宣伝の対象としての南洋を語る』国際観光局
国際観光局（1940）『観光・文化宣伝の対象としての南洋を語る』国際観光局
国際交流基金（1973）『文化協定・交換公文集』国際交流基金
国際文化振興会（1939a）『日独文化協定』国際文化振興会
―――（1939b）『日伊文化協定』国際文化振興会
後藤乾一（1998）「東条英機と「南方共栄圏」」ピーダー・ドウス・小林英夫編『帝国という幻想：「大東亜共栄圏」の思想と現実』青木書店
―――（2010）『近代日本と東南アジア：南進の「衝撃」と「遺産」』岩波書店
―――（2012）『東南アジアから見た近現代日本：「南進」・占領・脱植民地化をめぐる歴史認識』岩波書店
小林英夫（1997）「タイにおける日本人社会経済団体の活動」波形昭一編『近代アジアの日本人経済団体』同文舘出版
―――（2012）『「大東亜共栄圏」と日本企業』評論社
小松孝彰（1937）『近代戦とプロパガンダ』春秋社
小山栄三（1942）『戦時宣伝論』三省堂
蔡史君（1996）「日本の南進における文化工作論と華僑政策：「台湾本島人利用論」を兼ねて」『総合的地域研究の手法確立：世界と地域の共存のパラダイムを求めて』文部省科学研究費補助金重点領域研究「総合的地域研究」総括班
酒井健太郎（2018）「ドイツ人音楽家クラウス・プリングスハイムはタイに何を求めたか：第2次世界大戦後の書簡から」『日タイ言語文化研究』5
―――（2019）「1930年代～40年代の日本とタイのラジオ放送による交流に関する調査報告」『日タイ言語文化研究』6
佐藤醇造（1941）『泰・仏印における宣伝戦』日本印度支那協会
佐藤隆夫（2019）『1942年アメリカの心理戦と象徴天皇制：ラインバーガーとジョゼフ・グルー』教育評論社
佐藤卓己（2014）『増補　大衆宣伝の神話：マルクスからヒトラーへのメディア史』筑摩書房
佐藤照雄（2009）「戦前における日本の対タイ文化事業：招致留学生奨学資金制度を中心として」『アジア太平洋研究科論集』17

―――――（2017）『戦時期日本の対タイ文化事業：発想の起点と文化事業の特性との関連性』柘植書房新社
里見脩（2000）『ニュース・エージェンシー：同盟通信社の興亡』中央公論新社
参謀本部編（1967）『杉山メモ：大本営・政府連絡会議等筆記（上・下）』原書房
重信幸彦（2019）『みんなで戦争：銃後美談と動員のフォークロア』青弓社
柴岡信一郎（2007）『報道写真と対外宣伝：十五年戦争期の写真界』日本経済評論社
柴崎厚士（1999）『近代日本と国際文化交流：国際文化振興会の創設と展開』有信堂
柴田善雅（1995）「「南方共栄圏」の貿易政策」疋田康行編『「南方共栄圏」：戦時日本の東南アジア経済支配』多賀出版
―――――・鈴木邦夫（1995）「開戦前の日本企業の南方進出」疋田康行『「南方共栄圏」：戦時日本の東南アジア経済支配』多賀出版
清水元（1985）「外務省「海外在留本邦人職業別人口調査一件」の史料的性格」『アジア経済』26-3
―――――編（1992）『英国立公文書館の日本・東南アジア関係史料』アジア経済研究所
―――――・ベンジャミン・A・バトソン（1988）「ワニット・パナノンと太平洋戦争初期の日・タイ関係：回想録「ワニットの悲劇」をめぐって」『アジア経済』29-12
清水亮太郎（2021）「アメリカ情報機関と太平洋戦争：中国戦域における心理戦計画「ドラゴン・プロジェクト」を中心として1941-42」『戦史研究年報』24
情報局編（1943）『アジアは一つなり：大東亜会議各国代表演説集』印刷局
情報局記者会編（1942）『大東亜戦争事典』新興亜社
白山眞理（2014）『〈報道写真〉と戦争：1930-1960』吉川弘文館
―――――・小原真史（2015）『戦争と平和：〈報道写真〉が伝えたかった日本』平凡社
―――――・堀宜雄編（2006）『名取洋之助と日本工房［1931-45］』岩波書店
人事興信所（1939）『人事興信録第12版』人事興信所
末廣昭編（1996）『戦前期タイ鉄道業の発展と技術者形成』京都大学東南アジア研究センター
―――――・南原真・柿崎一郎（1999）『戦前期タイの賃金・物価統計』一橋大学経済研究所
鈴木邦夫（1995）「商社の南方進出」疋田康行編『「南方共栄圏」：戦時日本の東南アジア経済支配』多賀出版
鈴木貞美編（2011）『『Japan To-day』研究：戦時期『文芸春秋』の海外発信』国際日本文化研究センター
千住一（2018）「国際観光局の10年」『観光文化』239
―――――（2023）「国際観光局と外客誘致」『観光文化』257
（1964）『戦前の情報機構要覧：情報委員会から情報局まで』［出版者不明］
太平洋戦争研究会（2011）『「写真週報」に見る戦時下の日本』世界文化社
大本営陸軍部（1941）『対南方思想戦ノ参考（泰国之部）』（防衛省防衛研究所所蔵史料・中央-軍隊教育典範令各種-673）
大本営陸軍部（1944）『最近ニ於ケル泰国事情』（防衛省防衛研究所所蔵史料・南西-泰仏

印-3)
台湾総督官房外事課編（1937）『南洋年鑑　第34版』南洋協会台湾支部
台湾総督府外事部編（1943）『南洋年鑑　第4回版』南方資料館
多川精一（1989）「対外宣伝誌『FRONT』の記録」『FRONT 復刻版解説Ⅰ』平凡社
─────（2000）『戦争のグラフィズム：『FRONT』を創った人々』平凡社
竹内幸絵（2011）「『写真週報』と広告」『近代広告の誕生：ポスターがニューメディアだった頃』青土社
竹田光次（1942）「南方と宣伝・視察談」『報道写真』2-11
─────（1943a）「南方軍政下に於ける文教状況」『国際文化』25
─────（1943b）『大東亜戦争と思想戦』週刊産業社
田坂敏雄（1998）「土地領有史序説」田坂敏雄編『アジアの大都市[1]バンコク』日本評論社
田島奈都子（2008）「戦時下の商業ポスター：宣伝を担った広告の一側面」『アジア遊学』111号、勉誠出版
立川京一（2000）『第二次世界大戦とフランス領インドシナ：「日仏協力」の研究』彩流社
田中宏巳編（1995）『米議会図書館所蔵旧領接収旧陸海軍資料総目録』東洋書林
田中寛（2003）「『日泰会話』、昭和16年4月：戦時期〈大東亜語学〉と日本語教育との関わり」『大東文化大学外国語学研究』4
─────編（2016）『【原典資料集】戦時下の日タイ間における言語文化の接触と摩擦：帝国日本の〈南進〉の系譜から』『日タイ言語文化研究』特別号
─────（2017a）「大東亜共栄圏下のタイにおける文化映画工作：二つの国策文化映画「泰国の全貌」と「起ち上る泰」を中心に」『日タイ言語文化研究』4
─────（2017b）「大東亜共栄圏下における異言語接触の一断面："大東亜語学"と南方日本語普及工作の実態」『東洋研究』204
玉井清編（2008）『戦時日本の国民意識：国策グラフ誌『写真週報』とその時代』慶応義塾大学出版会
玉田芳史（1996）「タイのナショナリズムと国民形成：戦前期ピブーン政権を手がかりとして」『東南アジア研究』34-1
ダワー、ジョン・W（斎藤元一訳）（2001）『容赦なき戦争：太平洋戦争における人種差別』平凡社
通商産業省編（1971）『商工政策史　第6巻　貿易（下）』商工政策史刊行会
津金澤聰廣・佐藤卓己編（2003）『広報・広告・プロパガンダ』ミネルヴァ書房
辻政信（1952）『潜行三千里』東都書房
津田浩司（2023）『日本軍政下ジャワの華僑社会：『共栄報』にみる統制と動員』風響社
土屋礼子（2011a）「メディア史研究の現状と展望」和田春樹ほか編『アジア研究の来歴と展望』岩波書店
─────（2011b）『対日宣伝ビラが語る太平洋戦争』吉川弘文館
恒石重嗣（1978）『大東亜戦争秘録　心理作戦の回想』東宣出版
坪内良博（2011）『バンコク1883年：水の都から陸の都市へ』京都大学出版会

津村秀夫（1944）『映画戦』朝日新聞社
ディレック・チャイヤナーム（1943）『タイ国を語る』興亜日本社
寺沢玄宗（1981）『釈尊御遺形伝来史：覚王山日泰寺奉安塔の由来』覚王山日泰寺
寺出浩司（1994）『生活文化論への招待』弘文堂
寺見元恵（1986）「日本占領下のフィリピン映画」今村昌平ほか編『戦争と日本映画』岩波書店
─────（1997）「日常時の中の戦い：フィリピンにおける文化戦線」倉沢愛子編『東南アジア史のなかの日本占領』早稲田大学出版部
─────編（1996）『南方軍政関係資料⑬第14軍宣伝班宣伝工作史料集第2巻：渡集団報道部宣伝計画集』龍渓書舎
東亜交通旅行社（1944）『最近に於ける海外宣伝の推移：「観光事業十年の回顧」続篇』東亜交通公社
東京交通社（1936）「大日本職業別明細図赤坂区」東京交通社（地図資料編纂会編1987『昭和前期日本商工地図集成：東京・神奈川・千葉・埼玉』柏書房）
東条英機（1944）「（日泰文化協定成立を祝して）」『日泰文化』1
冨永亀太郎（1981）『われら張鼓峰を死守す』芙蓉書房
友杉孝（1994）『図説バンコク歴史散歩』河出書房新社
─────（1999）「現代都市バンコクの景観にみられる記憶の表象：貨幣・仏教・王権」友杉孝編『アジア都市の諸相：比較都市論にむけて』同文舘出版
─────（2001）「港市バンコクの誕生と変容」池端雪浦ら編『岩波講座東南アジア史5 東南アジアの再編』岩波書店
土門拳（1943）「対外宣伝雑誌論」『日本評論』18-9
ドロー、ルイ（1965）（三保元訳）『国際文化交流』白水社
中野校友会編（1978）『陸軍中野学校』中野校友会
中村明人（1958）『ほとけの司令官』日本週報社
中村弥三次（1935）『文化行政法』日本評論社
中山龍次（1933）『ラヂオを語る』日本放送協会関東支部
ナワポーン・ハンパイブーン（2012）「タイと日本の仏教交流：タイ・日関係史の一側面：国交開始から第二次世界大戦終戦に至るまで（1887年-1945年）」早稲田大学大学院アジア太平洋研究科博士学位請求論文
難波功士（1998）『「撃ちてし止まむ」：太平洋戦争と広告の技術者たち』講談社
南原真（2005）「戦前の三井物産のタイにおける事業展開について：1924～1939年を中心として」『東京経大学会誌（経済学）』247
西川長夫、松宮秀治編（1995）『幕末・明治期の国民国家形成と文化変容』新曜社
西野順次郎（1984）『新版増補日・タイ四百年史』時事通信社
日泰文化研究所（1942）「最新盤谷案内地図」（SEIUN, n.d.,『改訂復刻版昭和17年のバンコク案内地図』（まるごとタイランド別冊））
日本印度支那協会（1941）『泰・仏印における宣伝戦』日本印度支那協会
日本タイ学会編（2009）『タイ事典』めこん

根本昭ほか（1996）『文化政策概論』晃洋書房
野村重臣（1942）『戦争と思想』富強日本協会
ハーイ、ピーター・B（1995）『帝国の銀幕』名古屋大学出版会
朴祥美（2017）『帝国と戦後の文化政策：舞台の上の日本像』岩波書店
朴美貞・長谷川怜（2016）『日本帝国の表象』えにし書房
羽島知之（2007）「昭和戦時下の新聞広告：非常時、新聞・広告界の大変貌時代」羽島知之編『新聞広告美術大系14巻』大空社
橋本左馬次（1943）「泰国より帰りて」『写真週報』3-10
長谷川恒雄（2001）「バンコク日本文化研究所（1938）の日本語教育計画」『日本語と日本語教育』29
─── （2010）「日本語教育の「国策化」の流れ：外務省・興亜院・文部省・日本語教育振興会」長谷川恒雄編『第二次大戦期日本語教育振興会の活動に関する再評価についての基礎的研究3』
波多野澄雄（1996）『太平洋戦争とアジア外交』東京大学出版会
バトソン、ベンジャミン（1990）「タイのナショナリズムと対日関係の展開」杉山伸也・イアン・ブラウン編『戦間期東南アジアの経済摩擦：日本の南進とアジア・欧米』同文舘
林行夫（2016）「明治期日本人留学僧にみる日＝タイ仏教「交流」の諸側面」大澤広嗣編『仏教をめぐる日本と東南アジア地域』勉誠出版
早瀬晋三（2022）『すれ違う歴史認識：戦争で歪められた歴史を糺す試み』人文書院
疋田康行編（1995）『「南方共栄圏」：戦時日本の東南アジア経済支配』多賀出版
平等通昭（1943）「泰国に於ける日本語教授」国語文化学会『外地・大陸・南方日本語教授実践』国語文化研究所（『日本語教授法基本文献』として冬至書房により1986復刻）
───・平等幸枝（1979）『我が家の日泰通信』印度学研究所
平野健一郎編（1999）『国際文化交流の政治経済学』勁草書房
比留間弘（1982）『地獄の戦場泣きむし士官物語』光人社
藤井祐介（2007）「統治の秘法：文化建設とは何か？」池田浩士編『大東亜共栄圏の文化建設』人文書院
藤原岩市（1972）『秘録　F機関の秘密工作　大本営の密使』番町書房
─── （1986）『留魂録』振学出版
藤本弘道（1943）『戦ふ大本営陸軍報道部』晴南社
防衛庁防衛研究所戦史部（1985）『史料集　南方の軍政』朝雲新聞社
防衛庁防衛研修所戦史室（1966）『戦史叢書　マレー進攻作戦』朝雲新聞社
─── （1969）『戦史叢書　シッタン・明号作戦：ビルマ戦線の崩壊と泰・仏印の防衛』朝雲新聞社
星田晋五（1941）「タイ国をめぐる宣伝戦」『報道写真』1-10
星田晋吾（1963）「日本語学校建設苦心談」三木栄『山田長正の真の事蹟と三木栄一代記』
ホセ、リカルド・T（1993）「たわめども折れず：大戦期フィリピン・ナショナリズムと日本の文化政策」大江志乃夫ほか編『文化のなかの植民地』岩波書店

参考文献

ホブズボウム、エリック＆レンジャー、テレンス編（1992）（前川啓治ほか訳）『創られた伝統』紀伊国屋書店
前田多門（1947）『山荘静思』羽田書店
町田敬二（1967）『戦う文化部隊』原書房
松井政平（1942）『タイ国の全貌』田中宋栄堂
松浦正孝（2010）『「大東亜戦争」はなぜ起きたのか：汎アジア主義の政治経済史』名古屋大学出版会
松永典子（2008）『「総力戦」下の人材養成と日本語教育』花書院
松村正義（1996）『国際交流史：近現代の日本』地人館
松本逸也（1992）『シャムの日本人写真師』めこん
松本和也（2023）『戦時下の〈文化〉を考える：昭和10年代〈文化〉の言説分析』思文閣出版
松本昇（1943）「現地文化工作と写真」『報道写真』3–5
まるごと・ウォッチング・タイランド編集部（n.d.）「地図が製作された、昭和17年頃の日本とタイの関係」（SEIUN『改訂復刻版昭和17年のバンコク案内地図』（まるごとタイランド別冊））
三木清（1940）「文化政策論」『中央公論』55–12
三木栄（1940）『日泰会話』日本－タイ文化研究所（วัฒนา ตรีพฤกษพันธ์ (เอส, มิกิ) 2483 หนังสือสนทนาไทย-ญี่ปุ่น พระนคร: สถานศึกษาวัฒนธรรมญี่ปุ่น-ไทย)
―――（1963）『山田長正の真の事蹟と三木栄一代記』
ミッチェル、J・M（1990）（田中俊郎訳）『文化の国際関係』三嶺書房
宮原武雄編（1941）『躍進泰国の全貌』愛国新聞出版部
宮本三郎（1943）『宮本三郎南方従軍画集』陸軍美術協会出版部
村嶋英治（1992）「日タイ同盟下の軍費交渉：1941–1944」『東南アジア：歴史と文化』21
―――（1996a）「日タイ同盟とタイ華僑」『アジア太平洋研究』13
―――（1996b）『ピブーン：独立タイ王国の立憲革命』岩波書店
―――（2002）「タイ国の立憲革命期における文化とナショナリズム」池端雪浦ほか編『岩波講座東南アジア史 第7巻 植民地抵抗運動とナショナリズムの展開』岩波書店
―――（2023a）「タイにおける組織的日本文化広報の先駆者：日泰文化研究所主事平等通昭（通照）の「興亜興仏」的文化交流事業（1940–43年）」『アジア太平洋討究』46
―――（2023b）『南北仏教の出会い：近代タイにおける日本仏教者1888–1945』早稲田大学アジア太平洋研究センター
―――編集・解説（2017）『堀井龍司憲兵中佐手記、タイ国駐屯憲兵隊勤務（1942–45年）の想い出』早稲田大学アジア太平洋研究センター
―――編集・解説（2019）『天田六郎氏遺稿、「シャムの三十年」など』早稲田大学アジア太平洋研究センター
―――・吉田千之輔編（2013）『戦前の財団法人日本タイ協会会報集成解題』早稲田大学アジア太平洋研究センター
百瀬宏（1984）「新興東欧諸小国と日本」入江昭、有賀貞編『戦間期の日本外交』東京大

学出版会
森正人（2016）『戦争と広告：第二次大戦、日本の戦争広告を読み解く』KADOKAWA
森岡督行（2012）『BOOKS ON JAPAN 1931-1972：日本の対外宣伝グラフ誌』ビー・エヌ・エヌ新社
森山優（2016）『日米開戦と情報戦』講談社
師岡宏次（1980）『銀座写真文化史』朝日ソノラマ
柳沢健（1943）『泰国と日本文化』不二書房
─── ・小川昇対談（1943）「タイ・仏印の文化工作を語る」『報道写真』3-8
矢野暢（1975）『「南進」の系譜』中央公論社
山口雅代（2016）『戦前・戦中のタイにおける日本語普及と諜報工作：チェンマイ日本語学校とインパール作戦』大空社
─── （2018）「戦前・戦中のタイに関連した日本語教育機関と諜報工作：在タイ日本大（公）使館付陸軍武官田村浩を中心に」『日タイ言語文化研究』5
山下暁子（2018）「タイの音楽家プラシッド・シラパバンレン（1912-1999）が日本で果たした役割について」『日タイ言語文化研究』5
山根幸夫（1980）『近代日中関係の研究：対華文化事業を中心として』（科研費報告書）
山本佐恵（2012）『戦時下の万博と「日本」の表象』森話社
─── 編（2010）「国際文化振興会芸術事業一覧（1934〜1945）」五十殿利治編『「帝国」と美術：1930年代日本の対外美術戦略』国書刊行会
山本武利（1984）『広告の社会史』法政大学出版局
─── 編（1985）『萬年社広告年鑑 第17巻 昭和16年版』御茶の水書房
山本有造（2011）『「大東亜共栄圏」経済史研究』名古屋大学出版会
ユサ・ビラン、浜下昌宏訳（1986）「日本占領下のインドネシア映画」今村昌平ほか編『戦争と日本映画』岩波書店
横山正幸（1944）「日仏印文化交換に就て」『日仏文化』新9
吉川利治（1982）「タイ国ピブーン政権と太平洋戦争」『東南アジア研究』19-4
─── （1997）「日タイ同盟下のタイ駐屯軍」倉沢愛子編『東南アジア史のなかの日本占領』早稲田大学出版部
─── （2008）「忘れられた対日協力機関：日本軍の進駐とタイの対応」『南方文化』28
─── （2010）『同盟国タイと駐屯日本軍：「大東亜戦争」期の知られざる国際関係』雄山閣
吉野耕作（1997）『文化ナショナリズムの社会学』名古屋大学出版会
米山桂三（1942）「南方宣伝工作に就て」『宣伝』1942年8月号
若桑みどり（2000）『戦争がつくる女性像：第2次世界大戦下の日本女性動員の視覚的プロパガンダ』筑摩書房
私たちの歴史を綴る会編（1987）『婦人雑誌からみた1930年代』同時代社
渡辺一民（1982）『岸田国士論』岩波書店

(英語)
Barmé, Scot. 1993. *Luang Wichit Wathakan and the Creation of a Thai Identity*. Singapore: Institute of Southeast Asian Studies.
Batson, Benjamin. 1974. "The Fall of the Phibun Government", 1944. *The Journal of Siam Society*. 62–2.
Campoamor, Gonzalo II. 2009. "Failures and Legacies of Japanese Propaganda in the Sōryokusen War of Ideas". 一橋大学大学院社会学研究科博士学位請求論文
Charnvit Kasetsiri. 1974. "The First Phibun Government and Its Involvement in World War II." *The Journal of Siam Society*. 62–2.
Gilmore, Allison B. 1998. *You Can't Fight Tanks with Bayonets: Psychological Warfare against the Japanese Army in the Southwest Pacific*. Lincoln: University of Nebraska Press.
Goodman, Grant K. (ed.) 1991. *Japanese Cultural Policies in Southeast Asia during World War 2*. London: MacMillan Academic and Professional.
Hutchinson, John. 1987. *The Dynamics of Cultural Nationalism: The Gaelic Revival and the Creation of the Irish Nation State*. London: Allen & Unwin.
Jose, Ricardo T. 2003. "Accord and Discord: Japanese Cultural Policy and Philippine National Identity during the Japanese Occupation (1942–1945)." In Narangoa, Li & Cribb, Robert (eds.) *Imperial Japan and National Identities in Asia, 1895–1945*. London: RoutledgeCurzon.
Kobkua Suwanntathat-Pian. 1995. *Thailand's Durable Premier: Phibul through Three Decades 1932–1957*. Kuala Lumpur: Oxford Univ. Press.
McGranahan, Donald V. 1946. "U.S. Psychological Warfare Policy" *The Public Opinion Quarterly*. 10–3.
Menefee, Selden C. 1943. "Japan's Psychological War" *Social Forces*. 21–4.
Mulder, Niels. 1997. *Thai Images: The Culture of the Public World*. Chiang Mai: Silkworm Books.
Nongluk Limsiri. 2015. "The Studies of Thailand-Japan Relations in the Context of Japanese Presence in Thailand during World War II." in Masaya Shiraishi (ed.) *Indochina, Thailand, Japan and France during World War II: Overview of Existing Literature and Related Documents for the Future Development of Research*. Waseda University Institute of Asia-Pacific Studies.
Puenthip Kiattisahakul 2004. "The Japanese Army and Thailand's Southern Railways during the Greater Asia War, 1941–1945." *Asian Review*. 17.
Reynolds, E. Bruce. 1990. "Aftermath of Alliance: The Wartime Legacy in Thai-Japanese Relations" *Journal of Southeast Asian Studies*. 21–1.
―――. 1991. "Imperial Japan's Cultural Program in Thailand." in Grant K. Goodman (ed.) *Japanese Cultural Policies in Southeast Asia during World War 2*. London: MacMillan Academic and Professional.
―――. 1994. *Thailand and Japan's Southern Advance: 1940–1945*. London: MacMillan Press.
―――. 2005. *Thailand's Secret War: OSS, SOE, and the Free Thai Underground during World War II*. Cambridge: Cambridge University Press.
Reynolds, Craig J. (ed.) 1991. *National Identity and Its Defenders Thailand, 1939–1989*. Chiang Mai:

Silkworm Books.

Sato Shigeru. 2003. "Japanization in Indonesia Re-Examined: The Problem of Self-Sufficiency in Clothing." In Narangoa, Li & Cribb, Robert (eds.) *Imperial Japan and National Identities in Asia, 1895–1945*. London: RoutledgeCurzon.

Teow, See Heng. 1999. *Japanese Cultural Policy Toward China, 1918–1931*. Cambridge: Harvard Univ. Asia Center.

Terami-Wada Motoe 1991. "Japanese Propaganda Corps in the Philippines: Laying the Foundation." In Goodman, Grant K. (ed.) *Japanese Cultural Policies in Southeast Asia during World War 2*. London: MacMillan Academic and Professional.

Thak Chaloemtiarana (ed.) 1978. *Thai Politics: Extracts and Documents 1932–1957*. Bangkok: Social Science Association of Thailand.

Thamsook Numnonda. 1977. *Thailand and Japanese Presence, 1941–45*. Singapore: Institute of Southeast Asian Studies.

―――― . 1978. Phibulsongkhram's Thai Nation Building Programme during the Japanese Military Presence, 1941–1945. *Journal of Southeast Asian Studies*. 9–2.

UNESCO. 1969. *Cultural Policy: A Preliminary Study*. Paris: UNESCO.

〔タイ語〕

กรมโฆษณาการ（宣伝局）1942. ประมวลคำปราศัยและสุนทรพจน์ของพณท่าน จอมพล ป. พิบูลสงคราม นายกรัฐมนตรี ผู้นำของชาติ ฉะบับที่ 2.（民族の指導者プレーク・ピブーンソンクラーム元帥閣下の談話・演説集）[พระนคร]: กรมโฆษณาการ

กรมยุทธศึกษาทหาร กองบัญชาการทหารสูงสุด（国軍最高司令部軍事教育局）1997. ประวัติศาสตร์การสงครามของไทยในสงครามมหาเอเชียบูรพา（大東亜戦争におけるタイ戦史）กรุงเทพฯ: กรมยุทธศึกษาทหาร กองบัญชาการทหารสูงสุด

กรมสนธิสัญญาและกฎหมาย กระทรวงต่างประเทศ.（外務省条約法制局）1970, 1975, 1976, 1984, 1985. สนธิสัญญาและความตกลงทวิภาคีระหว่างประเทศไทย กับต่างประเทศและองค์การระหว่างประเทศ เล่ม 4–8（タイ国と外国および国際機関との2国間条約および協定 第4～8冊）กรุงเทพฯ: กรมสนธิสัญญาและกฎหมาย กระทรวงการต่างประเทศ

จิรพร วิทยศักดิ์พันธุ์（チラポーン・ウィッタヤサックパン）1997. "นโยบายวัฒนธรรมของจอมพล ป. พิบูลสงคราม"（ピブーン元帥の文化政策）ชาญวิทย์ เกษตรศิริ, ธำรงศักดิ์ เพชรเลิศอนันต์, วิกัลย์ พงศ์พนิตานนท์ (eds.) *จอมพล ป. พิบูลสงคราม กับการเมืองไทยสมัยใหม่* กรุงเทพฯ: มูลนิธิโครงการตำราสังคมศาสตร์และมนุษยศาสตร์

จีรวัสส์ ปันยารชุน（チーラワン・パンヤーラチュン）1997. *ท่านผู้หญิงละเอียด พิบูลสงคราม*（ライエット・ピブーンソンクラーム夫人）กรุงเทพฯ: โรงพิมพ์ด่านสุทธา

ชัยมงคล อุดมทรัพย์（チャイモンコン・ウドムサップ）1966. *พระประวัติพระนางเธอลักษมีลาวัณ*（ラクサミーラーワン皇后陛下伝記）ธนบุรี: เรืองวิทยา

ชาญวิทย์ เกษตรศิริ（チャーンウィット・カセートシリ）1997. "ลัทธิชาตินิยม-ลัทธิทหาร: รัฐบาลจอมพล ป. พิบูลสงคราม 2481–2487"（ナショナリズムとミリタリズム：ピブーン政権1938–1944）ชาญวิทย์ เกษตรศิริ, ธำรงศักดิ์ เพชรเลิศอนันต์, วิกัลย์ พงศ์พนิตานนท์ (eds.) *จอมพล ป. พิบูลสงคราม*

กับการเมืองไทยสมัยใหม่ กรุงเทพฯ: มูลนิธิโครงการตำราสังคมศาสตร์และมนุษยศาสตร์

ฉัฐพล ใจจริง (ナッタポン・チャイチン) 2020. *ตามรอยอาทิตย์อุทัย: แผนสร้างชาติไทยสมัยคณะราษฎร* (旭日の轍を踏んで：人民党時代のタイ民族建設計画) กรุงเทพฯ: มติชน

ดิเรก ชัยนาม (ディレーク・チャイヤナーム) 1970. *ไทยกับสงครามโลกครั้งที่ 2* (タイと第2次世界大戦) กรุงเทพฯ: ไทยวัฒนาพานิช

แถมสุข นุ่มนนท์ (テームスック・ヌムノン) 1976. "เมืองไทยยุคเชื่อผู้นำ" (指導者信頼時代のタイ国) *วารสารธรรมศาสตร์* 6

――――― 2001. *เมืองไทยสมัยสงครามโลกครั้งที่สอง* (第2次世界大戦期のタイ国) กรุงเทพ: สายธาร

นิภาพร รัชตพัฒนากุล (ニパーポーン・ラッチャタパッタナークン) 2002. *ความสัมพันธ์ทางวัฒนธรรมระหว่างไทย-ญี่ปุ่น พ.ศ. 2475–2488* (タイ日文化関係：1932–1945) วิทยานิพนธ์ศิลปศาสตรมหาบัณฑิต สาขาประวัติศาสตร์ มหาวิทยาลัยธรรมศาสตร์

――――― 2004. ไทย-ญี่ปุ่นในระหว่างสงคราม: บางแง่มุมจากกิจกรรมทางวัฒนธรรม (戦中のタイ日関係：文化的活動からの視角) *วารสารธรรมศาสตร์* 27–1

――――― 2013. "ความสัมพันธ์ทางวัฒนธรรมระหว่างไทย-ญี่ปุ่น: หลังการเปลี่ยนแปลงการปกครอง 2475 ถึงก่อนสงครามมหาเอเชียบูรพา" (タイ日文化関係：1932年立憲革命後から大東亜戦争前まで) *วารสารญี่ปุ่นศึกษา มหาวิทยาลัยธรรมศาสตร์* 30–1

――――― 2016. "หนังรัก" ขณะรบ: การฉายและการสร้างภาพยนตร์ของญี่ปุ่นในไทยระหว่างสงครามโลกครั้งที่ 2 (戦時期における「恋愛映画」：第2次世界大戦間タイにおける日本の映画上映と製作) *จุลสารหอจดหมายเหตุ มหาวิทยาลัยธรรมศาสตร์* 19

ประยูร ภมรมนตรี (プラユーン・パモンモントリー) 1975. *ชีวิต 5 แผ่นดินของข้าพเจ้า* (私の王朝五代記) กรุงเทพฯ: สำนักพิมพ์บรรณกิจ

พรภิรมณ์ เอี่ยมธรรม (ポンピロム・イアムタム) 1977. *บทบาททางการเมืองของหนังสือพิมพ์ไทยตั้งแต่การเปลี่ยนแปลง การปกครอง พ.ศ. 2475 ถึงสิ้นสุดสงครามโลกครั้งที่ 2.* (1932年政変から第2次世界大戦終結までのタイにおける新聞の役割) กรุงเทพฯ: โครงการตำราสังคมศาสตร์และมนุษยศาสตร์ สมาคมสังคมศาสตร์แห่งประเทศไทย

มานิตย์ นวลลออ (マーニット・ヌワンラオー) 1997. *การเมืองไทยยุคสัญลักษณ์รัฐไทย* (タイ国象徴時代のタイ政治) กรุงเทพฯ: รุ่งเรืองรัตน์พริ้นติ้ง

ยง อนุมานราชธน (ヨン・アヌマーンラーチャトン) 1944. "ความงามของนางงามในวรรณคดี" (文学における美人) *วัธนธัมญี่ปุ่น-ไทย* (日泰文化) 1

ริวอิชิ คะยิ (嘉治隆一) 1941. *วัฒนธรรมญี่ปุ่น* (泰文日本文化) สถานศึกษาวัฒนธรรมญี่ปุ่น (日泰文化研究所)

สังข์ พัธโนทัย (サン・パッタノータイ) 1956. *ความนึกในกรงขัง* (獄舎内での回想) พระนคร: สำนักพิมพ์คลังวิทยา

สายชล สัตยานุรักษ์ (サーイチョン・サッタヤーヌラック) 2002. *ความเปลี่ยนแปลงในการสร้าง "ชาติไทย" และ "ความเป็นไทย" โดยหลวงวิจิตรวาทการ* (ルワン・ウィチットワータカーンによる「タイ民族」と「タイらしさ」の創造における変化) กรุงเทพฯ: สำนักพิมพ์มติชน

สีดา สอนศรี (シーダー・ソーンシー) 1980. *บรรณนิทัศน์สิ่งพิมพ์เกี่ยวกับญี่ปุ่นที่เขียนและ// หรือพิมพ์ในประเทศไทย* (タイにおいて記述／出版された日本関係印刷物書誌) กรุงเทพฯ:

มูลนิธิญี่ปุ่น

สึสุกิ ไดเซตส์ เทท์โร่ และ ที. เบียวโด (鈴木大拙、平等通昭) 1941. *พระพุทธศาสนาทางปรัชญา กับความคิดของญี่ปุ่น* พระนคร: สถานศึกษาวัฒนธรรมญี่ปุ่น-ไทย (鈴木大拙、平等通昭 1941『泰文仏教思想と日本精神』(国際文化振興会原編) 盤谷：日泰文化研究所)

สุวิมล พลจันทร (スウィモン・ポンラチャン) 1988. *กรมโฆษณาการกับการโฆษณาอุดมการณ์ทางการเมืองของรัฐ (พ.ศ.2476–2487)* (宣伝局と国家の政治的理想宣伝：1933–1944) วิทยานิพนธ์ปริญญาศิลปศาสตร์มหาบัณฑิต มหาวิทยาลัยธรรมศาสตร์

วลัยพร กาญจนการุณ, ธีรัช ปัญโญ, Masayo Yamaguchi (ワライポーン・カーチャナカールン、ティーラット・ブンヨー、山口雅代) 2015. *ความสัมพันธ์ทางการศึกษาและสังคมระหว่างชาวญี่ปุ่นและชาวไทยในจังหวัดเชียงใหม่ช่วงก่อนสงครามและระหว่างสงครามโลกครั้งที่สอง* (第2次世界大戦前・中期チェンマイ県内における日本人・タイ人間の教育・社会関係) สาขาภาษาญี่ปุ่น ภาควิชาภาษาตะวันออก คณะมนุษยศาสตร์ มหาวิทยาลัยเชียงใหม่

อนันต์ พิบูลสงคราม (アナン・ピブーンソンクラーム) 1975. *จอมพล ป. พิบูลสงคราม* (ポー・ピブーンソンクラーム元帥) กรุงเทพฯ: โรงพิมพ์มนตรี

著者紹介

加納 寛 （かのう　ひろし）

学校法人愛知大学常務理事・副学長、国際コミュニケーション学部教授。
1970年名古屋市生まれ。愛知県立明和高等学校、名古屋大学文学部卒業、名古屋大学大学院文学研究科博士後期課程修了。博士（歴史学）。
1998年、愛知大学国際コミュニケーション学部専任講師。同助教授、同准教授、同教授を経て、2023年より現職。
公認心理師、臨床心理士、測量士。
編著書に『書院生、アジアを行く：東亜同文書院生が見た20世紀前半のアジア』（あるむ、2017年）、訳書にプリーチャー・ヌンスック『タイを揺るがした護符信仰』（第一書房、2009年）。

盟邦タイよ、日本を見よ！
「大東亜戦争」期、日本の宣伝戦と対外商業広告

2025年3月25日　第1刷発行

著者──加納 寛
発行──株式会社あるむ
　　　〒460-0012 名古屋市中区千代田3-1-12
　　　Tel. 052-332-0861　Fax. 052-332-0862
　　　http://www.arm-p.co.jp　E-mail: arm@a.email.ne.jp
印刷──渋谷文泉閣　　製本──渋谷文泉閣

© Hiroshi Kano 2025　Printed in Japan
ISBN978-4-86333-214-0